销 售 管 理

（第二版）

主　编　孙玮林

副主编　王培才　楼晓东

浙江大学出版社

市场营销专业系列教材编委会

成　员（以姓氏笔画为序）：

王成方　　叶受良　　朱惠文　　朱美燕

刘春朝　　江　锋　　吕巨霞　　吴金发

张镒民　　杨丹萍　　金立其　　罗　明

周英豪　　胡德华　　徐盈群　　彭　杰

章金萍　　曾益坤

FOREWORD 前言

　　销售管理是企业管理的重要环节,销售是企业惟一产生收入的环节,在企业中居于十分重要的地位。在企业的发展过程中,销售管理从无到有,逐步发展完善起来。近年来,随着浙江民营企业的发展,销售队伍的壮大,销售从单兵作战到协同,对管理的需要在提高。在对企业人员进行培训过程中,我们发现企业目前最缺乏的是高素质的区域销售管理人员,很多销售管理人员来自于销售第一线,他们可能是销售工作的好手,但就销售管理而言,对他们来说是一个全新的课题,如何提高销售管理人员的素质是目前浙江民营企业所面临的共同的难题。

　　近年来高校市场营销专业毕业生供需两旺,一个重要的去向是补充企业区域销售人员的不足,但从工作中发现很多大学生并不能马上适应工作的需要,为此很多企业投入了大量的人财物力,对毕业生进行培训。为了提高学生的专业技能,销售管理作为我院市场营销专业特色课程,经过几年的开设,效果良好,大量适应企业需要的人才正在各个企业发挥着日益重要的作用,很多毕业生已经成为企业销售管理的中坚力量。

　　本教材力图从高职高专学生的实际出发,以提高学生整体素质为基础和培养学生能力为主线,确定教材内容体系。在编写过程中努力做到由浅入深、循序渐进地介绍销售管理工作的实质、过程,以及各项销售管理活动开展的基本理论和方法。在内容的取舍上力求做到突出重点,适当增加案例内容,强化知识的应用性。

　　本书具有较强的实战性,因此也可以作为在职人员参考学习用书。

　　本书在编写过程中得到很多浙江民营企业的大力支持,很多内容参考了我国著名的网站:中国营销传播网和销售与市场网,从中吸取了很多有用的素材,在编写过程中还得到了浙江商业职业技术学院郭伟伟、王勇、吴亚军和朱友明等老师的帮助和支持,本书由孙玮林主编,王培才、楼晓东副主编,最后由孙睦优教授审定,在此一并表示感谢。由于编写时间仓促,编者水平有限,书中尚有疏漏或不妥当之处,敬请读者不吝赐教,以便于修订,使之日臻完善。

主　编

2004 年 5 月

目 录

CONTENTS

销

售

管

理

第1章
销售管理概述

- **■ 销售**
- **■ 销售管理**
- **■ 销售管理职能**

—— 导入语 ——

近几年,随着经济体制改革的逐步深入,我国经济得到了长足的发展。产品供给日益丰富,市场竞争日趋激烈,企业家们的销售意识逐步增强,对企业的市场销售也越来越重视。但是我国很多大中型企业对市场销售的理解,往往局限在一次标新立异的策划、一次具有轰动效应的促销或争夺中央电视台标王上,而忽略了切实有效的企业销售管理工作。从较短的时间看,企业好像热热闹闹,一片繁荣,但从一个较长的时间来看,由于销售管理工作跟不上,后劲不足,企业难免陷入混乱之中。更有的企业把宝押在推销员的身上,希望凭借推销员个人的技能来促进企业销售,曾几何时,每个销售人员都被誉为商战中的一员大将,各商家都十分重视对销售人员的获取与培养。然而,社会发展到今天,集约化经营已经成了发展的必然趋势,当然,销售也逃脱不了这一趋势。销售的集约在于管理,其实,现代企业的销售行为是一个企业的整体行为,而不是个别行为。是长期行为,而不是短期行为,这在大型企业中表现得尤其明显。通过本章的学习,可以了解什么是销售、销售管理、销售管理的过程和内容,从总体上把握销售管理这门学科的特性。

—— 关 键 词 ——

销售　　销售管理　　销售管理的计划职能　　销售管理的控制职能

1.1 销　售

销售管理是企业经营管理的重要一环,是对企业销售活动的管理,以使企业能实现经营目标。

1.1.1 销　售

销售是商品的生产经营者为使其向市场提供的商品或劳务被购买者所接受并能够带来有利交换所进行的各种相互关联的活动。

从表面上看,销售似乎就是商品所有者做广告和卖东西。这种观念并没有错,但是不完全,做广告和卖东西并不是销售的全部活动。销售也不仅仅是把即将过期的商品如何尽快脱手给消费者,商品卖给了消费者并不意味着万事大吉、销售已经结束。

随着经济的发展,销售活动的内容已经相当丰富多彩了,涉及的范围也越来越广。

很多经济学家从购买者的利益出发,以此来认识销售,认为消费者购买商品的原因是由于这些商品能够给他们带来满足和效用。经济学家把效用分为四种类型:一是形态效用,二是地点效用,三是时间效用,四是占有权效用。形态效用是生产者在生产某种商品过程中产生的,如由原材料到成品的过程;而地点效用、时间效用以及占有权效用是通过生产者的商品销售活动提供的,购买者在一定的时间、一定的地点通过购买或租赁某种商品(劳务)并取得该种商品(劳务)的所有权和使用权。从顾客的利益出发,经济学家认为销售还可作如下表述:一切创造时间、地点和占有权等效用的活动。

1960 年美国销售学协会定义委员会在《销售术语词典》中对销售的表述如下:"引导商品和劳务从生产者到消费者和使用者手中所实行的企业活动的科学","销售是对指导商品或劳务从生产者流向消费者或用户的商业活动的管理过程"。英国销售学协会的表述是:"一个企业如果要生存、发展和盈利,就必须有意识地根据用户和消费者的需要来安排生产。"日本一些企业家的表述是:"在满足消费者利益的基础上,研究如何适应市场需要而提供商品或服务的整个企业活动,就是销售。"马尔科姆·麦克奈尔认为:"销售是某种生活水准的创造和实现。"菲利普·科特勒在 1972 年发表的《销售总概念》一文中提出:"销售是旨在促进和完善交换的人类活动。"

—— **即问即答 1-1** ——

你对销售的理解是什么?

1.1.2 销售概念的理解

1.销售是经营思想和经营意图。企业以消费者为中心,满足消费者的现实需求或潜在需求,以此来实现企业预期的目标。

2.销售的核心是交换。最原始的交换形式——物物交换,在原始社会就已经出现,用一种产品换取另一种产品。现代意义的交换是指商品或劳务的购销交易活动或者设备等的租赁活动,即用货币换取商品或劳务的所有权和使用权。

—— **即问即答 1-2** ——

销售的核心是什么?

3.销售是一种管理过程,包含了预测、计划、组织、指挥、协调、控制等一系列活动。

4.销售是一门科学或艺术,现代意义上的销售与一手交钱一手交货的买卖方式有很大的区别,它要借助于现代化手段,通过数学、心理学、美学等各门学科的综合应用,以引导和满足消费者的需求。

5.销售活动是相互联系和制约的。这不仅表现在各种销售活动之间,还表现在与企业其他部门的关系上。企业的销售部门从事的活动大致有市场调研(了解和确定购买者的需求)、提供满足购买者需求的产品、确定合适的产品价格、建立合理的商品流通渠道和促进销售。市场调研和促销完全由销售人员负责,而其他三项活动往往要与公司其他部门合作。

销售功能在企业中扮演着重要的角色。销售活动的目的、过程和结果,体现着企业经营战略的变化和执行结果。企业通过销售功能与消费者、竞争者、中间商、储运企业和政府机构发生着有机的联系。销售收入一般是企业惟一的收入来源,销售活动的好坏直接决定企业的成败,一个企业经营管理水平和营销战略好坏最终体现在销售上。

当然销售仅仅是企业市场营销活动的一个部分,杜拉克曾经说过,销售只是市场营销冰山上的顶尖而已,销售是建立在与其他营销活动相配合的基础上的,没有其他营销活动,如营销调研、产品开发、产品定价等等,企业的销售活动也就不可能顺利完成,因此销售必须服从企业整体的市场营销。

—— **即问即答 1-3** ——

你是如何理解销售概念的?

1.1.3 企业销售活动过程

企业销售活动过程是企业实现销售收入的过程。企业销售活动过程包括:寻找顾客——鉴别顾客——访问顾客——销售展示——终结成交——售后服务。

1. 寻找顾客

寻找企业的目标消费者即顾客是企业销售活动的第一步,因为不同的企业由于其产品、档次等的不同,其面对的目标消费者也不同,寻找顾客就是要寻找企业销售工作的努力方向。企业的顾客就是企业产品和劳务的购买者和经营者,不同的产品和劳务面对的顾客是不同的,如有的主要是生产者,有的是中间商,有的是最终消费者。

2. 鉴别顾客

顾客的购买行为是由顾客购买能力和购买欲望决定的,因此我们鉴别顾客实际上就是衡量一个顾客对本企业产品是不是需要,有没有钱来购买商品。

(1)经营意愿或需求意愿鉴别。该企业是不是愿意经营本企业的产品和劳务或是不是需要本企业的产品和劳务。

(2)对该企业进行信用鉴别,调查该企业信用和业务状况的好坏,如是不是会赖帐,其开出的支票会不会是空头支票等等。

(3)购买行为鉴别,应十分注意购买决策是由谁做出的,这在对企业销售时应引起足够的重视。

—— **即问即答 1-4** ——

为什么要鉴别顾客?

3. 访问顾客

访问顾客是企业在销售过程中了解顾客、熟悉顾客、联络感情的过程,以建立和引起顾客的需要。常用的访问顾客的方法有三种:电话访问、信件访问和面谈。这三种方法在企业销售工作中通常是结合起来使用的(表1-1),以提高访问顾客的效率。

表1-1 访问顾客的具体方法及优缺点

访问方法	访问方法的特点
面谈	这是一种双向交流方法,可以有效向顾客传达企业产品和服务的信息,及时提供优质的服务,及时了解顾客的需求动向。关键是顾客是否愿意接待。
信件访问	充分利用便捷的通讯方式,费用比较低,在新顾客身上使用效果比较好,可以向新顾客提供比较详细的资料。
电话访问	充分利用现代化的通讯工具,既节省时间又节省费用,在老顾客身上比较有用,而对新顾客则效果比较差,往往被拒绝。

—— **即问即答 1-5** ——

试述不同访问方法在不同产品销售中的作用。

4.销售展示

展示商品的目的是为了让顾客更加详细、清楚地了解企业所提供的商品的性能和购买使用会给顾客带来的利益,对中间商而言就是要使其相信经营本企业商品能够带来良好的经济效益。在这个过程中顾客会提出很多问题,是销售过程中的一个难点。

5.终结成交说服顾客的结果就是双方签定合约,终结成交。

6.售后服务

最终成交并不是销售过程的结束,如果忽视售后服务,那么本企业在顾客心目中会产生一种没有信用的感觉,其后果是十分严重的。这在大中型企业销售工作中更应引起足够的重视。售后服务过程中的工作主要有两项:第一是商品的售后服务,即商品使用资料的提供、商品品质保证、服务承诺、问题商品的售后处理等;第二是经常与现有顾客联络,这一方面可以增进相互之间的感情,另一方面可以及时了解市场信息,为进一步销售做准备。

—— **即问即答 1-6** ——

为什么说成交不是销售的结果?

1.1.4 销售活动的分类

企业由于面对的客户不同,销售活动的类型是多种多样的,我们一般把销售活动分为零售销售和产业销售两大类。

1. 零售销售

零售销售主要包括为个人、家庭消费而出售的产品和服务的活动,它包括从事这些活动的人员和组织,如挨家挨户访问的销售人员、保险代理商、房地产经纪商和零售商店的职员等。

2. 产业销售

产业销售指的是批发层次的销售活动,按顾客分类可有下列三种:

(1)对中间商的销售:生产者将商品卖给零售商,再由零售商出售给最终用户。

(2)对使用厂家的销售:生产者将原材料或零部件作为原材料出售给另一个生产者。

(3)对机构使用者的销售:产品的买方是机构团体,主要用于公共消费。例如,计算机厂商向政府机构和学校出售产品。

—— **即问即答 1-7** ——

了解产业销售与零售销售的异同。

1.2 销售管理

企业为了更好地向目标消费者销售自己的产品和劳务,必然要对其销售活动进行有效的组织和管理。销售管理是企业营销管理中的重要一环,销售管理就是对企业销售活动的管理,以确保企业销售活动正常顺利地进行,使企业能够实现预定的经营目标。销售管理基本上以区域市场管理、销售计划、销售活动管理、销售成果管理四大支柱为内容中心,并实现对企业经营目标的过程管理的综合统一。

—— **即问即答 1-8** ——

销售管理的中心内容是哪些?

1.2.1 销售管理的概念

是指为实现企业整体销售目标、把握市场机会和实现商品交换,而进行的包括建立销售目标、协调各种销售工具、制定销售预算、设计销售方案、评估和控制销售行动等一系列具体管理活动过程。关于销售管理的含义的解释很多。有两种解释比较具有代表性:

1. 广义的解释,即销售管理是对企业所有市场营销活动的综合管理,其管理过程是包括企业识别、分析、选择和发掘市场营销机会以实现企业任务和目标的过程,也就是企业与它最佳的市场机会相适应的过程。它包括以下四大步骤:分析市场机会,选择目标市场,确定市场营销组合,管理市场营销活动。企业的一切活动都应以满足目标顾客的需要为中心,围绕这一中心确定市场营销组合,组织营销活动,同时还要通过市场营销调研、市场营销计划、市场营销实施和市场营销控制。这一过程几乎涉及到企业全部工作,所以广义的解释的范围显然太大了。

2. 狭义的解释,认为销售管理就是企业对销售人员的管理。但是如果狭隘地把销售管理局限在对销售人员活动的管理上,那么企业的销售管理就不能适应目前市场竞争的需要,就会被市场淘汰。销售人员管理仅仅是企业销售管理其中的一个方面。

销售管理是实现销售商品,取得销售收入的一系列的过程,是站在企业整体的立场上对企业销售活动的管理。它包括市场分析销售预测、销售计划制定、销售预算编制、销售活动管理、销售组织管理、销售成果管理、目标与业绩评估。在目前市场环境条件下,企业销售活动基本上是指企业商品和劳务的买卖活动,销售管理则是企业对直接实现销售收入的系列过程的管理。是企业通过一系列经营手段,销售企业产品,满足需求的一种综合性管理活动。

—— 即问即答 1-9 ——

你是怎样理解销售管理的?

1.2.2 销售管理过程步骤

1. 销售环境分析

包括内部和外部环境分析。通过内部环境分析,可以发现企业内部资源在企业销售工作中的优势与劣势;通过外部环境分析,可以发现企业销售的机会与威胁,便于企业及时把握机会,避开威胁。

2.明确企业销售目标

包括企业整体的销售规模目标、销售成本控制目标、不同目标消费者销售、不同销售区域的销售目标、不同销售人员的销售目标以及不同销售时间的销售目标等。

3.制定全面的销售计划

销售协调企业的各种资源为销售工作服务,使企业的各个方面密切配合,有条不紊地开展销售活动,实施各项具体的销售方案,更好地完成企业总的销售目标。

4.确定企业销售管理的总预算和总体销售活动预算

根据销售目标明确企业总的销售预算及其各项销售活动的预算计划,一方面可以保证完成销售所需要的费用支出,另一方面可以对销售活动的费用进行必要的控制,以提高企业销售活动的经济效益。

5.客户管理

通过各种方式收集完整的客户资料,对客户进行细致的分析研究,加强客户的动态管理,并为客户提供周到的服务。

6.控制企业销售过程,提高销售效果

计划与实际进程由于各种因素的影响,往往会出现差异,进行有效的信息传递和调整是使销售活动得以顺利进行的保证。

7.对企业销售业绩进行科学的评估

建立科学的评估体系:评估是对销售活动进行情况的总结,其目的是为了以后做得更好,更好地把企业的经济利益和经济责任结合起来,提高企业销售管理的水平和企业销售活动的经济效益。

1.2.3 销售管理的作用

销售管理工作是企业生产经营活动中的一项综合性的管理工作。它包括消费者行为研究、市场调查和预测、市场开拓和巩固、制定销售计划和销售组织、产品售后服务和信息反馈等多方面工作。企业销售管理工作的好坏,关系到企业的兴衰和存亡。有效的销售管理,其作用是很明显的,主要表现在以下几个方面:

企业加强销售管理,可以密切企业与中间商、消费者的关系,使企业更好地了解消费需求,及时满足市场和用户的要求。

企业加强销售管理,是提高企业经济效益的重要手段。随着市场竞争的加剧,除生产费用与企业经济效益的好坏关系密切外,销售管理水平的高低对企业经济效益好坏的影响日趋明显。

企业加强销售管理,是开拓新市场和扩大销路的重要途径。通过销售管理,企业可以采取针对性较强的销售活动,提高企业产品的市场占有率,争取更多用户的购买,增加企业产品的销售量。

企业加强销售管理,是增强企业应变能力的必要条件。企业及时了解外部环境的变化,对市场情报加以收集、整理和分析,使企业能很快地适应外界环境的变化。

企业加强销售管理,是增强企业竞争能力的重要措施。企业要在竞争中取胜,就必须对竞争对手的竞争能力、竞争策略做出正确的判断,在不同市场有针对性地开展销售工作,从而提高企业的竞争能力。

—— **即问即答 1-10** ——

企业为什么要进行销售管理?

1.2.4 销售管理的原则和目标

1. 销售管理的原则

在销售管理活动中,必须树立正确的指导思想并遵循以下原则:

(1)主动性原则。主动了解市场,主动了解本企业经营状况,主动开拓市场,主动开展销售服务工作。

(2)灵活性原则。销售管理工作就要不断适应外部环境和内部条件的变化,做到以变应变。

(3)为用户服务原则。以用户为中心,为用户服务,使用户满意。

(4)经济效益的原则。必须研究如何增加产品销售量,降低销售成本,尽快收回货款,减少损失,争取更大的经济效益。应该注意到企业的销售管理工作不能单纯追求近期经济效益,更应注重企业长远经济效益,特别是在实行各种形式的销售责任制后,不能只为了聘任期内多销售、多拿钱,而不考虑长远的经济效益,不去做销售工作中应该做的各项工作,如市场调查、走访用户、为用户服务等等。

—— **即问即答 1-11** ——

你是如何理解企业的经济效益的?

2. 销售管理的目标

销售管理的目标是指企业销售工作在一定时期内各项指标应该达到的水平和标准。

明确目标就是明确销售管理的责任，明确销售人员奋斗的方向，起到鞭策、鼓励销售工作人员的作用。同时也是企业检查和考核销售部门和有关人员的依据。

(1)定量目标和定性目标。销售管理的目标包括定量目标和定性目标两个方面的内容。定量目标包括销售额、销售利润率、市场占有率等可以量度的内容；定性目标包括市场的开拓、用户的评价、企业信誉的提高等无法量度的内容。

(2)总体目标、中间目标和具体目标。总体目标是指企业销售工作在一定时期应该实现的总的要求。如在多长时间内使本企业某产品的销售量居于全国第几位，每百元销售费用的销售额多少等等。一般来讲，总体目标有一定弹性，留有余地，定的面比较宽。中间目标属于过渡性的，指为实现总体目标分阶段应该达到的要求。如总体目标中某产品销售量居于全国第几位，可以分阶段提出要求，逐步达到总体目标。具体目标是针对某一个方面工作而提出的具体要求，它的时间期限比较短内容范围也比较窄。

企业销售管理的具体目标大体包括以下几项内容：一是市场发展目标，它是企业在销售管理工作中运用各种策略，销售人员经过多方面的努力，使本企业产品在原有市场上站住脚，或开拓新的市场，使产品销售有可靠的用户基础，也为提高市场占有率和扩大销售量创造了条件；二是市场占有率目标，市场占有率是指企业某种产品销售量占市场上同类产品销售量的百分比；三是社会贡献目标，社会贡献目标包含多方面的内容，如满足客户急需、增加税收、提高销售服务质量等等；四是企业效益目标，企业效益目标是企业经营活动的重要内容，也是企业的内在动力。企业经营效果的好坏，都要从产品的销售来反映。它不仅关系到每个职工的切身利益，也关系到企业的长远发展，包括销售量的增加、销售费用的节约、包装材料的节省、仓储费用的降低、销售人员的减少、破损霉烂数量的减少等等。

—— **即问即答 1-12** ——

你觉得销售人员的工作目标有哪些？

1.3　销售管理职能

企业产品和劳务的销售过程,实际上是企业对销售进行管理的过程。销售管理也是不断为销售对象服务和满足需求的过程,即企业通过对市场需要的分析和研究,满足需求、开展竞争的过程。

销售管理过程也是不断循环的运转过程,企业销售管理不仅是不断地调整整个企业系统适应消费需求的过程,而且还是企业内部各种职能协调配合过程,每一次销售活动都意味着一个管理过程,是企业销售管理的五项职能协调运转的过程。这五项职能分别是计划、组织、人员配备、指挥和控制。

1.3.1　计划职能

计划是企业销售管理的首要职能。计划职能贯穿于企业销售管理全过程,它是企业进行销售管理过程的灵魂。在市场经济条件下,市场竞争十分激烈,如若不重视企业销售计划工作,就有可能造成棋错一招而有失全局的危险。

很多企业常常采用无计划的经营方式,或打一枪换一个地方的游击方法,认为这样可以随机应变。这在经济形势比较景气、需求比较旺盛的时候,在小企业中或许还可以行得通,但对有一定规模的大企业而言,这种方式则有百害而无一利,从长远看是行不通的。所以,一个企业要想生存和发展,其管理工作必须要有计划,销售管理也不例外。计划主要有以下步骤:

1. 环境与形势分析

在销售管理中企业必须清楚本企业与其他竞争对手相比,本企业的优势和竞争对手的优势;本企业的劣势和竞争对手的劣势;在目前市场环境条件下哪些市场机会可以成为企业机会,本企业面临的威胁有哪些等(见表 1-2)。

表 1-2　企业竞争分析指标

	分析项目	分析内容	评价
企业内部环境分析	分析成本(价格)	生产制造、其他营运成本	
	产品质量	产品等级与消费者认同程度	
	品牌	知名度与美誉度	
	效率	管理水平	
	规模	企业规模、市场规模、生产能力和销售能力	
	技术	研究开发能力	
	素质	管理人员素质、员工素质	

分析项目		分析内容	评价
企业外部环境分析	经济环境	宏观经济状况和行业状况	
	法律环境	法律的影响	
	社会文化环境	宗教、文化、风俗习惯和消费者受教育程度	
	科学技术环境	产品更新速度、产品替代可能	
	市场竞争状况	竞争环境	
	现实顾客	现实市场规模、购买行为	
	潜在顾客	潜在市场规模	
	政府机构	政府干预和政府采购	

不同的企业由于其内部环境的不同,即使面对同样的外部环境,其竞争能力也是不同的。如果一个企业拥有成本优势,那么企业的产品在定价上较有竞争力,成本优势表现在成本的高低和企业的经济规模上;产品按技术标准来划分有高、中、低等不同的质量等级,如果一个企业产品质量水平被消费者认同或误解,那就会在竞争中形成优势和劣势;现在消费者普遍是认牌购买的,品牌是否具有优势对企业来说是十分重要的;生产力优势程度是一个企业管理水平高低的标志,管理水平越高经营效率就越高;有的企业在市场竞争中取胜不是由于其成本和价格具有优势,而是由于其独到的技术;企业员工的素质高低与凝聚力的强弱也会影响到企业产品或服务的效率。

2.把握机会,规避威胁

(1)做好销售预测,制定销售目标。根据分析的结果,就可以制定详细可行的销售预测和具体的销售目标。不过,制定目标时要注意有目的、实施计划、资源配置、日程表等,总之要具体、可衡量、切合实际,以便按时完成。

(2)制定部门的目标体系。要实现远景目标就必须制定部门的目标体系,每一个目标都顺利地实现了,销售目标也就实现了。

(3)制定具体的行动计划。所有的销售方案,都要做出具体的行动计划,并定期加以检查。

企业销售管理的目的是为了实现销售收入,完成企业目标。销售计划实际上是对企业销售工作的安排和部署,以使企业目标能有条不紊地顺利实现。企业目标包括销售预测、销售数量和金额目标、各销售区域和各位销售人员任务目标、以及销售预算等。销售计划包括商品计划、销售区域和销售对象计划、价格计划、组织计划、商品销售额计划和销售费用计划。

下面是有关各种表格的样式：

表 1-3　年度业务计划

编号	上一年度情况	本年度重点工作项目	计划目标	责任部门细分目标	负责人	进度			
						1	2	3	4

表 1-4 年度销售计划

数量单位：   金额单位：

商品品名	年度销售额			一月			二月			三月		
	数量	金额	比重	数量	金额	比重	数量	金额	比重	数量	金额	比重

表 1-5　年度销售区域客户(A 类客户)销售计划

数量单位：　　　　　　　　　　　　　　　　　金额单位：

客户名称	商品品名	年度销售额			一月			二月			三月		
		数量	金额	比重	数量	金额	比重	数量	金额	比重	数量	金额	比重

表 1-6　年度销售区域销售人员销售计划

销售人员	商品品名	年度销售额			一月			二月			三月		
		数量	金额	比重	数量	金额	比重	数量	金额	比重	数量	金额	比重

表 1-7 年度销售费用预算计划

销售费用项目		金额（万元）	比重	一月		二月		三月	
				金额	比重	金额	比重	金额	比重
变动费用	广告宣传费用								
	运输费用								
	包装材料费用								
	促销费用								
	手续费用								
	其他费用								
固定费用	薪金								
	保险								
	折旧								
	利息								
	其他费用								
合计									

表 1-8 年度销售回款计划

月份	销售金额	货款回收计划									
		现金		15 日赊销款		30 日赊销款		60 日赊销款		60 日以上赊销款	
		金额	比重	金额	比重	金额	比重	金额	比重	金额	比重
1											
2											
3											
4											
5											
6											
7											
8											
9											

月份	销售金额	货款回收计划									
		现金		15日赊销款		30日赊销款		60日赊销款		60日以上赊销款	
		金额	比重	金额	比重	金额	比重	金额	比重	金额	比重
10											
11											
12											

表 1-9　年度销售区域促销计划

月份	地点	商品	促销方式	费用预算	预计销售额	负责人
1						
2						
3						
4						
5						
6						
7						
8						
9						
10						
11						
12						

表 1-10　年度重点商品 A 类客户销售访问计划

销售区域：　　　　　　商品品名：　　　　　　销售人员：

客户	负责人	地点	电话	访问时间安排		

销售管理

客户	负责人	地点	电话	访问时间安排		

表 1-11　年度重要客户发展巩固计划

销售区域：　　　　　　　商品品名：　　　　　　　销售人员：

客户	负责人	地点	电话	发展巩固计划	时间安排	

续表

客户	负责人	地点	电话	发展巩固计划	时间安排	

1.3.2　组织职能

销售管理的组织职能,是企业为达到销售目标,在实施企业销售方案过程中对所需要的资源的调配。销售组织的设计影响企业经营收入和经营成本,影响企业各部门和人员之间的关系,因此它是企业销售管理的又一重要职能。

为了有效地执行企业销售计划,企业销售工作必须通过一定的组织形式来进行管理。从这个意义上说,销售管理的组织职能就是企业销售组织设计。在企业管理中,组织设计的一条重要原则是因事设人,先确定需要完成的工作任务,安排必须的职位,构成有一定层次顺序的严密的结构体系,再考虑寻找适当的人员,充实到各职位,以执行其岗位职责。销售管理中的组织职能是企业根据销售任务和目标的要求,按照一定的组织原则和企业经营的特点来设置企业销售的组织型态。销售组织结构设计应遵循以下原则:

1.层次原则。从组织的低层向上,每一个层次上的每一个职位都是他上一层次的某个职位的下属。

2. 统一指挥。组织中没有一个人同时有两个顶头上司。矩阵组织是一个例外,但矩阵组织只在特定的环境下采用。

3. 管理幅度。向一个上级直接汇报的下属人数应该适当地控制。一般而言,主管的直接下属3～6人比较合适。管理幅度的大小应该根据工作的复杂性、主管的能力以及其他因素来确定。

4. 直线与参谋。直线机构完成组织的主要职能,而参谋机构则给直线机构提供支持、建议和服务。这两种职能的分开有利于提高工作效率和保证组织中的工作不陷于文山会海。

5. 专业化。工作的设计应该不重叠。当员工只从事某一项工作时,他会更加熟练和有效率,这样可以提高整个组织的效率。传统的管理理论提出四种工作细分的方法:目标、过程、客户类型和地理位置。

企业的销售组织形式不是孤立不变的,它与企业内外部环境以及企业的经营指导思想都有密切联系,是不断发展变化的。影响企业销售部门组织形式的因素主要有三个:一是外部环境;二是企业的经营思想;三是企业所处的发展阶段、业务范围和经营战略等。企业销售组织形式是在这些因素的影响下而形成的。

—— 即问即答 1-13 ——

影响销售组织开工的因素有哪些?

1.3.3 人员配备职能

企业销售管理的第三个职能是为各个岗位配备合适的人员,确定合理的报酬和奖惩制度。

就企业的销售管理过程而言,需要配备三个层次的人员:

1. 高层——决策层(销售经理)

在企业销售管理中很多人认为销售经理首先必须是一名优秀的销售人员。有很多企业仅仅以销售业务能力作为其选择销售经理的惟一标准。这种认为销售经理的能力应该集中在推销业务上的观念使得人们对销售经理的认识发生了偏差,错误的观念往往会导致错误的结果。这种做法会给企业带来不利影响:一是优秀的推销员一旦成了管理人员,他将无法全身心地投入到销售业务中,从这个意义上讲企业失去了一名优秀的销售人员,必然会影响企业的销售业绩;二是企业所选择的销售经理并不一定具有管理才能,"将熊熊一窝",将会直接影响企业的销售管理和企业总体目标的完成。

其实销售经理的工作是对企业销售进行管理,对销售人员的管理是他的首要任务。据有关方面统计,西方国家有 50％以上的销售经理想重新成为专职的销售人员。究其原因,原来很多企业的销售经理都是由业绩最好的推销员来担任的,由于他们并不知道怎样才能做好销售经理的工作,很多人感到自己无法很好地履行销售经理的职责。一名销售人员只需依靠个人才能、工作经验、创造性和勤奋的工作就可以取得成功;然而,作为一名销售经理想要取得成功,仅靠这些是不够的,他还必须具备"刘邦将将"的能力。销售经理的职位对人员素质有很高的要求。

—— **即问即答 1-14** ——

不同规模的企业销售经理管理能力与销售能力要求上有何区别?

2. 中间层——执行层(区域经理)。即一批具有较强专业管理能力和综合分析能力,又善于创造性执行命令和调动下属积极性的中层管理干部。

3. 操作层。由有业务专长,埋头苦干,服从管理和指挥,对局部工作开发具有独创见解的市场代表和直销人员组成。

以上不同层次对人员素质要求是不同的,它们之间具有不可替代性,要使人员配备非常合适是一件不太容易的事情,人员配备不可能一次完成。因为,随着企业发展和环境变化,人员配备也必须适应形势的需要。

人员配备职能要做到:一是知人善任,会用人,使适当的人干适当的工作。如具有开拓精神的销售人员宜安排到新市场或竞争激烈的销售区域,地理范围小、需求密集、占有率高、增长率低的地区宜用年纪较大的销售人员。二是培养人才,很多企业的销售人员素质比较低下,有时在与中间商接触时对中间商提出的基本问题也回答不上来,有时做某项工作甚至不知道要达到什么目标。培训不仅是新进入公司的员工的需要,原有的员工定期也必须进行适当的培训。销售人员必须了解本公司、本公司的产品、目标消费者、竞争对手、销售工作程序、职责和工作技能。

1.3.4　指挥职能

指挥就是借助指示、命令等手段有效地指导下属机构和人员履行自己的职责,实现计划任务的要求。指挥是保证企业正常经营、完成计划任务不可缺少的条件。指挥作为销售管理的一种职能,包括两方面内容:一是要传送好信息,也就是说,要及时向下级布置任务,并要清楚地、正确地交待工作的性质,开展这项工作的原因、时间、地点和人选;二是要激励有关人员,使他们在执行任务时能发挥最大作用。

如何激励对于企业销售管理过程来说显得尤为重要和关键。这是因为，销售人员与生产人员不同，分布范围广，行动独立，日常工作经常会碰到意想不到的困难和问题，需要上级的指导和帮助；而且销售计划制定不可能十分具体和周到，在执行过程中还会出现很多事先难以预料的新情况和新问题。所以，在计划任务下达后，管理人员有必要对自己的下属机构和人员经常进行指导，有时甚至需要进行很具体的帮助，直至明确地告诉他们应当如何及时地去完成任务。并且，每一个销售人员都有着自己独立的思考问题的方式和人格意识，为完成计划任务每一个人能不能充分发挥自己的聪明才智，是衡量指挥是否有效的关键。激发员工积极性和创造力是指挥职能在销售管理中作用的一个很重要的方面。

—— **即问即答 1-15** ——

销售人员工作有何特殊性，如何进行有效激励？

从心理学上看当一个人由于在金钱和其他一些社会因素压力下，其工作表现仅能发挥其工作能力的 60%，其余的 40% 就是管理上的潜能，潜能发挥的好坏则意味着管理水平的高低。销售管理中指挥职能如果发挥较好作用的话就会使企业充满活力。作为企业销售管理者，必须了解指挥的方法及技巧，了解和研究如何激发员工潜能。

1.3.5 控制职能

企业销售管理的控制职能就是通过对销售目标控制、对销售战略和计划的效果进行衡量与评估，并采取修正措施以确保销售目标的实现。

在企业的日常销售管理过程中，如果不对销售业务进行控制，使之在轨道上正常运转，再好的企业销售计划和目标也会落空。不能只有计划的制定与实施，而没有控制。因为在实施过程中，由于内外部环境的变化，经常会有一些意外出现，同时，事前制订的销售计划和目标，本身就是主观的估计，难免有不符合实际之处。为及时发现问题、解决问题，销售控制是必不可少的。

企业的销售控制主要有年度销售计划控制、营利控制和战略控制三种不同的控制过程。年度计划控制主要是检查销售活动的结果是否达到年度计划的要求，并在必要时采取调整和修正措施；营利控制是为了确定在各种产品、地区、最终顾客群和分销渠道等方面的实际获利能力和费用水平；战略控制则是审查企业的销售战略是否有效地抓住了市场机会，以及是否同变化多端的销售环境相适应。

—— **即问即答 1-16** ——

销售控制有哪几种？

1.年度计划控制。年度计划控制的目的是确保达到年度计划中所确定的年度销售额、利润目标和其他目标的实现。主要工具是销售分析、市场占有率分析、销售费用水平、财务分析和顾客态度追踪等。如果查出计划完成情况不好,企业应该采取各种方法,包括减少生产、改变价格、增加销售和减少支出。

控制过程分为四个步骤:一是管理者要确定年度计划中的月份目标或季度目标,使年度总目标细分;二是要建立灵敏的反馈系统,监督销售计划的执行情况;三是如果销售计划在执行过程中出现较大的偏差,则找出原因;四是采取必要的措施,纠正偏差或调整计划,使之与变化了的环境相适应。

年度计划控制的主要内容是对销售额、市场占有率、费用率等进行控制。包括:

(1)销售分析。销售分析就是衡量并评估实际销售额与计划销售额之间的差距。有两种具体方法:

第一,销售差距分析。这种方法是用来衡量不同因素对出现销售差距的影响程度。

第二,地区销售量分析。这种方法是用来审核导致销售差距的具体产品和地区,进一步查明减少的原因,如该地区销售代理失职、有力竞争者进入或居民购买力下降等,从而有针对性地加强对该地区销售工作的管理。

(2)市场占有率分析。通过销售分析我们可以发现企业销售业绩的高低,而通过市场占有率分析可以反映企业在市场上的竞争地位,只有市场占有率分析才能正确显示企业市场竞争地位的变化。例如,某公司今年较去年销售额增长 10%,这一数据并不能说明企业在市场竞争中的现状。可能是由于公司销售业绩与其它竞争者相比较有所提高,也可能是由于整个市场环境较好,从而使市场上所有的公司都受益,销售都有 10% 以上的提高,而公司和竞争对手之间的实力对比关系并无变化,甚至还可能出现销售额虽增长而市场占有率却下降的情况。销售管理者要密切注视公司市场占有率的变化情况,如果公司的市场占有率上升,表示公司市场竞争能力提高,在市场竞争中处于优势,反之,则表明公司在竞争中失利。

市场占有率分析所得结论,还要考虑下列几种情况的影响:

第一,同行业的不同企业受销售环境因素变化的影响方向和程度往往是有差别的。

第二,新的竞争者进入市场,会导致所有生产经营企业的销售额一并下降。

第三,企业为提高利润,如采取提高售价等措施,可能会导致企业市场占有率下降。

确定市场占有率的方法有三种:一是整体市场占有率,指企业销售额(或销售量)占整个行业的比重,它反映企业在本行业中的竞争地位;二是目标市场占有率,即企业的销售额在其目标市场上所占的比重,这是企业首先要达到的目标,在此基础上再扩大市场范围;三是相对市场占有率,指企业销售额占市场主导者的销售额的比率,可反映企业与市场主要竞争者之间的销售额的对比关系。

(3)销售费用率分析。年度计划控制不仅要保证销售额和市场占有率达到计划要求,而且还要保证企业的经济效益,销售费用不超支。

2.获利能力控制。即决定各种不同销售实体的真正获利能力,如企业的产品、地区、市场间隔和交易通路等。销售获利性分析虽然无法指出较差单位是否合理或舍弃,但能揭露较差的销售实体。

除年度计划控制外,企业还需要衡量各种产品、地区、顾客群、分销渠道和订单规模等方面的获利能力。获利能力的大小与销售组合决策有直接关系。

(1)营利能力分析。营利能力分析就是把企业所取得的利润分摊到各产品、各地区、不同的渠道、不同的目标顾客上,从中发现不同产品、销售地区、销售渠道、目标顾客对企业最终盈利的贡献的大小,获利现状和潜能的大小。重新编制出各类销售损益表,并对各表进行分析以作为决策的依据。

(2)选择调整方案。营利能力分析的目的是为了找出影响获利的不利因素,以便采取相应措施消除不利影响。可供采用的调整方案、措施很多,企业必须在全面考虑之后做出最佳选择。企业应该专门设置在财务管理和市场销售方面素质良好的销售控制员,担当复杂的财务分析及制定销售费用预算的工作。

3.战略控制。这是确保企业销售目标、策略和系统能最佳地适应目前和未来销售环境的一种控制形式。通过销售效果评等量表和销售审核,分析企业销售组织管理工作的销售效率,检查企业的销售环境、目标、销售活动是否完善和合理,发现销售工作中的问题,并提出解决问题的途径。

战略控制的目的是确保企业目标、经营政策、销售措施与市场销售环境相适应,因为在复杂多变的市场环境中,原来制定的目标和战略往往不能适应形势,因此,企业应利用"销售审计"来评判和检查企业的销售战略及其实施情况。销售审计是对企业的销售环境、目标、战略、组织系统和营销组合诸方面进行的独立的、系统的、综合的定期审查,以发现销售机会,找出问题所在。

销售审计覆盖整个销售环境、内部销售系统以至销售活动的所有主要方面。销售审计应该是定期进行的,而不是出现了问题才采取的临时性应急行动。销售审计不仅对陷入困境的企业有效,而且对销售工作搞得较好的企业同样有效。销售审计的方式有企业内部审计和外部审计。

上述五种职能,对一个企业销售活动的全过程管理来说,缺一不可,它们每一个都不可能单独完成销售的全部活动,只有五种职能之间协调、沟通之后,并各自充分地发挥作用,才能完成销售过程。

【本章小结】

本章主要阐述了销售管理的基本理论。销售管理是企业管理的分支,是企业营销管理的重要组成部分。首先应该明确销售对企业的重要性,因为对企业而言,没有销售就没有企业的生存和发展。为了更好地开展销售,就必须对企业的销售工作进行设计、组织、指挥和控制。营销管理是对企业整体营销的管理,是对企业产品、价格、渠道和促销的全局性的综合管理,销售管理则侧重于销售过程中的组织管理和对销售业务的控制。

【案例分析】

有关三株的报道之一

三株口服液是济南三株药业有限公司的起家产品,也是迄今为止的看家产品。当初1万元买来的转让配方,如今已创造了上百亿元的销售收入。在三株进入市场的前前后后,与三株相类似的保健药品比较知名的就有十多个品牌,但没有一个产品像三株口服液一样在短短几年内创造出不可思议的销售奇迹:1994年三株口服液实现规模生产,销售收入首次超亿元;1995年销售收入33.5亿元;1996年销售收入80.6亿元;1997年三株的目标是保200亿,争260亿,冲刺300亿。

分析三株的成功经验,我们可以发现至少在三个方面,其创造性的工作奠定了三株的奇迹:

一、在除西藏以外的大陆地区,三株构建了不仅是象征性覆盖全国的销售网络,在一个城市或乡村,三株的宣传品基本上进入了每一个家庭,总人口的覆盖率能保持在 96% 以上。三株的销售人员并不是单纯的产品搬运、押送人员,将产品移交到经销商,然后再催款。三株的营销网络本身就有销售功能,同时,还具有明确的宣传广告功能。三株公司最基层的组织——工作站,实际就是一个宣传站,主要任务就是派送报纸并负责报纸的有效覆盖率。

二、三株营销网络的稳定让其他民营企业家眼红,三株虽不能制止人员的流动,但人员流动绝对不会对三株产生伤害。在三株公司,即使较高层次的人员离去,也不会危及三株的元气。这一方面是因为三株储备着一批经理人员,随时可以派往各基层单位,同时,三株正处在飞速膨胀期,在三株公司内部晋升之路较为畅通,也比较明确,进入三株公司后业绩突出者二、三年就能进入中级领导层。更主要方面,三株公司建立起了较为完善的制约、监督机制,不仅有正常、明确的评价、考核制度,财务监督机制,还通过设立检查大队这一特殊的机构使各级负责人在使用委让权力的同时受到严密的监控,从而杜绝了民营企业通常会有的内部混乱局面。

三、广告宣传对三株口服液这样的保健品销售来讲起着至关重要的影响作用。三株公司在赋予营销队伍宣传功能的同时,创造性地选择了几种特别有效的广告形式,这些广告形式虽然费事但投入费用低,更重要的是对绝大多数家庭都能产生切实有效的影响力。义诊、报纸投递、电视专题片被三株人看作三大广告法宝。这三种广告形式虽然不是三株首创,但确实被三株人发挥得淋漓尽致、登峰造极,令众多模仿厂家望洋兴叹。

三株营销网络的构建及广告与销售的配合

1996 年夏初,山东省一家步履艰难的地区制药厂看到三株口服液销售火爆,于是也研制出同样一种口服液找到我们为其产品拍摄一部电视广告片。据其负责广告宣传的赵厂长介绍,他们的产品比三株更有优势:其一,其产品为浓缩型,同样毫升内菌的数量是三株的十倍;其二,口服液内菌的成活率比三株口服液高,三株开盖后三天内菌就会死亡,而他们的产品经耐氧处理,开盖半个月内保证成活。赵厂长不无羡慕地讲,别说几十个亿,就是能有上千万甚至几百万的销售收入,他们就很知足了。询问该厂情况,赵厂长介绍说全厂有 200 多人,销售人员近 40 人。在拍摄广告片的同时,我们针对三株口服液的市场销售和广告宣传为赵厂长的产品制订了广告宣传策略,并就其营销策略提供了建议。遗憾的是赵厂长等人带着拍摄好的广告片一去不复返,至今一年多来,我们再没有听到过这个产品的名字。从这件事可以看出,如果没有强有力的营销手段和广告策略,即使再好的产品也不能从看似无限大的市场中分一杯羹。

我们先看一下三株的营销网络是如何构建的：三株公司的营销网络共有4级，在省一级建立营销指挥部，市、地级设营销公司，区、县级设办事处，乡镇及城市区内设工作站。三株公司目前在全国设有219个营销公司，1600个办事处。

市、地级营销公司是三株营销网络中的骨干主体，市场部又是营销公司的中心。

三株营销公司的组织框架：

营销公司设总经理、副总经理、人事部、终端部、财务部、市场部。

总经理——主持全面工作，侧重外联、检查大队、广告。

副总经理——负责公司的日常工作。

人事部——主要由负责人员管理的人事部门、检查大队组成。

终端部（企划部）——负责公司市场营销和广告宣传整体的企划，审批具体的广告宣传方案。广告部作为具体的广告运作部门负责诸如专题片的拍摄等工作。

财务部——设财务科（货款结算）、财务管理科（下属各单位财务人员的管理、监督）。

市场部——公司具体营销运作单位。一般根据所辖地区又分若干部（如济南分三部及一个单列区。一部：负责市区；二部：郊区；三部：周围五县。王舍人单列：因此地有钢厂、炼油厂、发电厂等效益较好企业）；部以下所辖县、区再设若干个办事处；每个县、区的办事处下设若干个工作站负责乡镇或街道办事处的宣传。市场部负责10件以上产品的批发。

办事处只能负责10件以下产品的零售、报纸投递宣传、收集典型病例。作为基层经销单位，办事处要详细登记购买者的情况，反馈给工作站，以此调整宣传侧重点。

工作站的主要任务就是报纸投递、组织义诊等宣传工作。

三株公司营销网络的宣传功能，主要体现在三个方面：营销公司内的企划部具有广告宣传策划能力；营销公司、市场部、办事处持续不断地举办义诊活动；工作站实质上是宣传性质。

三株公司的终端部除负责整体的营销企划策划和广告宣传外，还有众多的二级企划员分别负责单一媒介形式的企划工作，如报纸、活动、电视专题片、市场调研等。同时三株在市场部、办事处及工作站都设有企划员和宣传员，企划员的工作内容之一就是计划本辖区内的报纸如何派发，收集典型病例上报终端部。

义诊及其他的促销宣传活动也是三株营销公司、市场部、办事处经常性的日常工作。在城市,根据季节几乎每个月都举行义诊活动、病人回访、结合街道办事处举办流行病常见病讲座、病人联谊会等。在农村乡镇以赶大集的形式开展义诊、现场咨询等。如春季战役中的春节送福、大地回春现场咨询、红三月大型义诊活动等等。

工作站作为三株营销网络中最基层的一级机构,并不负责三株口服液的销售,主要工作就是投递报纸、组织义诊等宣传工作。工作站配有专职企划员、宣传员,专门调查辖区内有多少居委会、自然村,有多少住家户,一年中要确保报纸覆盖若干次。企划员要随时搜集成功的病历上报。

三株营销网络中上下级及各部门的监督制约关系

四川一家年销售额达到2.5亿元的制药企业在山东设有一个市场部,不到20人的规模。市场部的职责就是将他们厂生产的药品通过各级医药站推销进医院和药店,市场部中每一个人负责一个地区,药品大部分是以货到付款的形式交付给医药站和医院。1996年该市场部在山东的销售额达1200万元,多年累计欠款同时也已高达600万元。和该部章经理多年交往已成朋友,讲起话来也就更直接,章经理透露追款已成了他的主要任务。谈起其他方面,章经理讲,由于他们的药品能进医院,且主要销售也在医院,故做医院和医生的工作是他们业务人员的主要任务。投入广告更是医药站、医院进货主管的要求,当然,市场部也希望通过广告扩大药品的零售数量。作为药厂销售公司的外设机构,他们既不享受一级价格利润,也不具备出具发票的资格。他曾向总经理提过建议将只具备助销功能的市场部改变为具有直接销售功能的一级分公司,总经理始终未予首肯。想来总经理的顾虑不外两点:市场部改为分公司具备了直接销售功能,零售、批发往往就会搅到一起,财务管理很容易失控;再者,改成分公司,人员增加后管理又成了问题,一旦管理混乱,出现问题再收拾起来,头痛的事肯定不少。医药站、医院系统对药厂来讲,尽管问题很多,让人烦心的事也不少,但现在还是一块有肉可吃的鸡肋,毕竟省了药厂很大的心,想来想去,也就无意再建自己直接的销售网络。可让人担心的是从医药站到医院,即便医院直接进货,到患者手中,还有一段不大不小的距离,中间出现任何问题,药厂都只能干瞪眼。

对三株口服液这样的保健品,只有零售这华山一条道反而成全了他们。

三株公司平均资金周转周期为30天,公司内部各级营销网络间的公司、子公司、办事处之间全部以现金结算。长期经销商只允许一次性赊销。

三株公司现有员工十几万人,其中正式员工5万人。在三株营销公司的组织构架中,较好地体现了权力下放、评价考核与财务监督之间的平衡与制约关系。三株的决策层明确意识到:一旦权力下放,监督措施就要立即跟上。

三株总裁吴伟思讲：三株公司对员工来说，为实现自己的理想，必须具备的条件是委让权限和正当的评价机制。

在三株公司，终端部制订营销企划，市场部根据终端部的企划提出营销计划，制定具体的保证措施，细分到各办事处。各级各部门的每个人要在月底根据营销方案制定个人下月工作计划。计划包括下个月的目标、时间安排、地点选定、具体内容、实现目标的措施、活动预算、突发事件如何处理等等。

在三株公司，市场部、各办事处的财务人员及工作站的实物管理员受财务部管理科分配、领导。人员由总部培训、下派，除主管全部财务工作外，还负有监督主要领导者的重任，一旦本部门负责人违反财经纪律，财务人员必须上报。

检查大队是三株公司的特设机构，在公司内有两大任务：1. 违纪、违规的检查，充当宪兵的角色。三株强调检查大队有权检查所有人的工作。2. 日常工作是检查营销计划的实施，在基层设有检查站负责报纸投递的检查。

在工作中，三株的各级组织每天要开晚会总结评比，宣传员填写反馈单，检查员填写检查单。

每阶段要进行评比，评比结果与奖惩挂钩。

三株在管理形式上实行流动红旗、总结大会、培训大会、员工胸卡制度。

三株强调军事化管理，员工要学习"三老"、"四严"、"四个一样"，学习毛泽东的《反对自由主义》等文章。

有关三株的报道之二

三株为何迅速衰落？可以说，在中国企业发展史上，还没有哪一家企业能在短短的时间内创下三株公司曾有过的成长奇迹。成立于 1994 年的三株公司，注册资金仅为 30 万元，而到了 1997 年底，其净资产已高达 48 亿，4 年间增长了 16000 倍，且资产负债率为零。这一速度是其它企业望尘莫及的，在中国今后若干年内，这一纪录恐怕都将无人超越。

然而，就是这样一个神话般崛起的企业，竟然在一场官司的困扰下迅速走向衰落，其衰落速度之快也同样令人瞠目结舌。1998 年 3 月 31 日，湖南常德市中级人民法院判决：消费者陈伯顺喝了三株口服液后导致死亡，由三株公司向死者家属赔偿 29.8 万元。继而，20 余家新闻媒介广泛报道：8 瓶三株口服液喝死一名老汉。尽管 1999 年 3 月底，湖南省高级人民法院终审判决三株胜诉，撤销一审法院的民事判决书，然而，悲剧已无法避免，这场波澜产生巨大后果，使三株陷入创业以来最困难的时期，也使我国的保健品市场随着三株的起伏从火爆的夏天走入寒冷的冬天。其实，冰冻三尺非一日之寒，从表面上看,作为保健品行业龙头老大的三株公司好像是一个"塑料大棚",一场官司捅破了一个大洞,新闻界的一阵鼓噪如同一股寒流,"大棚内"的各种产业被冻得奄奄一息。但往深处追究,三株公司的快速成长速度超过极限,急剧扩张带出企业组织存在的缺陷,管理体系跟不上,以及过度的市场投机心理、频繁的人员流动、过高的广告营销费用、感情化的投资决策、过快的扩张速度、运动化的管理方式等等,都使这个大厦被轻轻一击而倾斜。

三株组织上的不适应症早在其快速成长的1995年就已初露端倪。当时,公司内部的贪污与浪费已十分严重,据三株公司审计部门发现,在1995年投入的3个亿广告费中,有1个亿因无效而浪费掉了。在不少基层机构中,宣传品的投放到位率不足20%,甚至一些执行经理干脆把宣传品当废纸卖掉。更为严重的是,随着机构日益庞大,层级逐渐增多,总部的许多指令在层层下达中被歪曲或变形,甚至石沉大海。上令难以下达,下情难以上传,政府中的官僚主义在三株公司得以繁衍。三株总裁吴炳新不是没有看到这一点,但他没有采取类似比尔·盖茨的"重建组织"的做法,而是开展自上而下大规模的整风运动。在一次又一次的"三查三反"和"一打五反"的运动之后,三株公司的"大企业病"不但没有得到遏止,反而在不断蔓延。导致三株失败的另一直接原因还有盲目的投资决策。三株四年间以大跃进的速度"赶英超美",向医疗、精细化工、生物工程、材料工程、物理电子及化妆品等六个行业大举长驱直入,投入超过数十亿元。1997年上半年,三株一口气吞下20多家制药厂,投资资金超过5亿,之后又计划再上一个饮料厂时吴炳新说:我们研制成功的一个饮料产品,就连现在世界上的名牌可口可乐也是没法与我们相比的,我们准备马上注册专利,将来与可口可乐比高低,去占领国际市场。多么浪漫的设想啊!但这还不是三株浪漫设想的全部,吴炳新在宣布要做中国第一纳税人时就说过:中国500强企业中,最大企业是大庆,我们在5至6年的时间超过它是大有希望的。于是,在这样一个非理性的思维下,加上一系列非常规运作,三株公司的大起大落也就不足为怪了。

组织管理上的缺陷,注定了三株公司在后来危机事件上的反应迟缓,也注定了其最终的悲剧结局。在"常德事件"发生之初,如果公司主动协商,积极寻找解决途径,是不会导致原告诉诸法庭的。而在开庭之前,三株如果做进一步调解的努力,也完全可以改写自己的命运,而他们只是一味自信,消极等待判决。可见,由于三株公司对整个事件起因的考虑欠周到和重视不够,使它错过了化解危机的最佳机会。一审之后,处于被动的三株公司通过种种努力并理顺与传媒的关系,还是可以将大事化小,减轻事件造成的危害,但其不断滋生的"大企业病"和"危机公关"能力的贫乏最终将自己陷入万劫不复的境地。

成功的企业总是在追求更大的成功,不断扩张是每一个企业内在的冲动。然而,没有明确目标和科学论证的盲目扩张,其仓促的增长会使一个本来健全的组织陷入混乱,这种增长不仅会超越管理和财务上的能力,而且还会超越组织上的能力,其导致的不仅仅是经营亏损,甚至将是彻底的崩溃和破产,三株公司的兴衰便是最好的例子。在这里,借用吴炳新之子吴思伟的一句话警醒后人:"我们面临一个新时代,我们需要一种新型企业,对原有企业结构修修补补将无济于事,企业家必须洗心革面,企业必须变革图新。"

有关三株的报道之三

曾经被传媒热烈追捧的"三株神话"因为 1997 年的成绩而大打折扣。1997 年三株公司的销售额比 1996 年减少 10 亿元,这是它自创建以来连续三年高速增长后的第一次"负增长"。尽管三株公司对外公布它在 1997 年的销售收入仍高达 70 亿元,但与 300 亿元的既定目标相比,无疑是一个令人不愉快的数字。随后有传言说,三株已申请破产 3 个月了。由于它欠下巨额贷款,有关方面还没有批准三株的破产申请。北京一份经济类报纸披露了这个消息。随即又有传言说三株总裁吴炳新已经躲到国外去了,债主上门被拒之门外……近日,记者在济南采访了三株集团公司总裁吴炳新。他说破产纯属谣言,但他承认 1997 年三株的工作出现了较大失误,眼下正"刮骨疗毒"。记者离开济南的时候,一场自上而下旨在恢复信心的"整风运动"正在三株公司轰轰烈烈地展开。一位业内人士说,中国的民营企业似乎都逃不过抛物线式的发展轨迹,逃不过"各领风骚三五年"的宿命。那么对于三株这个大红大紫的民企明星而言,过去一年的失利会不会成为盛极而衰的前兆呢?

一、用毛泽东思想打天下

根据传媒的宣传,三株奇迹离不开"奇人"吴炳新。吴最初以 200 元起家,原始积累从生豆芽开始,承包过糕点厂和商店。1987 年,吴炳新与儿子吴思伟注册淮南大陆公司,卖过昂立一号。1994 年,创建山东三株实业有限公司,吴炳新任总裁,此时他的另一个身份是三株医药生物研究所的首席科学家。次年推出了后来名誉天下的"三株口服液"。1994 年,三株莺啼初试,销售额达 1.25 亿元,1995 年剧升至 23 亿元,1996 年则达到惊人的 80 亿元。这三年称得上是三株的黄金时代。在一些城市,人们因买三株排起了长龙,二三十元一瓶的价格曾被哄抬至七八十元,人称"卖疯了"。支撑这个销售奇迹的是三株惊人的营销网络。吴炳新说:"除了邮政网以外,在国内我还不知道谁的网络比我大。"三株在全国所有大城市、省会城市和绝大部分地级市注册了600 个子公司,在县、乡、镇有 2000 个办事处,吸纳了 15 万销售人员。这个销售大军在中国大地上纵横,于是人们看到了无处不在的三株的传单、招贴、标语和横幅。在多次会议上,吴炳新强调:三株公司的信条是"人是第一财富","人才是企业的命中之命"。在市场营销上,吴炳新的武器是毛泽东的军事思想。他曾把全国分为东北、华北、西北、华南四大"战区",四区设立"战区经理",由总部协调指挥。在《吴炳新文集》中,我们可以看到三株是如何"打天下"的——"我们将毛泽东军事思想运用于市场营销。我们创造了一系列的战术,如迅速抢占市场的闪电战术;先打周边,锻炼队伍,取得经验后再打中心城市的战术;启动市场,广告宣传上集中优势兵力打歼灭战的战术;人员使用上的'扩大民兵预备役'战术等……"在后期,吴炳新建立了市场前线委员会(他们称之为相当于国家军委),在各省建立了市场指挥部(他们称之为相当于前敌委员会),实行军事化管理,并进行了战略转移,改打农村市场,然后"农村包围城市"。在实施中,三株投入了巨额的广告费用。吴炳新曾在 1996年新年大会上批评说:"1995 年我们的广告费投入 3 个亿,起码浪费了 1 个亿。"而当年的标王孔府宴酒全年投入才几千万元。据三株一位销售经理回忆,1997 年有一个月的广告费就达 1.4 亿元,而该月的销售收入却只有 1.2亿元。如此"打天下"的并非三株一家。只要回过头来看看中国民营企业的发展史,就会发现历史是惊人地相似。1995 年,巨人集团进军保健品市场,总裁史玉柱发动"三大战役",成立总指挥部,下设 8 个方面军,其中 30 多家独立分公司改编为军、师,战役采取集团作战方式,直接和间接参加的有几十万人。"总攻令"下达以后,巨人产品广告同时跃然于全国各大报端,单在生物工程上广告费就达 1 个亿,覆盖全国。"奇迹"产生了,15 天内订货量突破 3亿元。但好景不长,由于管理上的种种漏洞,巨人集团四面楚歌。沈阳飞龙集团的发迹也如出一辙。总裁姜伟以毛泽东解放全中国的战略思想指导广告大战,使"延生护宝液"占领东北市场后,又成功地进行了淮海、平津两大战役。时过境迁,姜伟才将当年的秘诀和盘托出:一是广告轰炸;二是人海会战。经过一番沉寂之后的姜伟向新闻界自省了他二十大失误。他有一段话说得很诚实:"从某种角度上,民营企业的发迹大多是抓住两个好的产品,瞅准一个市场空档,然后押宝于市场促销,一举成功。这种偶然性的成功渐渐成为民营企业家的一种思维定式,在决策时带有极强赌博性。但一两个产品赌赢了,并不意味着所有产品都可以如法炮制。现在,我们意识到,企业的发展首先要有一个扎实稳定的基础,然后创造一个逐渐发展的趋势,并保持住这种可持续发展的能力。"2 月 5 日,总裁吴炳新在三株公司 1998 年第一次全国工作会议上,作了自称是"刮骨疗毒"的报告。富有意味的是,报告中历数的几大病症,竟是典型的"国企病"。

二、患上了典型的"国企病"

三株集团创建伊始,子公司的定位就是集团的外派职能部门,而非利润中心,管理采用高度中央集权,形同国家的行政管理,子公司不必自己找市场,不用考虑价格,集团总部统一计划,划拨广告费和产品。这种经营模式的好处是保证了集团公司利益最大化,资金快速周转。但随着集团的急剧发展,子公司内不讲效率不问效益盲目投入的现象越来越严重。1997年7月,三株不得不实行转轨,把子公司由执行者变成经营者,进行独立核算。但习惯听命于集团指令性计划的子公司却像笼中鸟,被关得时间长了以后失去了飞的能力,无法适应市场要求。在管理上,已经成为大企业的三株,同时染上了国有大企业那种可怕的"恐龙症":机构臃肿,部门林立,等级森严,程序复杂,官僚主义,对市场信号反应严重迟钝。各个部门之间画地为牢,形成壁垒,原来不足200人的集团公司机关一下子增至2000人,子公司如法炮制。对此,吴炳新说:"1997年底,各个办事处也成了小机关,办事处主任养得白白胖胖,没人干工作,整个三株公司的销售工作是由业务主办和临时工来干,执行经理以上的人员基本上不搞直接销售。由于管理不善,损失了很多,最终出现了全面亏损。这个关键的机构不改革,就要拖死我们,企业不赚钱,还能支持多久?"

激励机制本来是民营企业的强项,但三株出现了国企"大锅饭"才有的现象:干的不如坐的,坐的不如躺的,躺的不如睡大觉的;干部终身制盛行,能上不能下,一个地方干得不好,过几天又到另一个地方任职去了。业内人士认为,三株"比国企更像国企"的病例并非个案,而是民营企业发展中的通病,主要原因是民营企业家大多脱胎于国有企业,熟悉国有管理上的那一套。尽管觉得国企管理不尽人意,但在国企里的多年积淀,使它们不由自主地趋同于国企管理模式;二是民营企业的成长历程尚短,没有现成的参照物,无法形成制度创新意义上的管理模式,很容易回归到国企管理上去。眼下,三株自上而下地进行了一系列整顿,砍掉机关中的富余人员,减人增效,把2000人缩至几百人,或下岗或充实第一线;对子公司加强自负盈亏的能力。

三、浪漫主义发展设想

1995年10月17日,吴炳新在新华社的一次年会上宣读了《争做中国第一纳税人》的报告。他预测,三株公司眼下发展速度是2000%,到1997年的增长速度放到 200％,1998 年放到 100％,1999 年放到 50％。20 世纪末,就可以完成 900 亿元到 1000 亿元,成为中国第一纳税人。其勃勃雄心溢于言表,颇有当年"超英赶美"的气势。为了实现这一理想,三株公司制定了 1995 年奋斗目标,开辟"第二战场",向医疗电子、精细化工、生物工程、材料工程、物理电子及化妆品等 6 个行业渗透,进行一场多元化的"产业革命",后来又计划再上一个饮料厂。

当然,更让总裁激动的想法是把三株建成一个"日不落"的生物工程王国,在 20 世纪将人类寿命延长 10 岁。为了这一美好的愿望,三株在 1997 年一口气兼并了 20 多个制药厂,为此三株投资 5 亿元。在激情之中,三株尝试了产品多元化经营和产权经营。结果与预期相差得很远,多元化只有化妆品上了规模,而产业兼并则让三株背上了个大包袱。

当企业进入产权经营阶段后,企业发展战略决策显得越来越重要,个人决策的非理性因素可能导致"一招不慎满盘皆输",寻找一种机制避免这种致命伤已经刻不容缓。眼下,股份制改造能比较好地解决这个问题。记者在采访中了解到,三株集团虽设有董事局,但除了吴氏父子之外,其他董事局成员都不拥有股份,从财产关系上看,这种架构于事无补。当记者询问一位董事,三株现在是否考虑进行股份制改造,答曰:总裁认为时机不成熟。

四、三株的"鸡尾酒现象"

在三株公司,你可以看到一些奇特的文化现象,可以把它当成民营企业生存状态的一个文本。

三株的管理核心是 50 年代的"鞍钢宪法"和"三老四严,四个一样"。这些对老一代来说耳熟能详的字眼,对年轻一代则完全陌生。但在三株的管理中,同样有西方现代管理学之父彼得·德鲁克的理论。前者与后者像鸡尾酒一样奇怪地混合在一起。三株公司建立了山东省第一家民营企业党委,吴炳新借鉴当年毛泽东"把支部建在连上"的经验,在每个有党员的基层单位都设立了党支部。党委每周召开一次会议,听取总裁向党委汇报生产经营情况。为反腐倡廉,公司一律不准买进口车,不准配女秘书。尽管三株公司这家私营企业并未实行股份制改造,但吴炳新认为,三株是一家社会化的企业,因为在它兼并控股的几十家企业中,国有资本占了相当一部分。在兼并过程中发生的一件事一直让吴炳新耿耿于怀,三株投资 4000 万元,以 58％的股份控股了一家国有企业,但上面忽然下了通知,说私营企业不能控股国企,只能参股,否则是国有资产流失。

也许吴炳新私下感到委屈,三株创业以来,向国家缴纳了近 17 亿元的税,没有贷过一分钱,并向社会捐资近亿元。三株的一位干部告诉记者,吴总裁现在只是济南市政协委员,连山东省政协委员都不是,人家红桃 K 的老总已是全国人大代表,沈阳飞龙总裁姜伟认为,在民营企业家的内心深处,有一种被政府认同的强烈渴望,在过去的教育中,资本家曾被视为丑恶的剥削阶级。现在虽允许这个阶级存在,但私营经济仍不是这个社会的主流。他们认为自己身上印有"异族"的符号,是另一类人。吴炳新说,虽然"十五大"开过了,非国有经济由"有益"上升为"重要组成部分",但人们的思想尚未转过来,行动上仍滞后,他希望国家对民营企业领导人进行培训,"我们是组成部分,政府不能不管呀。"

三株的报道之四

三株在 1996 年实现了保健品行业的销量顶峰(公开数据是 80 亿),这是其他保健品企业难以企及的营销奇迹。三株营销奇迹就是依靠终端制胜这一战略实现的,没有庞大的营销队伍在终端上的精耕细作,不可能有营销奇迹发生。

如果说终端制胜的观点是错误的,那么三株之后的红桃 K、汇仁、脑白金等基本上所有保健品企业哪一个不是学习了三株营销套路的基础上有所创新?

三株的终端制胜战略不仅在保健品行业得到传播,家电、食品等行业都或多或少学习了终端制胜的观念。可以说,三株的营销创新对中国的营销理论是有所贡献的。

三株的失败不是终端制胜策略上的失败,而是管理上的失败。

三株失败的原因总结部分如下:

(1)盲目制定了冲刺世界 500 强的战略目标,使整个企业的战略建立在错误的目标上,扩张过猛导致管理严重失控。

(2)没有有效的危机管理机制,导致常德事件,引发信誉危机。

(3)保健品的生命周期基本上不超过 5 年,特别是三株的"概念营销"保健品宣传手法,但三株老总吴炳新始终不相信这点,坚持在"三株口服液"继续投入,使整个公司的"性命"维持在单一的保健品一个产品上。

(4)营销管理体制的问题,窜货、随意夸大产品功效、价格倒挂等市场短期行为严重。

以上种种原因虽然导致三株的惨败,但三株仍拥有巨额财富。不能以三株的失败来论证终端制胜策略不可行。

(节选自中国营销传播网)

问题：

1. 请你评价三株的销售管理。

2. 如果你是三株的总裁，你如何对三株进行销售管理？

【思考练习】

一、单选题

1. 生产者在生产某种商品过程中产生的效用称为　　　　　　　　（　　）

    A. 形态效用　　　B. 地点效用　　　C. 时间效用　　　D. 占有权效用

2. 下面哪个不是常用的访问顾客的方法　　　　　　　　　　　　（　　）

    A. 电话访问　　　B. 信件访问　　　C. 面谈　　　　　D. 邮件

3. 下面属于销售管理过程步骤第四步的是　　　　　　　　　　　（　　）

    A. 客户管理

    B. 确定企业销售管理的总预算和总体销售活动预算

    C. 控制企业销售过程，提高销售效果

    D. 制定全面的销售计划

4. 下面不属于销售管理的原则的是　　　　　　　　　　　　　　（　　）

    A. 主动性原则　　　　　　　　B. 为用户服务原则

    C. 创新原则　　　　　　　　　D. 灵活性原则

5. 属于企业经营活动的重要内容，也是企业的内在动力的目标是（　　）

    A. 市场发展目标　　　　　　　B. 社会贡献目标

    C. 企业效益目标　　　　　　　D. 市场占有率目标

6. 用来衡量不同因素对出现销售差距的影响程度的分析是　　　（　　）

    A. 销售差距分析　　　　　　　B. 地区销售量分析

    C. 市场占有率分析　　　　　　D. 销售费用率分析

7. 确保企业销售目标、策略和系统能最佳地适应目前和未来销售环境的
控制形式是　　　　　　　　　　　　　　　　　　　　　　　（　　）

    A. 获利能力控制　　　　　　　B. 战略控制

    C. 年度计划控制　　　　　　　D. 获利能力控制和年度计划控制

8. 下面哪个不是影响企业销售部门组织形式的主要因素　　　　（　　）

    A. 企业的经营思想　　　　　　B. 外部环境

    C. 企业所处的发展阶段　　　　D. 企业的规模

9. 下面不属于确定市场占有率的方法的是　　　　　　　　　　（　　）

    A. 整体市场占有率　　　　　　B. 计划市场占有率

    C. 目标市场占有率　　　　　　D. 相对市场占有率

10. 一般而言,主管的直接下属( )人比较合适

    A. 3—6人   B. 4—7人   C. 5—8人   D. 10以上

二、多选题:

1. 经济学家把效用分为   ( )

    A. 地点效用   B. 占有权效用   C. 形态效用   D. 时间效用

2. 下面哪些是常用的访问顾客的方法   ( )

    A. 邮件   B. 电话访问   C. 面谈   D. 信件访问

3. 产业销售指的是批发层次的销售活动,按顾客分类可有   ( )

    A. 对中间商的销售   B. 对使用厂家的销售

    C. 对机构使用者的销售   D. 对顾客的销售

4. 下面属于销售管理的原则的是   ( )

    A. 主动性原则   B. 灵活性原则   C. 创新原则   D. 经济效益的原则

5. 下面属于定量目标的是   ( )

    A. 销售额   B. 销售利润率   C. 用户的评价   D. 市场的开拓

三、简答题

1. 理解销售和销售管理的概念。

2. 联系实际谈谈企业销售活动过程。

3. 谈谈销售管理的作用和原则。

4. 理解指挥职能的内容。

5. 理解年度计划控制的内容。

【参考答案】

单选答案:ADBCC ABDBA

多选答案:(1)ABCD   (2)BCD   (3)ABC   (4)ABD   (5)AB

简答题答案:

1.(1)销售是商品的生产经营者为使其向市场提供的商品或劳务被购买者所接受并能够带来有利交换所进行的各种相互关联的活动。(2)实现企业整体销售目标,把握市场机会和实现商品交换,而进行的包括建立销售目标、协调各种销售工具、制定销售预算、设计销售方案、评估和控制销售行动等一系列具体管理活动过程。

2. 寻找顾客——鉴别顾客——访问顾客——销售展示——终结成交——售后服务

3.(1)1. 企业加强销售管理,可以密切企业与中间商、消费者的关系,使

企业更好地了解消费需求,及时满足市场和用户的要求。2. 企业加强销售管理,是提高企业经济效益的重要手段。随着市场竞争的加剧,除生产费用与企业经效益的好坏关系密切外,销售管理水平的高低对企业经济效益好坏的影响日趋明显。3. 企业加强销售管理,是开拓新市场和扩大销路的重要途径。通过销售管理,企业可以采取针对性较强的销售活动,提高企业产品的市场占有率,争取更多用户的购买,增加企业产品的销售量。4. 企业加强销售管理,是增强企业应变能力的必要条件。企业及时了解外部环境的变化,对市场情报加以收集、整理和分析,使企业能很快地适应外界环境的变化。5. 企业加强销售管理,是增强企业竞争能力的重要措施。企业要在竞争中取胜,就必须对竞争对手的竞争能力、竞争策略做出正确的判断,在不同市场有针对性地开展销售工作,从而提高企业的竞争能力。(2)主动性原则、灵活性原则、为用户服务原则、经济效益的原则。

4. 一是要传送好信息,也就是说,要及时向下级布置任务,并要清楚地、正确地交待工作的性质,开展这项工作的原因、时间、地点和人选;二是要激励有关人员,使他们在执行任务时能发挥最大作用。

5. 年度计划控制的主要内容是对销售额、市场占有率、费用率等进行控制。

第 2 章
销售部门的职责

- ■ 销售组织模式
- ■ 销售部门职责
- ■ 销售经理职责
- ■ 销售人员职责

导入语

　　方兴公司是浙江一家正在发展中的以生产中央空调为主的民营企业,从家庭作坊起步,随着资金的积累,技术改造和设备引进,企业生产能力近几年以几何级数增长。产品生产能力的提高,导致了销售人员的增加,从 1998 年 12 位销售人员到现在销售人员已经达到 300 多位。原来只一个销售部,11 个销售区域,每个区域派驻一位销售代表,到现在已经达到 23 个销售区域,每个区域销售人员都在 10 位以上,原来的销售代表大多已经是区域销售公司的经理。但是随着人员的增长,销售系统内部的矛盾和困惑也在增加,有的区域的销售经理喜欢自己跑市场,喜欢原来那种单枪匹马的工作方式,自己的销售量往往占到本区域的 70% 以上;有的销售区域经理对新来的销售人员总觉得不满意,销售人员也感觉呆在这个单位没有出息,以至于销售人员像走马灯一样调换,人员流动频繁;有的销售经理对规章制度难以接受,喜欢像以前那样随机处理,还美其名曰"将在外,君命有所不受"。方兴公司的产品质量在同类产品中是比较好的,但销售却忽上忽下,一会儿产能不足,一会儿产能过剩。对此方兴公司老板觉得无从下手。

关 键 词

区域型销售组织模式　　产品型销售组织模式　　顾客型销售组织模式

职能型销售组织模式　销售部门职责　销售经理职责　销售人员职责

2.1　销售组织模式

企业销售人员在市场开拓和竞争中是否有很强的战斗力,很大程度上取决于其组织结构是否合理有效。销售组织是实现企业销售目标的保证,它的设计必须符合企业的战略、目标、环境和任务等因素。销售组织中还应该处理好销售部门与企业其他部门之间的关系,由于企业各部门所担负工作职责的不同,考虑问题的角度也会有所不同,部门之间在工作过程中难免会有一些矛盾。就销售部门而言,中心任务是实现销售收入,提高企业产品在市场上的竞争能力,满足顾客需要,扩大市场。因此,它会要求生产制造部门提供的产品品种要多、批量要小,而与生产制造部门扩大生产和降低成本的观点发生冲突。销售部门希望增加促销预算,加大促销力度,而财务部门则可能从收支上考虑增加促销支出是否值得。此外,销售部门与人事、新产品开发等部门也会有这样或那样的矛盾与冲突。所有这些问题,都有待于正确处理。

企业销售组织形式主要有区域型销售组织模式、产品型销售组织模式、顾客型销售组织模式和职能型销售组织模式。销售组织模式的选择受到本企业员工现状、企业实力、产品特性、企业发展规划、所面对的市场及竞争对手等各种因素的影响。

2.1.1　区域型销售组织模式

按行政区域划分销售区域,这是企业中最常见的销售组织模式。不同销售人员被派到不同地区,作为企业的销售管理者和市场代表,在该地区全权代表企业进行销售业务活动。

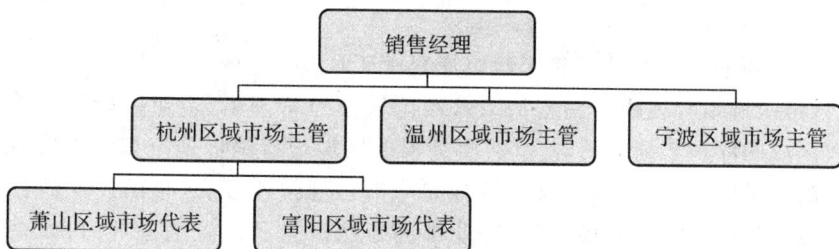

图 2-1　区域型销售组织

1. 区域型销售组织模式的优缺点

(1)区域型销售组织的优点:

第一是责任清晰明确。由于一个区域只有一个销售人员,每个销售人员的责任非常清晰明确,他要承担因自己个人的因素而造成该区域销售成绩好坏的全部责任,因此,销售人员迫使自己尽最大的努力来提高销售业绩。

第二与顾客关系密切。由于长期在一个区域工作,对这个区域的情况比较了解,对当地中间商而言,销售人员是企业在当地的惟一代表;对销售人员而言,搞好与当地各方面的关系,可以帮助其顺利完成本职工作。因此区域组织模式可以激励销售人员积极地开拓当地的市场并建立良好的人际关系,这些关系常能增进销售人员的销售成果。

第三销售费用比较低。因为每个销售人员的巡回区域只限于一个很小的范围,交通费等差旅费可以相对减少。

第四管理费用比较低。由于组织结构简单,日常的销售管理费用和开支比较省。

(2)区域型销售组织的缺点:

这种方法适用于差异化较小的产品和相对单一的服务对象(中间商),如果企业的产品和市场有相当的差异时,其销售效果就会大减,因为产品种类多,市场结构复杂,销售人员就很难完全了解产品和顾客,因而难以有效地开展销售工作;销售人员要从事所有的销售活动;技术上不够专业,在种类多、技术含量高的产品销售上不是十分合适;不能适应目前全国性零售连锁企业发展的需要;由于利益原因使区域之间的协调与统一相对较难,窜货比较常见。

—— **即问即答 2-1** ——

区域型销售组织的优缺点是什么?

2. 企业在按区域进行销售组织规划设计时应考虑的因素

(1)区域销售规模与销售潜力。在区域销售管理中,企业一般不是根据行政区域的面积来划分销售区域,而是根据区域现有销售规模和销售潜力来划分的。不同的企业销售目标不同,如果销售规模比较大,自己设立销售分公司比较有利可图的时候,很多企业都会在当地自己设置销售部门;如果销售量比较小,那么往往是委托中间商来销售本企业产品的。当然,有的企业从企业发展战略考虑,不追求短期效益,从企业长远发展的角度考虑也会设立企业自己的销售部门。

—— 即问即答 2-2 ——

联系实际谈谈你对这部分的理解。

(2)区域销售评估情况。区域销售管理中很重要的一条是公平合理,这在销售区域设置上表现得尤其明显。不公平的区域设置会严重影响销售人员的工作积极性,同样的付出给予基本相同的报酬十分重要,在区域销售组织中,不同的区域由于情况不同,在分配销售区域时对销售潜力的评估就十分重要。如城市市场和农村市场、成熟市场与新开发市场、顾客集中市场与顾客分散市场,在分配销售区域的时候就要综合考虑销售量以外的因素。

行政区域与经济区域关系。行政区域的划分与经济区域的分布往往是有出入的,所以在划分销售区域的时候不能单纯考虑行政区域,还要考虑商品自然流向、与中心城市的远近等多种因素。

3. 区域型销售组织在我国的应用

在我国,因地域辽阔,各地区差别极大,所以大部分企业都采用区域型销售组织模式,各区域主管负责该地区企业所有产品的销售,从组织基层开始,经销商向销售人员负责,销售人员则向销售区域主管负责。

在销售部的结构上,不同企业由于其销售方式不同而有所不同。销售方式以推销为主的销售部的结构就不同于专业销售的销售部结构,专业销售的销售部的结构较以推销为主的销售部的结构更密集、更深入、更庞大。

很多企业给派驻到边远地区的销售员较高的报酬,以补偿其如旅行等额外的工作。很多企业喜欢区域有一定形状,有圆形、椭圆形和楔形,以提高销售效率,有的企业还用电脑程序来划分销售区域,以使区域划分达到比较好的效果。

—— 补充阅读材料 ——

创新区域型销售组织　提高企业市场竞争力

金锣集团从沂蒙山区贫瘠的大地上破土而出,用十余年时间成长为中国十大民营企业之一,并成功在新加坡、香港上市,成为中国当之无愧的肉类"大鳄",其生猪屠宰、肉制品综合加工能力均居全国前列,与肉类巨头双汇、南京雨润形成三足鼎立之势。

金锣何以能够在竞争异常残酷的肉类市场上屡创佳绩?除了

超低的成本控制能力、优质低价的价值观，其超强的市场竞争能力和区域市场把控能力等成功因素以外，还来自于根据企业发展战略和外界环境变化，对区域市场的营销分支机构不断进行的组织创新，从而全面提高了区域市场的整体市场竞争能力。

山东市场营销分支机构沿革

20世纪90年代初，金锣开始从承包冷库、屠宰生猪起家，主产品大部分供应春都、双汇用于火腿肠等肉制品生产，在山东区域市场基本上没有什么营销分支机构。随着屠宰量的不断扩大，快速消化生猪屠宰各种副产品成为迫切需要解决的问题，于是公司在总部临沂成立销售部，并分别在济南、青岛设立销售办事处，租赁省、市食品公司冷藏库和办公场所，开发面向冻品经销商和消费者销售的屠宰主副产品。

90年代中后期，金锣开始上马火腿肠生产线，以火腿肠为代表的高温肉制品取得了异常迅猛的发展，产销量每年均以成倍、数倍的速度快速增长。由于高温火腿肠和冻品在产品储藏、运输、销售、终端、客户等方面存在诸多差异，迫切需要高温火腿肠销售的专业化管理和运作，金锣在公司总部成立冻品销售部、火腿肠销售部，分别负责屠宰主副产品、高温肉制品在全国的销售。在山东区域市场内，考虑到人员成本、工作效率和管理费用，对济南、青岛办事处的管理采取一套班子、多类别产品、多头管理的模式。

市场巨变挑战区域市场管控能力

进入新世纪，山东区域的肉制品市场发生一系列重大变化：消费者肉类需求的变化、产品类别和品种的急剧扩充、零售终端格局的变化、肉类竞争格局的演变、竞争对手区域战略、策略和市场手段的创新、市场环境变数丛生，都对金锣掌控区域市场的能力提出了严峻挑战：

1. 区域市场领导地位受到威胁。金锣上马火腿肠较春都、双汇都晚，但凭借"一流质量、超低成本"这个最具威力的行销锐器，加上对本省消费习惯和市场的透彻了解，金锣从春都、双汇手中抢夺了大量份额，1997年后在火腿肠产销量跃升到领导位置。但随后双汇在山东市场发起了声势浩大的反攻，本地另一品牌"江泉"则以更低价格举起价格战的大旗。山东作为金锣总部所在地，销量增长停滞不前,与竞争对手的差距不断缩小,公司得以安身立命的战略受到极大威胁。

2. 城镇与农村市场的分化。山东是一个人口大省,也是一个经济强省。进入新世纪后,山东市场呈现出城市和农村市场的消费差异,东部以青岛、烟台为代表的沿海城市的经济增长速度较快,居民购买力强,消费向中高档、追求品质和健康的方向发展,相应的市场争夺也就异常激烈;而西部广大农村地区的经济发展较迟缓,居民购买力和消费结构则趋向于中低档,但农村市场庞大的消费量亦不可忽略。如何平衡农村和城市市场,如何分配营销资源,都是营销分支机构面临的新课题。

3. 零售业态和零售格局演变。以超市、大卖场为代表的新型零售业态的迅速崛起,给山东市场传统肉制品的批发、零售渠道带来了巨大冲击,城市市场的超市、大卖场成为消费者购买肉制品的主要消费场所,而传统的批发、零售渠道则退居次要位置。零售格局的变化对金锣营销分支机构对各类终端的应变能力、运作能力和掌控能力都提出了全新的挑战。

4. 多品种产品营销专业化要求提高。肉制品行业的激烈竞争加剧了企业产品创新的步伐,在高温肉制品快速发展的同时,低温肉制品也取得了突飞猛进的增长,南京雨润成长为中国最大的低温肉制品厂家,双汇也全面加大低温肉制品的市场拓展。而冻品、冷鲜肉、高温肉制品、低温肉制品在零售终端、流通渠道、储运条件、陈列条件、消费者等方面都存在巨大差异,细分品牌的发展促使各品种产品营销的专业化。

5. 竞争品牌区域市场战略调整和组织创新。1998 年成为中国肉制品老大的双汇集团提出了"稳住河南优势市场、夺取山东领导地位"的区域发展战略,打破原来在济南设立销售省级办事处的模式,压缩渠道层次,降低渠道管理重心,营销组织直接延伸到县级城市,并且分品种设立销售办事处,分别在德州、济南、青岛、临沂等 4个地级城市各设立冻品、高温肉制品、低温肉制品销售办事处,全面抢夺客户和终端,形成对金锣集团的全面包抄之势。

存在的问题和组织创新潜力

除了市场、竞争对手和外界环境发生的重大变化之外,金锣集团区域市场营销组织自身在纵向和横向两个方面都存在着亟待改善的问题,这些问题不解决,就无法适应企业自身的快速发展。

一、区域营销组织存在的问题:

1. 纵向问题点

①营销组织各层次缺乏清晰的职能定位:总部营销部门直接参与区域市场的销售;营销组织的每个层次不太清楚自己的责任和权限,很多问题都要退回总部解决;一线销售人员同时面临冻品销售部、火腿肠销售部、广告部等的多头领导。

②职能分配"头重脚轻":办事处缺乏足够的权限,大小决策都要层层上报批准,信息反馈慢,无法快速反应,错失市场良机;决策重心高、决策流程长、决策时间慢。办事处经理权力实施受到销售支持部门制约,使放下去的权力无法运用;总部管理职能停留在消防员角色,不能对产生问题的深层次原因做出分析,政策制定与区域市场特性脱节,随意性大,影响区域市场销售工作。

③总部权力和管理幅度过大:总部的管理职能、权力和管理幅度过大,但同时面对层面不同的大量问题,包括策略性问题、战术性问题,甚至某一个客户的具体问题,精力有限,而且远离实际市场,无法做出准确的判断和决策;缺乏针对区域市场特点的决策和运作策略。

2. 横向问题点

①缺乏专业化分工:办事处同时负责冻品、冷鲜肉、高温肉制品、低温肉制品和中式传统肉制品等多类产品的销售,人员、利益、资源分配的难度阻碍了各细分类别产品的销售;办事处内部协调耗费大量的时间和精力。这些问题制约了营销效率的提高。

②营销功能不完善:总部没有专门负责市场研究、开发和策划的部门,无法在市场调查、品牌推广、销售促进、产品上市等诸多方面给予指导和专业培训,从而导致区域营销组织和人员缺乏对市场的专业调研的经验和技能,缺乏系统的产品策划和推广的能力,缺乏针对产品特性的营销策划和策略,新产品开发设计也跟不上市场的需求,且上市过程缺乏节奏的把握。

③缺乏对分类产品的营销能力:冻品销售人员缺乏对熟肉制品的营销能力和经验;高温肉制品营销人员对低温肉制品的分销,尤其是与大卖场、超市进场谈判等方面缺乏专业的经验和技能。

二、区域营销组织创新的潜力

1. 过去成功的关键因素:金锣在山东的区域营销组织曾经因为适应了企业自身的状况和区域市场特点,再加上营销队伍的超强战斗能力,从而得以在山东市场创造了很多辉煌业绩。这些因素体现在:基于对市场了解而具备的市场预见能力;总部和办事处领导的个人判断能力;对区域市场的熟悉和与客户的地缘关系;销售人员超强的吃苦耐劳能力;企业整体形象的宣传策划。

2. 组织创新的方向与潜力:市场环境的变化,企业自身的快速发展,迫切要求金锣的区域营销组织进一步完善以取得更大成功,为此区域营销组织需要从销售转向营销,从销售产品转向经营品牌,转向经营品牌与客户的关系。区域营销组织创新的方向为:超强的市场分析和预测能力;贴近终端和消费者的快速反应能力;功能完善的营销管理体系;超强的产品营销能力;超强的品牌沟通能力。

区域营销组织创新的四大原则

区域市场的营销分支机构是公司营销组织在区域市场的延伸,而营销分支机构的组织创新则是企业关于区域市场营销战略、策略和各种营销计划得以顺利实施的重要保障。金锣集团对于区域市场营销分支机构的组织创新,制订并坚持以下四条原则:

1. 与区域市场战略相吻合的原则

区域市场战略是公司整体营销战略的重要组成部分,它包括企业对区域市场一个阶段内的战略目标、市场与产品布局、资源配置等,是区域市场营销分支机构在产品、人员、资源分配的具体指导原则。山东不仅是金锣产品销量和销售额的主要市场,更是金锣集团的大本营,以绝对优势保持金锣在山东肉制品市场的领导位置,是金锣在山东区域市场的中长期战略目标。

2. 基于自身状况适度创新的原则

营销分支机构的组织创新,不能不顾企业自身的资源和实力,贪大求全、求新求异,或者盲目照搬竞争对手或其它行业企业的组织创新模式,而必须具备策略思考能力。在考虑自身状况、竞争品牌区域市场战略和营销组织模式、市场变化的基础上,找准对手的弱点和软肋,做到独特、适合自身状况和高效。

3. 基于市场竞争能力持续提升的原则

营销能力是一个企业的生命线，区域市场营销分支机构的组织创新，必须能够增强企业在区域市场上的整体市场竞争能力，包括市场信息的敏锐觉察力、对市场变化的快速反应能力、产品和品牌的超强推广能力、客户开发和忠诚度维护的能力等。

4. 基于品牌形象和品牌力持续提升的原则

山东区域市场肉制品的竞争，已由质量、价格的竞争转为品牌的竞争，品牌将成为新世纪肉制品市场最终取胜的关键。因此，营销分支机构的组织创新，要能够保证区域市场内"金锣"品牌推广和品牌形象的不断提升，确保区域市场上的品牌竞争能力不断提高。

基于竞争创新区域营销组织

2001年，基于对山东区域的市场环境、竞争格局、消费形态、零售格局演变，以及集团公司对山东区域的市场战略的要求，金锣集团采取"层次清晰、反应灵活、功能完善、协同有力"的特点，同时适应不同产品的专业特性和不同地区的差异的方法，对区域内的营销分支机构及管理进行了全面的创新：

1. 营销分支机构的组织创新思路：以市场竞争为导向，建立具有强大营销功能的规范化、专业化区域营销组织体系，降低管理重心，增加管理密度，产品营销专业化，贴近终端，全面掌控区域市场。

2. 营销分支机构的组织模式创新：将"直线型"管理模式改变为"矩阵型"管理，强调团队型合理协作、职能体系和管理体系相对分离、交叉构筑地区平台、强调各部分有清晰的管理范围、总部强调支持和服务、区域组织拥有很大的灵活性、自我协调能力很强。

完善并共享市场职能：在集团公司总部增设市场部，全面提高集团公司营销体系的营销功能，在市场信息收集、研究、共享反馈，新产品研究、开发与推广，品牌规划和形象传播等方面，则采取整合的策划推广体系，从而确保集团公司在品牌形象、市场管理、营销信息系统管理方面的统一和资源共享。

营销专业化：为了避免区域销售组织不同产品种类销售的内部协调困难和严重内耗，提高细分品种产品的营销水平和能力，就需要在冻品和肉制品的销售上分别实现独立的业务队伍、独立的销售管理体系、独立的销售行政体系。为此，金锣集团对冻品和肉制品两大类产品分别设立独立的区域销售组织，独立运作和管理。

3. 营销分支机构的组织管理创新

减少管理层次：降低区域营销组织的重心，由原来的营销总部—区域大区—省级办事处—地区业务组，转变为营销总部—省级大区—地区级办事处—县级业务组。

增加组织密度：考虑到双汇等竞争对手在山东市场的组织创新，为了确保市场的高渗透率，金锣撤消区域大区（原来涵盖数省和地区），改为省级大区，增加大区数量；同时，大幅度设立地区级办事处，地区级办事处由原来的济南、青岛，扩充到济南、青岛、烟台、济宁、滕州、临沂、德州、淄博、潍坊、东营等10个，增强了地区级办事处对区域市场的全面掌控能力，从而确保山东市场"铁板一块"。

层次职能清晰：总部作为营销决策和业务支持平台，负责全国性策略、计划、年度目标等重大事项的决策，提供迅速、及时的营销支持服务，全面支持区域队伍的营销工作，负责内部管理和建设，对一线队伍提供业务指导，而将日常性、区域性业务决策权力下放。

省级大区作为营销监督控制平台，负责对本区域的市场、财务风险、队伍建设等进行监控，以防范和控制风险为工作目标，对地区办事处提供业务指导。

地区办事处为营销管理平台、区域决策中心，负责对本区域的日常性业务的决策，本区域销售队伍建设、人事管理、薪酬分配等内部管理，区域产品管理、市场策划等重点营销职能建设，制定本区域的营销策略和总体操作思路、总体营销预算，负责指导和协调下属各县级销售组具体业务，从而提高区域营销组织对市场的反应速度。

县级业务组为营销执行平台，负责本县市场的销售业务操作、促销执行和卖场管理。

4. 营销分支机构业绩考核与机制创新

冻品和肉制品区域营销组织独立后，公司分别针对冻品和肉制品的销售制订了包括各个岗位在内的KPI指标体系，将目标管理引入营销考核体系，并且对不同的产品设计不同的奖励提取比例，销售人员费用包干到个人，大大提高了销售人员的积极性和工作效率。

组织创新"引爆"区域市场竞争力

金锣集团2001年开始对山东市场的营销分支机构进行的组织创新，不断提升了企业的整体市场竞争能力，从而使金锣在肉制品更加激烈、残酷的白热化竞争中，一次次地击退了竞争对手发起的猛攻,市场占有份额和销售额均呈现持续快速的强劲增长势头,不仅确保了山东区域市场内的领导地位"雷打不动",更为其它区域市场的营销组织创新提供了崭新的思路和宝贵运作经验。不创新则死亡,对区域市场的营销组织来说,也是一个铁定的规律。

资料来源:中国营销传播网,2004-05-11

—— **即问即答 2-3** ——

如何建立具有创新激情与活力的营销分支机构?如何科学、合理地配置营销人员?如何保持企业在区域市场上的超强竞争能力?

2.1.2 产品型销售组织模式

当企业产品技术复杂,产品之间联系少或数量众多时,按产品专门化组成销售队伍就较合适。产品型销售组织模式是按一种产品或一组相关产品来划分的,一般来说,技术含量较高的产品销售多采用这一模式。

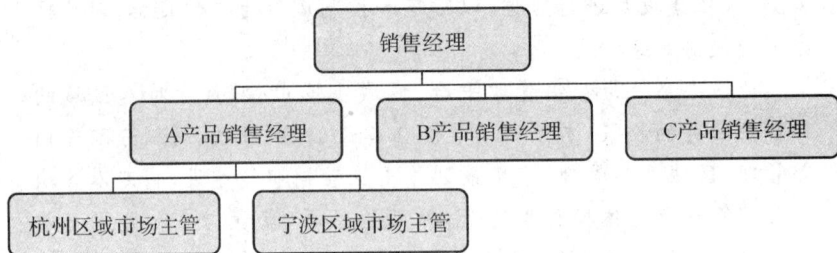

图 2-2　产品型销售组织模式

1. 产品型销售组织模式的优缺点

(1)产品型销售组织模式优点

第一实行专业分工。产品型销售组织是按产品进行专业化分工的,有助于销售人员熟悉自己分管产品的性能和特点。掌握产品销售的最佳方法,制定切合产品实际的营销组合策略。

第二可以协调产销关系。生产与销售的关系比较容易脱节,而这种组织形式有利于协调好产销的关系,特别是技术性强的产品。

第三能及时为客户提供优质服务,及时处理市场上出现的问题。

第四能避免销售人员由于品种过多而对不大重要的品种的忽略。

(2)产品型销售组织模式缺点

第一是协调困难,产品管理容易在企业内部产生矛盾冲突。这是因为产品经理权力有限,他们要同广告、推销、制造等部门合作,而各部门往往把他们看作是低层管理者而不予重视。

第二产品经理较易于成为他所负责的产品方面的专家,但不容易熟悉其它方面(如广告促销等)的业务。

第三产品管理系统成本较高。因为产品管理人员的增加导致人工成本的增加,同时企业还要继续增加促销、调研、信息沟通和其它方面的专家,结果使企业承担了巨额的管理费用。

为了克服上述缺点,需要对产品经理的职责以及他们同职能专家之间的分工合作关系,做出适当的安排。例如,庄臣企业有好几个产品分部,各个分部都有自己的销售队伍。很可能,在同一天好几个庄臣企业的销售员到同一家医院去推销。如果只派一个销售员到该医院推销公司所有产品,可以省下许多费用。

2. 企业在按产品进行销售组织规划设计时应考虑的因素

采用产品型销售组织模式的企业,一般有以下几个方面的特点:

(1)企业经营的产品种类很多,产品性能上有较大的差异。

(2)产品比较复杂。

(3)客户分布在不同行业,并且行业之间差异较大。

在实际工作中,家用日化产品生产企业采用产品型销售组织比较多,而且也比较成功,这种销售组织模式对于那些产品品种众多并且产品品牌对产品销售又非常重要的企业来说是一种非常好的销售组织模式。

即问即答 2-4

介绍一家家用日化企业的销售组织模式。

2.1.3　顾客型销售组织模式

对不同的顾客销售相同的产品,由于顾客需求不同,销售人员所需要掌握的销售知识也不同。企业按市场或消费者(即顾客类型)来组建自己的销售队伍,便于销售人员能集中精力和充分发挥自己的特长来服务各种类型的顾客,从而成为针对某类客户的销售专家。例如一家计算机厂商,可以把它的客户按顾客所处的行业(金融、电信等)来加以划分,采用不同的销售方式。

1. 顾客型销售组织模式的优缺点

(1)顾客型销售组织模式的优点

```
                        ┌──────────────┐
                        │   销售经理    │
                        └──────┬───────┘
           ┌───────────────────┼───────────────────┐
    ┌──────┴───────┐   ┌───────┴──────┐    ┌───────┴──────┐
    │ A类顾客销售经理 │   │ B类顾客销售经理 │    │ C类顾客销售经理 │
    │    ……        │   │    ……        │    │    ……        │
    └──────┬───────┘   └──────────────┘    └──────────────┘
     ┌─────┴──────┐
┌────┴─────┐ ┌────┴──────┐
│杭州区域市场主管│ │宁波区域市场主管│
└──────────┘ └───────────┘
```

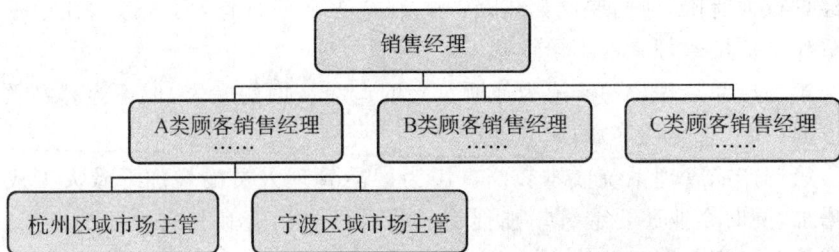

图 2-3　顾客型销售组织模式

有专门的销售人员负责重要客户,能更好地服务顾客和满足顾客需要;可以减少销售渠道的摩擦;由于与客户联系紧密,有利于建立良好的战略伙伴关系;为新产品开发提供思路。

(2)顾客型销售组织模式的缺点

由于客户需要的不仅仅是一种产品,这就需要销售人员熟悉企业所有产品,导致培训费用上升;如果重要客户流失,会对企业经营造成很大的影响;销售区域重叠,很多销售工作重复,导致销售费用上升;销售人员非正常离职会严重影响企业销售正常进行。

2. 企业按顾客进行销售组织规划设计时应考虑的因素

顾客型销售组织模式适用于顾客可以按一定标准分类的企业,针对不同的顾客,安排不同的销售人员,提供不同的服务。当销售人员服务于某类顾客时,他可以深入了解和熟悉这一类客户的具体需求,开展有针对性的销售活动。如证券公司的大户、中户和散户。

—— 即问即答 2-5 ——

了解一家保险公司的销售组织模式。

有些企业产品销售是按行业来划分的,如胶卷销售企业就可以根据胶卷的使用分为普通胶卷、工业胶卷、医用胶卷和军用胶卷,不同的使用对象需要不同的销售方法。

—— 补充阅读材料 ——

如何进行重点客户管理

A 公司是一家生产和销售休闲食品的企业,成功地进入了外地一家大型连锁超市,销售量得到了提高,每月的销售额在公司的销售收入中占有很大的比例,超市的定单变得越来越重要,于是公司就设立了重点客户管理部,任命了重点客户经理,负责对超市业务进行规范化的管理。这一现象表明,随着市场竞争的日益加剧,买方市场的形成,很多的公司已经开始关注客户管理的工作,同重点客户建立起良好的战略合作关系。在业务合作方面,公司表现出越来越主动,掌握了关键的重点客户,对于公司的销售起着举足轻重的作用。

几年前,重点客户管理的概念随着跨国公司在国内的深入发展而被引入,然而不论是从管理模式还是实践情况来看,即使建立了CRM 系统,仍然有相当部分企业对重点客户的管理方式还只是停留在概念炒作的层面上。为什么要对重点客户进行管理、如何管理好重点客户,对众多的公司来说,还是一个需要慢慢摸索的过程,找出一套适合自己公司实际的重点客户管理模式是很重要的。

所谓的重点客户管理就是有计划、有步骤地开发和培育那些对企业的生存和兴旺有重要战略意义的客户。重点客户的管理是一种基本的销售方法,更是一种投资管理。重点客户管理曾有过许多不同的名称,如大型客户管理、重点客户管理、主要客户管理、关键客户管理等等,最终的目的是为了更好地为客户服务,同时实现企业的销售业务。

一、如何确定和挑选重点客户

公司的每个客户的订单都构成了公司的销售收入,但是否每一个订单都能为公司带来利润呢? 很显然,综合考虑每一个订单后,情况并不是这样的。公司的人力和物力有限,不可能对所有的客户都一视同仁,不可能花费同样的时间精力来管理每一个客户。那么如何来划分自己的客户类别,如何分配时间来管理自己的客户呢?

意大利经济学家维尔弗雷多·帕雷托提出的帕雷托定理,也称"八二开规则",这个规则表明,事物 80% 的结果都是因为另外 20% 的起因。将它应用到客户管理中表明,公司 80% 的销售收入来自于仅占总数 20% 的客户,公司 80% 的利润来自于仅占总数 20% 的客户。通常情况下,按最直观的做法,是将公司中销售排名最靠前的承担了 80% 销量的 20% 的客户列为重点客户,很多的公司都会按照销售额这个指标来区分客户的重要性。

但在事实上往往不能如此简单，挑选重点客户有很多的定量和定性的参考指标，并不是所想像的那么简单，靠几个数据就可以确定的。选择的重点客户应符合企业当前目标。公司一定要综合公司战略、营销目标、公司的细分市场、竞争对手的客户现状等众多的因素来进行考虑。

B公司一直是生产中低档洗衣粉的企业，原来主要通过批发渠道进行销售，占了很大的比重。近来公司为了提升企业品牌的知名度，开发了适合城市商超渠道的产品，在前期销售中表现平平，该公司认为商超渠道是提升企业品牌的途径，就将现在销量表现不是很出色的该超市确定为重点客户，加大人、财、物的投入，实施重点管理。

二、重点客户的特点

重点客户对公司的发展具有重大的作用。综合起来，重点客户具有以下特点：

1. 重点客户对于公司要达到的销售目标是十分重要的，现在或者将来会占有很大比重的销售收入。这些客户的数量很少，但在公司的整体业务中有着举足轻重的地位。

2. 公司如果失去这些重点客户将严重影响到公司的业务，并且公司的销售业绩在短期内难以恢复过来，公司很难迅速地建立起其他的销售渠道。公司对这些重点客户存在一定的依赖关系。

3. 公司与重点客户之间有稳定的合作关系，而且他们对公司未来的业务贡献有巨大的潜力。

4. 公司花费很多的工作时间、人力和物力来做好客户关系管理。这些重点客户具有很强的谈判能力、讨价还价能力，公司必须花费更多的精力来进行客情关系的维护。

5. 重点客户的发展符合公司未来的发展目标，将会形成战略联盟关系。当时机成熟，公司可以进行后向一体化战略，与客户之间结成战略联盟关系，利用重点客户的优势，从而有利于公司的成长。

三、重点客户经理

既然重点客户对公司如此重要，公司将会结合公司的实际，设立专门的部门配备专门的人员对重点客户进行管理。重点客户经理在这项工作中将会扮演着关键的角色。由于重点客户的管理将涉及到客户方面的各个部门，财务、采购、生产、售后服务等各个环节,关系将会很复杂,需要做好各个方面的工作。

所以重点客户经理在整个工作中,一端是公司的利益,一端是客户的利益,这就需要客户经理要有很强的处理复杂问题的能力。一方面需要客户经理要有良好的产品知识和技术水平。另一方面要求客户经理具备很强的人际交往能力和团队领导能力,能够组建和管理好一个团队,共同做好重点客户的管理工作。

重点客户经理的主要职责是负责具体计划的制定和实施,以达到企业在重点客户工作方面的战略远景目标。重点客户经理的两个关键角色是:既要成为客户的顾问,也要成为本企业的战略家。对于客户来说,重点客户经理要了解客户的优势和劣势,帮助客户分析市场竞争态势,为客户制定问题的解决方案,最大限度地挖掘出客户企业的潜力,成为客户在企业的支持者。对于本企业来说,重点客户经理要收集、分析行业的现状和客户的需求,结合本企业的实际,制定客户开发和管理的计划,最大限度地提升客户价值,确保客户的满意,促进客户与企业业务的发展,实现双赢。

四、实施重点客户管理的步骤

事实上,重点客户管理不仅是一个程序或一套工作方法,更是一种管理思想观念,一种如何挑选重点客户并稳固他们的业务处理方式。公司必须针对重点客户的特点和公司的实际制定切实可行的重点客户管理模式,制定关键的管理制度和管理流程,找出关键的工作环节。

第一,建立一套考评指标体系,对公司的客户做出全面的评估,并进行综合打分,找出重点客户。

第二,收集信息,要对客户进行全面的分析。如客户所处的行业和市场现状等方面的信息,结合客户的战略和企业的实际情况、企业的组织结构和管理体系、客户历年的经营业绩和发展方向等各种客户的情报,对客户进行 SWOT 分析。找出工作的优势和劣势,制定管理的关键环节,提升重点客户管理水平。

第三,分析你的竞争对手。弗雷德里克在《给将军的教训》一书中,这样写道:"一个将军在制定任何作战计划的时候都不应过多地考虑自己想做什么,而是应该想一想敌人将做些什么;永远不应该低估他的敌人,而是应该将自己放在敌方的位置,正确估计他们将会制造多少麻烦和障碍。要明白如果自己不能对每一件事情都有一定的预见性以及不能设法克服这些障碍的话，自己的计划就可能会被任何细小的问题所打乱。"所以重点客户经理应该有这样一个思想观念，正确对待竞争对手。

第四，分析你自己公司的状况。最重要的是分析公司与客户之间目前的关系和业务活动。公司与客户过去的关系如何？曾提供过什么产品和服务？现在提供的是什么？客户原来和现在的销售记录和发展趋势，占有的比例的变化情况？公司的业务人员与客户的关系如何？建立了什么关系类型？这些因素都是应该考虑的。

第五，制定客户管理战略。制定客户计划的主要目的是在于确定你希望与该客户建立发展什么样的关系以及如何建立发展这种关系。制定一份适当的客户计划是取得成功的第一步。与客户共同讨论自己的客户发展目标，与客户建立起一定的信任关系，共同制定一个远景目标规划，确定好行动计划。

最后要时刻对客户管理工作进行创新，保持紧密的合作关系，防止客户关系的变更。哈佛大学教授特德·莱维特在《营销的想像力》中指出："不管是在婚姻中还是在企业里，人们关系的一个自然倾向是处于不断的退降中，即双方间的敏感性和关注程度的不断削弱和退化。"因此，作为重点客户的管理者，定期盘点你的重点客户是必需的。为什么要将这个客户置于重点客户的地位？如果找不到这个问题的合理解释，解决的方案只有两个：一是降低这个客户的地位或干脆删除掉这个客户。客户关系一旦建立，除非该客户的存在已经不符合企业当前的经营目标，否则降低或删除都是有一定损失的，显然这种方法非常极端，不是时时都行得通的。二是要找找自身的原因，是否在处理客户关系中只是例行公事，不注重创新，使合作关系中的敏感性和关注度削弱和退化了，从而达不到重点客户的期望要求。

重点客户的管理是一种销售管理方法，它将在公司的管理中处于越来越重要的地位，无论大小公司都应该重视重点客户的管理。毕竟现在市场的竞争激烈，市场环境变化异常，只有充分把握住公司的重点客户，公司才能很好地发展。其实重点客户的管理更是一种投资管理，是公司对未来业务和发展潜力的一种投资，重点客户管理的目的就是要充分利用销售资源做好销售工作，它将影响着公司未来的发展战略和发展目标。

资料来源：中国营销传播网，2004-02-06

—— **即问即答 2-6** ——

为什么要关注重点客户？

2.1.4 职能型销售组织模式

在规模比较大、实力比较雄厚的企业,考虑到销售人员本身的特点,有意识地让销售人员根据自身的特点成为某一类销售活动的专家,设计职能型的销售组织,在销售中效果良好。如世界著名的吉列公司,就是采用职能销售组织模式的,在销售部门中设置一个部门专门负责产品价格、促销展示和分销,另一个部门则负责对零售企业进行辅助和管理工作。

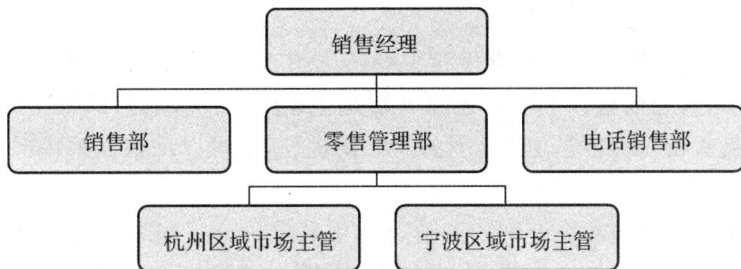

图 2-4 职能型销售组织模式

1. 职能型销售组织模式的优缺点

(1)职能型销售组织模式的优点

按市场组织销售队伍的最明显优点是每个销售员都能了解消费者的特定需要,有利于培养销售专家;分工明确,能减少渠道摩擦。

(2)职能型销售组织模式的缺点

费用大;销售活动缺乏灵活性;在考核时责任不太明确。

2. 职能型销售组织模式在企业中的运用

适用于那些需要大量售后服务的产品经营企业,在这些产品销售过程中,其售前、售中和售后服务工作的内容、技能不同,在销售过程中,销售工作可以按销售内容不同进行分解。

有些企业销售工作分为"客户开发"和"客户维持"两类,也就是把客户分成了新客户和老客户两类,同时把销售人员也分两个部分,一部分以开拓新客户为主,专门从事寻找和发掘新客户,进行业务拓展;另一类专门负责维持和服务老客户,以维持业务为主。近年来由于电话和因特网的普及,有些企业把销售人员也分成了两类，一类是进行网络营销或电话营销的销售人员，通过电话或因特网进行销售活动；另一类是传统的销售人员，通过访问客户达到销售目的。

—— 即问即答 2-7 ——

电信公司是如何进行销售组织的？

2.2　销售部门的职责

2.2.1　销售部门的作用

德鲁克在《管理：任务、责任和实践》一书中指出，企业的两项基本职能就是：市场销售和创新。市场销售和创新是企业产生经济成果的根本原因，从这个角度看市场销售在企业运营过程中的地位，也可以反映出销售部门在企业中的地位。

了解销售部门在企业中的地位与作用有助于分析和界定销售部门的职能。作为盈利性的经济组织，企业向社会提供的是自己的产品和服务。企业通过销售来建立与顾客的关系，企业存在的价值并不是取决于它能生产出来多少产品或能提供多少服务，而是取决于多少顾客对其产品和服务的认可，取决于它能销售出去多少产品和服务。企业通过销售取得收入和利润来求得自己的生存和发展。因此，销售体现了企业的价值，销售部门承担着企业利润实现的重大责任。销售部门是企业密切与顾客联系的主要执行部门，承担着分析、发现和评价顾客需求，帮助顾客解决问题，提供解决方案，满足顾客需求的职能。销售人员在与顾客接触过程中传播企业经营理念和显示企业的服务水平。

销售部门是企业的龙头，是企业最直接的效益实现者，在企业中具有举足轻重的地位。销售工作的成功与否直接决定企业的成败。企业的各项工作最终以市场为检验标准。销售是实现企业目标至关重要的一环。

—— 即问即答 2-8 ——

为什么销售部门在企业中的地位很重要？

2.2.2 销售部门工作分析

销售部门直接与市场和消费者相联系,它可以为市场分析及定位提供依据。销售部门通过一系列的销售活动,可以配合营销策略组合。通过销售成果检验营销规划,与其他营销管理部门拟定竞争性营销策略,制定新的营销规划。销售是企业活动的中心,销售部是企业"冲在最前沿的战士",在瞬息万变的市场上,销售是连接企业与顾客之间的纽带,不断地进行着创造性的工作,为企业带来利润,并不断地满足顾客的各种需要。销售部门在公司整体营销工作中承担的核心工作是销售和服务。

销售部门作为企业利润实现部门,其主要活动大致可分为:

1. 销售过程

(1)分销。产品分销的目标不应该与销售数量目标挂钩,不过,较高的销售目标实现一般得益于有效的分销。

(2)产品陈列与展示。产品陈列与展示是企业的传统销售职能,通过零售店销售的一些工业品企业在销售中也需要有效的产品陈列与展示。

(3)销售活动记录。销售部门必须存有顾客及自身活动的档案。许多企业或许有建设完好的顾客记录体系,如完备的顾客卡,销售人员在上面记载有顾客所有详细信息、销售历史信息等等。

(4)销售预测。一般是由销售经理和市场部门共同完成销售预测工作,包括销售量、销售额预测,有时必须细化到按地区、按产品(甚至是产品型号)、按顾客来预测销售量与销售额指标。当然,还要涵盖其他目标。

(5)价格政策制定。销售部门与市场部门紧密配合共同制定价格政策,并由销售部门予以贯彻实施。

2. 客户管理

(1)客户访问。如果企业有比较稳定的顾客消费群体或渠道客户,那么按照一定的规律进行电话拜访能产生丰厚的销售业绩与销售回报,而且顾客电话拜访亦是客情维系的关键。

(2)客户信用控制。通常是销售部门与财务部门共同承担信用控制职能,主要是对渠道客户进行信用分析与控制。

(3)货款回收与欠款追讨。在银行或信用条件比较发达的地区,货款回收通常体现为银行票据的回收,由财务部门直接接收负责即可。在一些比较落后的地区,则需要在销售人员拜访顾客的同时完成现款的回收工作。

(4)客户服务和客户联络。最近几年,顾客服务工作在销售管理中的作用越来越重要。顾客要求是越来越高,越来越多,企业不仅仅只是向顾客提供产品和服务来满足顾客的期望,而且重在帮助顾客解决问题。

(5)客户订单处理。销售组织内部、顾客服务过程当中以及独立的分销部门内部都可能会有订单处理这项职能。尽管订单处理仅仅只是一个销售活动,但定订处理的速度、准确程度、订单管理等等却会影响到顾客感知的服务质量。

3. 销售管理

(1)实现企业销售量目标。销售部门承担完成企业销售目标的任务,销售目标的实现是企业实现财务目标的前提与基础,也是实现企业发展目标的前提与基础。

(2)销售人员招募与培训。销售人员招募与培训即找到合适的人来担任销售岗位的工作,还要负责销售人员招聘后的职业培训,这些是销售部门最基本的职责。

(3)销售业绩评估。企业必须通过销售目标、销售计划和销售费用三位一体的评估指标来评估销售人员的业绩和整个销售团队的业绩。常见的销售业绩评估指标有:销售额、销售量、盈利能力、产品分销、顾客拜访数量、产品展示等等。

(4)销售会议与销售沟通。销售部门内部所进行的沟通、协调工作,有利于共享信息、共享成功的经验与失败的教训,有利于销售部门团队精神的建立。

(5)销售促销与销售竞赛。为了实现企业的战略目标,市场部门通常会制定许多促销活动,不过,销售部门在销售经理的领导下也会制定一些促销活动,但主要是针对销售人员的促销活动和销售竞赛。

a)销售人员激励。销售经理有责任利用销售报酬和一些激励方法来刺激销售人员完成既定的销售任务目标(通常会在人力资源部门的协助下进行)。

b)销售人员培训。除了对销售人员进行培训之外,还要对销售经理进行培训。销售管理培训的目的是应对企业未来发展的需要。

2.2.3 销售部与市场部的关系

在很多企业往往同时设置销售部与市场部,这与企业的规模有密切的关系。当销售部满足不了企业营销工作的需要时,很多企业就增设市场部。但在实际操作过程中,这两个职能部门的关系却经常让很多企业感到十分困惑。

从理论上分析,销售部与市场部同属于企业的市场营销功能组织。企业市场部是决策制定部门,而销售部是决策执行部门;企业市场部主要工作是规划企业今后的经营业绩,主要集中在市场调查、产品发展等较长远的市场营销规划与管理工作,而销售部主要工作则是为完成企业近期的经营业绩,侧重于产品的销售、与顾客的关系、对经销渠道的管理等需要在短期内取得效益的营销工作。两个职能部门之间的利益是一致的,两个部门的最终目标都应该是扩大产品的销售量与市场占有率,为企业创造最佳的销售业绩,从而实现企业的经营目标。但工作各有侧重点,相互补充,相互支持,密不可分。但在实际工作中,两个部门往往会有不一致的地方,这种情况特别是在两个部门的主管分别由不同的人担任之时更容易发生。

销售部往往着眼于短期销售目标的实现,比如年度目标,当销售业绩压力较大的情况下这种表现就显得更加明显。一般情况下,销售部往往会为了完成短期的销售任务而忽略甚至损害企业产品销售的长远发展和规划;而市场部着眼点在企业营销市场的长期规划和产品的长远发展,市场经理考虑的重点往往是顾客的长远需求及企业的长期经营规划。由于销售部与市场部工作侧重点不同,因此在争取企业资源和考虑企业的营销策略的时候会有不同的出发点,如果处理得不好的话,容易引发两个职能部门之间的矛盾,从而影响企业的营销工作。很多企业在解决这一矛盾时往往把销售部与市场部归属于一位高层管理人员管理,如设置一个营销中心经理或企业负责营销的副总经理,由他来负责统筹和协调在他的职责范围内所有市场经营事务,协调两个部门之间的工作安排,统筹资源的分配。在企业发展的不同阶段,由于目标不同,企业经常会在某个阶段把工作重心侧重于销售部或者市场部,厚此薄彼,有先有后,如果协调工作做得好,这不失为适应企业内外环境的好方法。同时在明确销售部与市场部的工作流程与界限的前提下,在合作的同时加强竞争,让销售部与市场部展开有序的竞争也是保持这两个部门创新性的有效途径。

—— 即问即答 2-9 ——

你认为应如何处理好销售部与市场部的关系?

表 2-1　某食品生产企业市场部和销售部的主要职责分工一览表

销售部	市场部
产品销售与促进	
产品销售量目标实现	企业产品品牌管理
产品分销目标实现	企业品牌宣传
产品铺货陈列与展示目标实现	产品促销
人员与部门销售业绩监控	产品规划
销售信息管理	企业环境分析和研究
销售业务管理	企业产品市场分析
	营销信息收集与研究
	销售业绩评估
销售人员管理	
销售人员招募	
新销售人员培训	
销售人员管理	销售人员评估
销售人员报酬及激励	
短期销售技巧培训	
销售管理人员培训	
销售过程与客户管理	
客户信用管理	
顾客服务	
订单处理	顾客分析与评估
货款回收和欠款追讨	
销售活动记录	
顾客档案管理	
销售规划	
销售预测	销售与营销预测
价格政策及利润分配执行	价格政策及利润分配政策制定
销售促销	新产品开发
销售竞赛	新产品试销
	产品设计

—— 补充阅读材料 ——

销售部与市场部设置举例

下面介绍两种销售部与市场部设置的典型案例。一个是由销售副总经理管理市场部和销售部,一个是由市场总监管理、协调市场部和销售部。这两个案例在运用中都相当成功,在理论分析上不存在哪个好哪个不好的问题,不同企业可采用不同方式,关键是它是否与本企业的发展阶段、内部资源条件和产品销售环境相适应。

A 公司营销部门组织结构

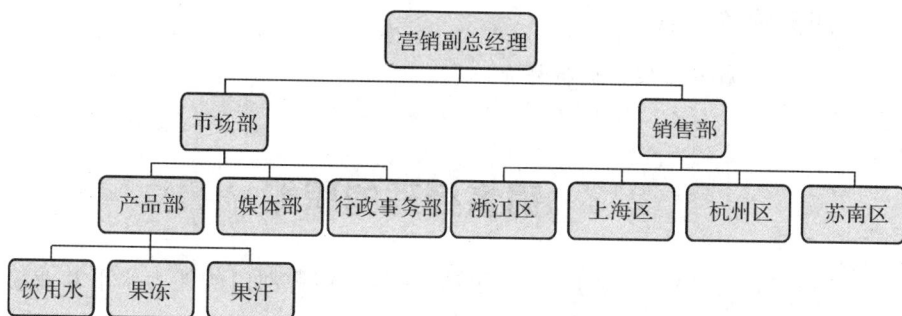

图 2-5 A 公司营销部门组织结构

A 公司是一家生产饮用水、果汁和果冻的大型生产企业,营销工作由公司营销副总经理负责,下辖市场部和销售部。在分工上 A 公司的品牌及形象由市场部负责,以塑造全国性的著名品牌,对品牌统一宣传和塑造有利于节省资金,并支持产品销售区域的快速扩张。在销售管理上分大区管理,设立区域销售公司,以加强对区域市场客户的销售支持和对其他市场的渗透拓展。在区域销售公司设一名市场专员与总部各产品组沟通;业务人员分为四组,分管批发市场、超市、小店和餐饮企业。

B 公司销售部门组织架构

B 公司生产设备制造企业,该公司的销售部门由市场总监管理协调,下辖市场部和销售部,B 公司已经在市场上建立了完善的分销渠道,销售部的主要工作不是拓展市场而是对客户的销售服务,市场部的主要工作是防止和应付竞争对手对市场的蚕食。

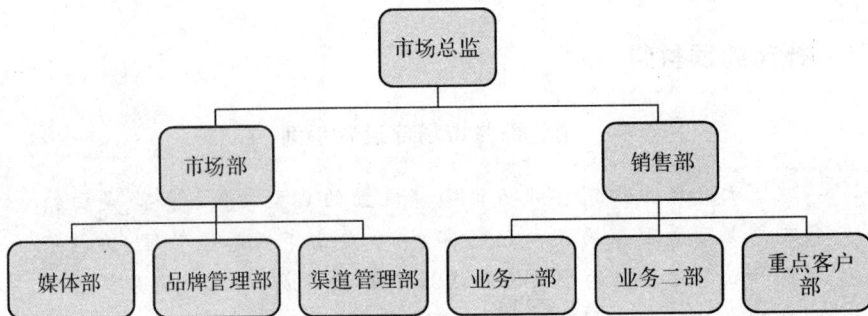

图 2-6 B 公司营销部门组织结构

—— 即问即答 2-10 ——

请你对以上实例进行评介。

2.3 销售经理的职能

销售经理是销售部门的核心与灵魂,决定着销售部门的能力水平和业绩好坏。

2.3.1 销售经理角色

在目前企业中,对销售经理进行分类,不外乎三种类型:

1. 工兵型销售经理,也就是那些"冲杀在第一线"的销售经理。他们把自己全部的工作时间(甚至还可能包括部分业余时间)都用在了销售业务上。对自己从事销售业务非常卖力,他所关心的只是如何更好地完成自己的销售任务,销售业绩也往往十分突出,对自己的销售业绩非常自豪,引以为荣。但对销售管理中存在的问题却并不关心或者根本没有发现存在的问题。这类销售经理角色认识上实际上是等同于销售人员,与其说这种销售经理是一名管理人员,还不如说他是一名业务人员。

—— 即问即答 2-11 ——

什么样的企业工兵型销售经理多?

2.两头兼顾的销售经理。这些销售经理,通常将自己的工作时间分成两部分:一部分时间用来从事销售业务,另一部分时间则对企业销售进行组织与管理。他们往往处于一种异常忙碌的状态中,如果一从业务上放手,销售业务有可能会一落千丈。这些销售经理既要完成一定的销售业务又要保证销售部的工作的顺利运行,短时间或许还可以,但时间一长往往顾此失彼或者身体精力上出现问题。

—— **即问即答 2-12** ——

什么样的企业两头兼顾的销售经理多?

3.真正意义上的销售经理。这些销售经理一般不再直接承担销售任务,而是全身心地从事企业销售的管理工作。销售经理工作的惟一目的是将公司销售工作的潜力发挥到最佳状态,为实现这一目标,销售经理要对企业的销售工作进行周密的计划和安排,对销售人员进行业务上的指导,并对销售人员提供帮助,以解决他们在销售过程中遇到的问题和困难。

—— **即问即答 2-13** ——

你对真正的销售经理有什么理解?在现实中可行吗?

从以上三种不同类型的销售经理可以看出,第一种销售经理,只是名义上的销售经理,实际上与销售业务人员无异;第二种销售经理,实际是处于两难的矛盾状态之中,如果销售经理将较多的时间投入到销售管理中去,本部门的销售业绩可能会直线下降,而且由于习惯上的原因,销售经理不做销售业务不太说得过去,如果把大部分时间和精力投入到销售业务中,那么管理上又是一个问题;第三种类型的销售经理才是真正意义上的销售经理,从企业管理角度上看是最有效益的,但是在现实中很多人会对销售经理不直接从事销售工作感到难以理解。

—— **补充阅读材料** ——

方生的工作是管理而不是销售

方兴公司是从一家小的电器经营公司发展起来的中等规模的电器销售公司。方生从公司一开始就在这家公司从事销售业务,其销售业绩一直在公司名列前茅。5年前,方生个人的年销售额已经达到了300万元,创造了公司个人年销售额的纪录。由于方生出色的销售业绩他被提升为公司的销售部经理。当时,方兴公司已经拥有近五十名销售人员,人均年销售额在30万元左右。

方生在担任销售经理的第一年,他一方面承担着销售业务的组织和管理工作,这部分工作大约占用了其工作时间的40%;同时他还继续从事销售业务,并且仍然保持较高的个人销售业绩,这一年他共实现销售额230多万元,这部分工作占去了他工作时间的60%。这一年中,公司销售人员人均销售额达到了35万,销售总额为1800万元。

担任经理的第二年,方生改变了自己的工作方法。他开始不再直接从事销售业务,他将几乎全部的工作时间都用在公司销售管理上。这一年公司又招募了10名新的销售人员,使销售人员的总数达到了60人,并对新招募的销售人员进行培训。同时方生还对销售工作进行组织、计划和安排,帮助解决销售人员在工作中遇到的困难和问题。因此他在办公室里工作的时间延长了好多,个人销售业务才完成了20万元。但由于出色的销售管理,方兴公司销售人员的人均年销售额也有了大幅度的提高,达到了55万元,这一年公司的销售总额为3350万元。

我们将两年的销售业绩进行对比可以清楚地发现,销售经理不同的工作方式对公司的销售业绩会产生很大的影响,结果会非常令人吃惊。虽然方生个人第二年的销售业绩大约只有第一年的1/11,但是公司总销售额却激增了46%,增加了将近1500万元。

从以上的比较中我们可以发现方生真正的工作位置在管理而不是销售,只有这样,企业的整体效益才能最佳,销售经理管理比直接从事销售更能发挥作用。

—— **即问即答 2-14** ——

你对方生的工作是如何评介的?

2.3.2　销售经理职务分析

销售经理作为企业销售部门的负责人,其作用巨大。拿破仑曾经说过:"一头狮子带领着一群绵羊肯定能够打败一只绵羊带领的一群狮子。"我国亦有一句常言对此进行描述,即"兵熊熊一个,将熊熊一窝"。无论怎样说,它们都揭示了同一个道理:一个优秀的销售经理对于企业销售组织而言是非常重要的。

在企业销售组织当中,销售经理既是一名销售人员,但与销售人员有很大的区别;同时又是一名管理者,需要承担销售部门具体的销售管理工作。对销售经理而言,销售管理工作是最重要的,他担负着企业高层与一线销售人员(顾客)的桥梁沟通任务,需要协调、监控多名销售人员按照企业要求去执行销售工作,为销售目标而努力,同时要保证解决顾客的问题,满足顾客的需要。销售经理的主要工作包括了五个方面的内容:

1.销售管理。这是销售经理最主要的工作。这部分工作主要包括:市场调查与分析、销售计划的制定、销售政策的制定、密切客户的关系、明确销售人员工作目标、渠道管理防止价格混乱和窜货。及时处理顾客的投诉,加强对售后服务的管理。

2.客户的营销顾问。销售经理必须十分熟悉销售技巧,对产品的性能、用途、构造、成本等非常了解,懂得产品使用及修理方法。只有这样才能对客户进行销售业务的帮助和指导。

3.客户分析。对客户销售统计资料进行正确的分析、对客户进行信用调查及时发现问题,对不同客户确定科学合理的信用额度。

4.推销技能指导。能帮助新销售人员提高业务水平,及时进行帮助和指导。

5.销售业务工作。作为销售经理必须精通销售业务的各个环节和各项工作,如接受订单、物品订购、销售事务与企业内部的联络、赊账管理、账款回收和销售报告的写作等。

—— 即问即答 2-15 ——

销售经理的主要工作有哪些?

2.3.3 销售经理的职责

销售经理为完成本部门的销售目标,依据企业的整体规划,全面负责本部门的业务及人员管理,其职责如下:

表 2-2　销售经理职责一览表

销售经理的职责	基本内容
需求分析	现有市场容量分析、销售增长潜量分析、行业发展分析、顾客需求分析研究、市场占有率调查分析。
竞争分析	竞争者分析、竞争者情报收集与分析。
销售目标确定	确定销售额目标、确定分销目标、确定陈列与展示目标、确定市场占有率目标、确定顾客满意度目标、确定和控制销售费用目标和销售目标调整。
销售策略制定	产品策略、销售渠道策略和销售促进策略的制定和指导实施、确定对经销商支援力度、确定区域市场开拓策略、对销售策略实施效果分析以及销售策略调整与改进。
销售计划制定	确定部门销售目标和方针、区域销售计划分解、确定销售人员配置、落实客户访问计划和访问路线、销售网络建设、销售计划实施监控。
销售人员管理	销售人员招聘与培训指导、对销售人员进行目标管理和时间管理、对销售人员进行薪酬规划和组织销售竞赛、对销售人员工作状况进行评估。
资金管理	销售预算控制、销售费用项目界定与费用指标界定、销售活动费用分析和监督销售账款回收。
信息管理	建立客户档案管理、进行客户信用调查、检查销售活动记录。
销售分析	销售职务分析与调整、销售人力需求分析、销售部门职能分析、销售统计分析、业绩差异分析、销售成本分析、销售工作量分析、顾客分析、销售目标分析、销售活动分析。

—— 补充阅读材料 ——

教练式销售经理

　　对于一名现代意义上的销售经理,其工作重点不是直接从事若干的销售业务,而是要从事管理工作。在销售经理所从事的管理工作中,一项重要的内容就是:对手下的销售人员进行指导和培训,加强与他们的联系和交流,解决他们在销售业务中遇到的困难,提高他们的销售技能,最终实现整体销售业绩的大幅度增长。而"教练"模式的领导风格恰恰适应了这一要求,因而可以使销售经理的工作内容更加合理，工作效果更加突出。

在"教练"模式的领导风格下，销售经理一般不直接从事销售业务，他真正所关心的是如何提高手下销售人员的销售能力。为了实现这一目标，销售经理将全部心思都用在如何指导和培训销售人员上。"教练"模式的销售经理通过各种方式来增加与手下销售人员的接触，如工作例会、例行培训、工作谈话以及共同就餐等等。通过接触，销售经理可以从销售人员那里了解到他们个人的状况、问题以及困难，并且也可以了解到一些市场的信息和变化的趋向。一旦掌握了这些信息，销售经理就可以有针对性地对销售人员进行指导和培训，从而提高他们的销售业绩。

然而，"教练式"的领导风格并不是"洁白无瑕"的，它只不过和其他领导风格相比更为进步一些。但是，这种领导风格的自身还存在着一些"隐患"，如果处理不好，这些"隐患"就会转化成现实的弊端，从而影响销售经理的管理效果。下面介绍几种"隐患"。

第一，在"教练式"的领导风格下，销售经理很容易将目光只局限于较短的时间范围内，而忽视了长期的发展。"教练式"的销售经理通常只重视如何提高目前的销售额，因此，他只围绕着如何解决销售人员现在存在的问题进行工作，而对于企业宏观的发展，即企业战略上的问题，没有给予足够的重视，这通常会使企业在持续发展方面出现问题。

第二，在"教练式"的领导风格下，销售经理很容易将目光只局限于微观的范围内，而忽视宏观的发展。"教练式"的销售经理通常对如何提高销售人员个体销售业绩的问题非常重视，他会通过各种方式努力提高每个销售人员的销售技能。然而，对于销售人员的整体问题却重视不够，经常忽视了销售人员的结合问题，这对于销售组织的综合效益是十分不利的。

第三，在有些情况下，"教练式"的领导风格有可能对销售人员形成一种限制，从而制约了他们创造力的发挥。当"教练式"的销售经理过多地指导手下的销售人员如何去做时，他就有可能限制了销售人员的思维，从而抑制了他们创造力的发挥。我们在前面讲过，这对于企业的销售工作是十分不利的。

"教练"模式的领导风格只是说明了一种工作的方法，它是否能够取得良好的效果，还要看具体工作内容。比如，一个球队想要取得胜利必须要有一个教练，然而，有了教练并不等于球队就能够取得胜利,还要看教练是如何进行执教的。企业的销售经理如果想要做一名成功的"教练",需要做的工作很多。关于这些工作的具体内容以及方法,我们在前面内容中已经进行了大量论述。在这里对一些重点的方面再强调一下。

1. 要确保与手下销售人员所进行的交流都是积极的。我们在前面讲过,对于销售经理来讲,时间是一种资源,它是有限的,不同的投入方式会引发不同的结果。销售经理与手下的销售人员进行的交流,有一些是对企业的销售工作有利的,有一些是与企业的销售工作无关的,甚至有一些还是有害的。销售经理要将其有限的时间投入到工作的积极方面,使自己与销售人员进行的交流能够切实促进销售工作。否则,将会造成资源的浪费,甚至形成企业的内耗。

2. 在指导和培训过程中,销售经理要多利用正向引导的方式,尽量避免使用打击、压制的手段。"教练式"的销售经理要想使其领导风格产生好的作用,就不能像"监工式"的销售经理那样处处给手下人挑毛病,而应该努力寻找销售人员在工作中的优点和长处,并对此加以赞扬,从而形成正向引导,强化他们的这些行为。对于销售人员工作中的缺点和错误,销售经理不应该对其进行过多的批评和打击,而应该指出正确的做法,给予其积极的启示,从而引导其改变行为。

3. "教练式"的销售经理在工作中应该积极主动。在"教练"模式的领导风格下,有些销售经理只是针对销售人员现有的问题和行为进行工作,而忽视了企业销售工作的长远发展问题。当销售人员在工作中没有出现问题和错误时,这些销售经理就认为"天下太平,万事大吉"了,这会使企业的持续发展缺乏动力。作为一名积极主动的管理者,不应该只处理看得见的问题,完成看得见的工作,而应该将眼光放得远一些,积极主动地去寻找工作,将企业的长远战略作为工作的重点,从而实现企业的持续发展。

4. "教练式"的销售经理应该将手下的销售人员结合成一个整体,从而发挥出组织的规模优势。我们在前面反复强调过,个体的最优并不等于整体的最优。一个企业要想获得成功,必须发挥组织的优势,而管理者正是将这一优势引发出来的人。"教练式"的销售经理应该像重视提高个人销售能力一样重视提高整体的销售能力,使手下的销售人员能够以最佳的方式结合起来,形成优势互补,从而为企业创造出优秀的销售业绩。

以上是对"教练式"领导风格的评述。通过我们的分析,你可以看到,"教练式"领导风格是适应现代要求的,对于现代销售经理来讲是最有借鉴意义的。然而我们也知道,它不是最优的,销售经理如果完全形成"教练式"的领导风格并不一定能够实现最佳的管理效果。

—— 即问即答 2-16 ——

为什么教练式销售经理是个好的销售经理?

2.4　销售人员的职能

2.4.1　销售人员在销售管理中的作用

销售人员是具体完成销售工作的一线执行者,负责具体销售工作的实施。销售人员在销售过程中的作用:

1. 与客户建立长期的业务关系

销售人员是直接与客户接触的本企业的代表,在与客户打交道的过程中,与客户建立良好的工作关系和个人关系是十分重要的,他可以使本企业顺利地完成铺货、促销、终端客户服务和货款回收的任务。

2. 客户访问密切客户关系

一线销售人员与客户接触的过程也是解决和处理问题的过程,良好而且及时的服务是保持客户忠诚度的重要因素。客户访问还可以开发新的客户并接受订单。

3. 加强客户合作,提高销售业绩

企业与客户之间是双赢的关系,如何加强与客户合作,根据客户要求、市场环境和公司政策加强与客户的合作,共同打造有竞争力的区域市场。

4. 加强客户和市场信息管理

竞争对手、消费者和客户信用情况是销售人员必须掌握的市场信息,收集并及时向上级反映区域市场信息,是销售人员的基本职责。

5. 制定良好科学的访问计划

销售人员在区域市场一般是独立个人,自我管理十分重要,尤其是客户访问上,如何合理利用时间,制定切实可行的访问计划,并填写访问报告是销售人员的重要工作。

6. 充分展示产品

铺货和展示宣传企业产品,是销售人员完成销售业绩的重要的一步,现场促销、商品陈列和店堂广告是区域销售人员展示产品的有效方式。

7. 积极参加会议,提高业务水平

参加区域销售公司组织的各种会议,可以及时了解公司政策动向,了解其他区域市场销售的新情况和新问题,提高自己的销售工作水平。

8. 招募和培养新销售人员,促进企业发展

在日常促销活动中,招聘的临时促销人员有相当部分在以后会成为公司的正式销售人员,对他们的培养是销售人员的基本职责,这也是企业业务发展的必备条件。

—— 即问即答 2-17 ——

销售人员的主要工作是什么?

2.4.2 销售人员的主要活动

表 2-3　销售人员主要活动一览表

活动内容	要点
市场拓展	发现新的需求、开拓新市场、发展新客户
区域市场销售前景分析	对客户、区域和产品进行的销售预测
促销的组织与实施	选择促销人员、协助客户实施促销活动
产品分销与展示	分销、陈列、展示
客户服务	售前、售中和售后服务活动
客户访问计划	新老客户拜访计划的制定
客户、终端消费者沟通	客户推介新产品和介绍企业的新政策
客户投诉处理	职责范围的及时处理,其他的及时汇报
信用控制与货款回收	防止呆账、坏账
新客户开发	新客户评估、洽谈
老客户维持	客户关系、防止竞争对手进入

2.4.3 销售人员的基本职责

销售人员一般从事直接销售和市场拓展工作。直接推销是把商品直接

销售给终端使用者,很多企业区域销售人员并不直接把商品销售给使用者,而是协助区域经销商开拓市场和帮助区域经销把商品销售给终端消费者。因此大型生产企业的区域销售人员主要工作是分析区域市场状况、评估区域经销商、协助区域经销商并管理区域市场。不同类型的产品和市场区域销售人员的工作的侧重点不同,销售技巧与方法也不同。

从事区域销售工作的销售人员的基本职责大致可分为以下几项:

1. 区域市场环境分析与评估

区域市场需求、竞争分析以及营销机会的评估工作。

2. 区域市场管理

(1)销售计划制定与实施

(2)发掘、评估及选择顾客

(3)访问计划制定与实施

(4)商品展示

(5)销售促进活动实施

(6)销售分析、销售统计

(7)客户信用调查

(8)行政事务

(9)账款回收

(10)销售事务

(11)招募和培养新销售人员

3. 沟通

(1)拜访新开发客户与渠道客户合作

(2)平时的拜访问候与客情维系

(3)售后服务的访问与异议处理

──── 补充阅读材料 ────

异议处理

销售是从拒绝开始的,因此区域销售人员必须十分了解和熟练动用处理异议的方法。一般来讲异议是宣泄客户内心不满的方法,也是了解其兴趣所在的很好的途径,区域销售人员可以将其看作是购买的信息和了解市场的方法。

区域销售人员在面对异议时,必须注意如下几点:

(1)了解客户提出异议的原因。

(2)仔细检查自己工作是否有让客户提出异议的因素。

(3)分析异议的种类,并采取相应的方法。

异议处理的六个技巧:

(1)忽视法

(2)补偿法

(3)太极法

(4)询问法

(5)是的……如果

(6)直接反驳法

上面的技巧必须灵活运用,优秀的销售人员懂得在什么山上唱什么歌,具有较强的环境适应性。

——补充阅读材料——

销售的八个步骤

作为一位从事区域销售工作的专业人员,他的工作是从主动寻找客户开始,一般来说可以分为八个步骤。

1.销售准备。没有妥善的准备,你无法进行有效的商品介绍,以及销售区域规划的工作。在销售准备的步骤中,这里你要作好以下准备:(1)成为专业销售人员的基础准备;(2)销售区域的准备;(3)开发准客户的准备。

2.接近客户。接近客户的技巧十分关键,因此你得做好以下准备:(1)直接拜访客户的技巧;(2)电话拜访客户的技巧;(3)销售信函拜访的技巧。

3.销售主题。销售人员应该具有相当的敏感性,把握好时机和引起客户注意以及兴趣的开场白是进入销售主题的关键,这样可以使销售有一个好的开始。这里你得注意:(1)抓住进入销售主题的时机;(2)开场白的技巧。

4.调查以及询问。客户调查能够帮你了解和掌握客户的现状,调查技巧就十分重要;合适的询问会有利于你向客户销售的工作,同时可以获取更多的客户资料,并让你找到说服客户的理由。这里你要注意:(1)事前调查;(2)确定调查项目;(3)向谁做事实调查;(4)何种调查方法;(5)调查重点;(6)询问技巧使用。

5.产品说明。这里你要注意:(1)根据客户情况区分说明产品特性、优点、特殊利益;(2)发现客户关切点;(3)产品说明的步骤及技巧。

6.展示的技巧。产品展示是一种良好的沟通,能够缩短销售的过程,达成销售的目标。你要注意:(1)如何撰写展示词;(2)事前演练展示的要点。

7.建议说明书。建议书是位无声的销售员。任何一个销售人员都不能忽视它的重要性,如果销售的是较复杂的产品,那么建议说明书就十分有用。这里你要注意:(1)建议书的准备技巧;(2)建议书的撰写技巧。

8.签约。与客户签约是销售工作的结果。这里你要注意:(1)签约的原则;(2)时机;(3)技巧。

——补充阅读材料——

企业大客户经理与大客户管理

企业实施大客户管理是以顾客为中心的营销思想的具体体现,也是关系营销发展的必然结果,这给买卖双方带来了双赢的机会。企业大客户管理的目的是通过持续地为客户量身定做产品以及服务,满足顾客的特殊需要,从而培养出稳定的消费对象。

企业在市场细分的基础上,发现对企业具有战略意义的客户,区别于一般客户,进行特殊的管理和对待。大客户管理的成功也取决于顾客对卖方的重要程度和卖方所提供的产品和服务。顾客接受大客户管理的程度也受供应商满足顾客需求技巧的影响。

上世纪80年代,IMP集团对买卖双方的关系进行分析时,顾客维系和盈利能力的相互关系引起了人们的注意。关系被认为是有价值的资源和投资:作为信息渠道的关系可增加企业的经济效益和技术效果,减少不确定性。在此之前营销方法是以交易为中心,以交易为中心的方法侧重于单一的销售、产品特征、战术手段、间断的顾客联系、有限承诺,认为顾客服务和质量是某个部门的事。以关系为中心的营销方法把顾客维系看作是企业发展战略,认为企业应有长远的观点,应持续与顾客沟通,为顾客提供利益,完全承诺顾客服务,希望全体员工为顾客提供服务和质量。这样,战略意图和内部共享就成为产品和服务的一部分,同时,营销被重新定义为建立和维系顾客关系。

现在许多快速流转品行业的企业会设置大客户经理一职,大客户经理应具备以下一些基本能力:

1. 良好的沟通技巧;

2. 较强的压力承受能力;

3. 较强的分析能力和决策能力;

4. 较高的谈判技巧;

5. 良好的书面和口头表达能力。

科学而精确的市场细分是进行大客户管理的前提与基础。因此细分标准是关键。每个企业在他们的细分市场上通常都有一定数量的大客户,通过一定方式影响客户的购买决策,企业采取大客户管理是为了通过附加价值使其产品和服务差异化,是为每一位战略客户量身定做地服务。

【本章小结】

本章主要阐述了销售组织主要模式、销售部门的职责、销售经理的职责和销售人员的职责。作为一个企业,企业的销售系统的设置必须适应企业发展的需要和市场环境,而销售系统的设置不是一成不变的,是随着企业的发展和营销环境的变化而改变的。销售部门是企业十分重要的部门。也是企业惟一产生收入的部门,这几年来,我国企业对销售越来越重视,不论是人力、物力还是财力,在营销系统的建设上都下了大功夫,但是为什么有的企业效果并不好呢?一个重要的原因是系统优化的问题。企业内部销售系统的优化已经是困扰部分企业效益提高的大问题,机构重叠,职责不清。销售经理在我国还是一个处在发展中的新生职位,而且是显得越来越重要的职位。很多销售经理是从营销人员成长起来的,具有丰富的营销经验和较强的实战技能,但销售经理工作重点不是销售技能而是管理技能,现在的销售已经不是单兵独打的模式,而是需要较高的协同,这就需要管理。如何使销售管理产生效益,销售经理的管理水平和对本身的角色认知就显得十分重要。销售人员是企业销售系统的基础,销售人员必须明确自身的职责。

【案例分析】

一个区域销售经理的工作体会

今年是我做区域经理的第 4 个年头。

1999 年初,当 SARA LEE 的全国销售经理和我谈浙江省销售经理这个职位时候的情景,仿佛历历在目,在此之前,我最大的范围也仅仅是管理一个省会城市的销售。管理一个城市的销售和管理一个区域的销售是完全不一样的概念。在一个城市做销售,哪怕你有许多个经销商,你也只要用一种思维、一个脑子去思考问题,因为毕竟是处在同一个商圈。但是区域经理就不一样,在不同的城市、不同的省份之间出差工作,你就需要非常迅速地转化脑子,转化思维,来适应这些讲着不同方言的经销商。

在过去的 3 年时间里,跳过槽,也在一个公司内换过不同的区域,细算下来,在浙江、江苏、福建、安徽、江西、华南,居然都留下了工作的足迹。

区域经理意味着比城市经理更高的薪水,但也意味着更高的责任。作为一支销售队伍的领导和教练,区域经理的能力是对于该区域的销售业绩起着极其重要的作用的。3 年的区域经理的工作,不算长,但是也让我深深感受到了个中的苦辣酸甜。这篇文章,也只能截取其中的一些片段,和各位销售同行做一个分享,以期大家共鸣。

苦——一个孤独的长跑者

区域经理是孤独的,他们不是坐在总部豪华的办公室里上班的人,接触客户的时间远远超过和总部人员在一起。1999 年当我第一次做浙江省经理的时候,整个浙江省原有的销售人员已经被全部解雇,整个浙江在好几个月的时间里,只剩下了我一个"光杆司令";在总部的所有培训时间也只有一天,但是在客户面前,我还是要很认真地扮演公司代表的这个角色。其实对于总公司的了解,经销商甚至还在我之上,因为我只是一个新人,而他们已经和公司打了很多年的交道了。

接手一个市场的初期通常是很忙的,前任已经离去,你需要靠自己的经验来对这个市场进行仔细的分析,找到业绩的突破点。生意增长是一个区域经理的职责,否则,公司为什么需要你这个新人呢?

初期是最"苦"的时候,对于业绩,最可怕的不是完不成,而是找不到增长的机会点。1999 年初,我作为一个新的区域经理,开始了自己的职业生涯中最重要的一些改变。以前在负责一个城市的时候,当地的经销商几乎天天见面,关系也处得非常的好,但是现在主要要靠电话来联系了,还有就是出差。

就是在这年开始,我开始逐渐养成了自己的出差习惯。到一个城市,先是花半天到一天的时间来看市场,区域经理是必须具有敏锐的市场观察分析能力的——也就是看市场的眼光。在过去的几年中,无论是到哪个城市,放好行李之后的第一件事情就是看市场——超市、卖场、百货商店或是批发市场。有人觉得区域经理这个职位会很舒服,能在全国各地旅游,看各地不同的风景。可是谁又知道这几年以来，我去过很多次苏州，却不知道拙政园在哪里；去厦门，也没有去过鼓浪屿；去福州，也没有泡过这个城市到处都有的温泉；去南京，也没有上过南京长江大桥；去舟山，也没有去过普陀；去温州，也不知道雁荡山究竟在哪里。所有的风景对于我来讲，是没有丝毫意义的，我只对这个城市的商业结构，对这个城市的零售店和经销商感兴趣而已。其实并不是自己不想去看看这些"祖国的大好河山"，只是因为销售指标的重任在身，所有的一切都已经变得数字化、指标化了，在眼里，已经再也没有风景了。而且每次的行程也总是匆匆而过，看完市场，就和经销商谈工作，谈生意的增长点，在浮光掠影之中，又匆匆告别了那些出差的城市。

区域经理的苦，也是一种心苦。当完成了一个月的销售的时候，又是一个新的指标在等着自己了。销售是永远没有终点的长跑，如果不能承受指标的重压，他就不能做一个优秀的区域经理。销售这个行业，是现实而残酷的，"优秀"这两个字的背后，就是指标，神圣的销售指标。

而几乎每一位区域经理都有完不成销售指标的时候，虽然那很多程度上并不完全是销售的责任，但是区域经理是对指标负责的，完不成销售指标，你又能找什么借口呢？那种痛苦是压抑而沉重的，是在睡觉的时候还在想着如何去完成销售，是在你本来"乌黑亮丽"的头发上长出一根根的白发。我曾经戏谑地和我的上司说过自己30岁不到就有的白发：一根白发代表一百万的业绩。其实又何尝不是呢？没有销售人员和区域经理的努力，怎么会有销售业绩的达成呢？

辣——真正的强硬派是硬到骨子里的

区域经理总有自己的风格。风格无所谓好与不好，这是与你自己的个性和公司的出身有关系的。最早做销售，我就是在一家号称"雄性的、强硬的"公司里，这种公司文化的熏陶加上自己的个性，也使得自己的管理经销商的风格趋向于强硬派。我个人觉得强硬派没有什么不好，尤其是在经销商管理这个领域，远离公司而又必须不折不扣地执行公司政策，每天和经销商在一起而又要不受他们的"腐蚀"，是非得秉持强硬派的风格不可的。

强硬不是处世之道，而是一种原则，是一种外圆内方的原则，不管在表面上，你可以表现得和经销商多么地友好，但是在骨子里，公司的原则和政策是做不得半点修改的，也不能用这些原则上的妥协和让步来换得和经销商的"友好相处"。在拙作《浅谈客情关系》一文中（详见中国营销传播网销售管理论坛）曾经讲到过一个和经销商谈判贸易条件的案例，最终我靠着这种外圆内方的强硬风格，让经销商做出了贸易条件的让步，使得自己公司的利益获得了保障。在我做区域经理的这几年里,也处罚过一些经销商和销售代表,有人说这样的行为很"辣"——辣就辣吧,对于那些敢以违反市场秩序来挑战这个生意的游戏规则的人,辣一点又有什么不好吗?不偶尔对有些"鸡"辣一点,就会有一大群来捣乱和破坏市场秩序的"猴子"爬到你的头上来。

2001 年上半年,我就碰到过这样的一件事情,有一个经销商瞒着我们的销售人员异地冲货,很多经销商跑到我这里来投诉。实际的情况是这个经销商在两个地区都有公司,其中一个公司在 A 地区是我们的直接经销商,而另外一个在 B 地区的公司则不是。冲货的是 B 地区的公司。罚还是不罚,当时在公司内部也有很多的争论。就证据而言,我们只有 B 公司的证据,A 公司是完全依照我们的管理在进行销售的。而当时的市场环境是很多的经销商都在看着我们对于这家公司的处理——他们不认为他是两家从法律上独立的公司,只认为这两家公司有一个老板?虽然说我也很清楚他一定是在两家公司之间调货来冲市场,但是 B 公司并没有保证金在我们公司,而交纳了保证金的 A 公司也没有违反销售规则。

罚是不罚?

最终我还是选择了对 A 公司的处罚,虽然我的处罚从法律角度上不能完全站得住脚,但是当时的市场情况是我必须杀一只"鸡"或者"猴子"来表明公司对于冲货行为的立场和态度。在处罚之前,我拜访了这家经销商,和他谈了这件事情以及我们在 B 地区的生意合作的远景——其实我很喜欢这个经销商,他的生意凭心而论是做得很不错的。他也表明了自己的心迹,最终还是认可了对他的处罚。第 2 天,我就在整个大区发文宣布了对该经销商的处罚,对于管理该客户的业务人员和城市经理也进行了处罚。在接下来的整个旺季中,市场确实安稳了很多。

在这件事情中,有很多人向我求情,但是没有什么东西能和稳定的市场秩序这个砝码相比。区域经理的"辣",是为了稳定这个市场,也是为了大多数经销商和销售人员的利益,更是为了维护公司的利益和形象。

酸——为什么我们总是不如总部的人活得那么轻松

我曾经因为一些机缘在总部工作过一个月。这一个月给我很大的感触。

以前的我,总是觉得销售是最受公司重视的,但是在那一个月后,我不觉得这样了。销售在前方打拼,其实总部知道得并不是很多,我们的苦辣酸甜,并不是每个总部的人都能体会的。

有时候也很愤慨,凭什么总部的那么多人得到的晋升、培训的机会要远远高于我们在外地做销售的?难道仅仅是因为他们离老板近?难道仅仅是因为他们的英语讲得比做销售的好吗？为什么对于销售的实打实的业绩总部总是有人喜欢说三道四，为你业绩好找种种不是你努力的借口？有时候看着市场部那些可笑的市场计划就会想：你难道认为做销售就是像你一样做几张可爱的报告吗？有本事你来做做销售看。

其实这些话我真的是憋很久了。

优秀的公司，真的应该多为销售人员想想，在总部的同事舒服地坐在豪华的办公室里的时候，有多少销售人员还奋战在市场上，他们很多甚至还没有自己的办公室。有很多销售人员是多么努力地在为公司付出，但是总部的人甚至还不知道有这个人——这是多么可悲的事实啊！不要忘记，没有销售人员的回款，永远不会有公司的生存！

甜——和杰出的人才一起创造杰出的业绩

第一次感觉到甜是1999年的下半年，我在东南亚度假回来之后的第一次全国销售会议上，老板拍着我的肩膀说，前半年来的工作表现，你还是不错的，现在不光是浙江，江苏和安徽的工作也开始由你来负责。那一次，我整整加了35％的薪水。回想过去半年来的努力，浙江的业绩达到了过去一年同期业绩的253％，工作也得到了老板的认可。这种工作的被认可和晋升，是对销售人员最大的鼓励，也是区域经理心里最大的甜。

市场的挑战好比是一个果子，摘到这个果子品尝到的就是甜。

在我现在的公司里，加入公司的时候，我就说过要花一年时间，DOUBLE去年的业绩。入职的时候，是因为喜欢挑战的雄心。等到真的熟悉工作环境，熟悉销售渠道的时候，原来发现自己还真的是有机会的，尤其是在公司的转型期，在一个品牌的高速成长期，这种机遇真的是极其难得的。在这段时间里，改变渠道操作手法，把做点的精力用来做面，我们真的实现了倍增业绩的诺言。作为区域经理，没有比实现自己的诺言更值得骄傲的了。

能和一个团结而上进的团队在一起工作，也是一种甜。你的上司，你的下属，都能为着同一个目标而努力地工作，你会觉得融入在整个团队和企业文化中的快乐。团队精神永远是最好的一种支持——支持着身在外地的销售人员和区域经理，并把企业文化的精髓溶入到每个人的血液中。

每次回到总部开会，或者是全国的销售年会，也是一种甜。每次到总部的时候，自己也会自豪地感到，我也是这家世界500强跨国企业的一员，我也是为这家杰出企业工作的人中的一分子。每次的销售年会，能看到很多来自全国各地的销售同事，和他们一起分享工作中的苦辣酸甜，能和他们一起在三亚软软的沙滩上躺着晒太阳，所有工作上的烦恼，都被抛到九霄云外去了。

（节选自中国营销传播网）

问题：

1. 请你品味一个区域经理的苦辣酸甜。

2. 你是怎样评介一个区域经理的工作的？

【思考练习】

一、单选题：

1. 企业中最常见的销售组织模式是 （　　）

　　A. 区域型销售组织模式　　　　　B. 产品型销售组织模式

　　C. 顾客型销售组织模式　　　　　D. 职能型销售组织模式

2. 一般来说，技术含量较高的产品销售多采用（　　）模式。

　　A. 区域型销售组织模式　　　　　B. 职能型销售组织模式

　　C. 顾客型销售组织模式　　　　　D. 产品型销售组织模式

3. 销售部门在公司整体营销工作中承担的核心工作是 （　　）

　　A. 销售　　　　B. 销售和服务　　C. 服务　　　　　D. 答案都不对

4. 销售预测一般由（　　）来完成

　　A. 销售经理　　　　　　　　　　B. 销售部门与市场部门

　　C. 销售经理和市场部门　　　　　D. 市场部门

5. 实现财务目标的前提与基础，也是实现企业发展目标的前提与基础的
　是 （　　）

　　A. 利润　　　　　　　　　　　　B. 人才

　　C. 销售目标　　　　　　　　　　D. 利润和销售目标

6. 下面不属于销售部门主要工作的是 （　　）

　　A. 产品的销售　　　　　　　　　B. 与顾客的关系

　　C. 对经销渠道的管理　　　　　　D. 市场调查

7. 销售经理最主要的工作是 （　　）

　　A. 客户的营销顾问　　　　　　　B. 销售管理

　　C. 客户分析　　　　　　　　　　D. 销售业务工作

8. 区域市场销售前景分析是 （　　）

　　A. 客户、区域和产品进行的销售预测

　　B. 售前、售中和售后服务活动

　　C. 各项费用控制

　　D. 新老客户拜访计划的制定

9. 销售人员一般从事（　　）

A. 直接销售和市场拓展工作　　B. 市场拓展工作

C. 直接销售　　　　　　　　　D. 都不对

10. 下面哪个不是区域销售人员展示产品的有效方式　　　　　（　　）

A. 现场促销　　B. 商品陈列　　C. 店堂广告　　D. 顾客问答

二、多选题：

1. 企业销售组织形式主要有　　　　　　　　　　　　　　　（　　）

A. 区域型销售组织模式　　　　B. 产品型销售组织模式

C. 顾客型销售组织模式　　　　D. 职能型销售组织模式

2. 下面哪些是区域型销售组织优点　　　　　　　　　　　　（　　）

A. 分工明确，能减少渠道摩擦　B. 责任清晰明确

C. 与顾客关系密切　　　　　　D. 销售费用比较低

3. 采用产品型销售组织模式的企业，一般有哪些特点　　　　（　　）

A. 企业经营的产品种类很多　　B. 产品比较复杂

C. 客户分布在不同行业　　　　D. 产品不复杂

4. 销售管理包括　　　　　　　　　　　　　　　　　　　　（　　）

A. 销售预测　　　　　　　　　B. 分销

C. 销售人员招募与培训　　　　D. 销售会议与销售沟通

5. 职能型销售组织模式的优点　　　　　　　　　　　　　　（　　）

A. 有利于培养销售专家　　　　B. 分工明确

C. 能减少渠道摩擦　　　　　　D. 销售人员的责任非常清晰明确

三、简答题

1. 比较销售组织模式之间的优缺点与适用企业。

2. "教练"销售经理要注意哪些问题？

3. 销售经理的职责是什么？

4. 销售人员的职责是什么？

【参考答案】

单选答案：ADBCC　DBAAD

多选答案：（1）ABCD　（2）BCD　（3）ABD　（4）CD　（5）ABC

问答答案：1.（1）区域型销售组织模式（企业中最常见的销售组织模式）。优点：第一是责任清晰明确，第二与顾客关系密切，第三销售费用比较低，第四管理费用比较低。缺点：这种组织方法适用于差异化较小的产品和相对单一的服务对象（中间商），如果企业的产品和市场有相当的差异时，其销售效果就会大减，因为产品种类多，市场结构复杂，销售人员就很难完全了解产品

和顾客,因而难以有效地开展销售工作。销售人员要从事所有的销售活动;技术上不够专业,在种类多、技术含量高的产品销售上是十分不合适;不能适应目前全国性零售连锁企业发展的需要;由于利益原因使区域之间的协调与统一相对较难,窜货比较常见。(2)产品型销售组织模式(技术含量较高的产品销售多采用这一模式)。优点:第一实行专业分工,产品型销售组织是按产品进行专业化分工的,有助于销售人员熟悉自己分管产品的性能和特点、掌握产品销售的最佳方法,制定切合产品实际的营销组合策略,第二可以协调产销关系,第三能及时为客户提供优质服务,及时处理市场上出现的问题,第四能避免销售人员由于品种过多而对不大重要的品种的忽略。缺点:第一是协调困难,第二产品经理较易于成为他所负责的产品方面的专家,但不容易熟悉其它方面(如广告促销等)的业务,第三产品管理系统成本较高。(3)顾客型销售组织模式(专业化的企业)。优点:有专门的销售人员负责重要客户,能更好地服务顾客和满足顾客需要;可以减少销售渠道的摩擦;由于与客户联系紧密,有利于建立良好的战略伙伴关系;为新产品开发提供思路。缺点:由于客户需要的不仅仅是一种产品,这就需要销售人员熟悉企业所有产品,导致培训费用上升;如果重要客户流失,会对企业经营造成很大的影响;销售区域重叠,很多销售工作重复,导致销售费用上升;销售人员非正常离职会严重影响企业销售正常进行。(4)职能型销售组织模式(适用于那些需要大量售后服务的产品经营企业)。优点:按市场组织销售队伍的最明显优点是每个销售员都能了解消费者的特定需要,有利于培养销售专家;分工明确,能减少渠道摩擦。缺点:费用大;销售活动缺乏灵活性;在考核时责任不太明确。

2.(1)要重视长期的发展(2)要重视宏观的发展(3)发挥员工的创造力

3. 需求分析,竞争分析,确定销售策略制定,销售计划制定,销售人员管理,资金管理,信息管理,销售分析

4.(1)区域市场环境分析与评估:区域市场需求、竞争分析以及营销机会的评估工作(2)区域市场管理:销售计划制定与实施,发掘、评估及选择顾客,访问计划制定与实施,商品展示,销售促进活动实施,销售分析、销售统计,客户信用调查,行政事务,账款回收,销售事务,招募和培养新销售人员(3)沟通:拜访新开发客户与渠道客户合作,平时的拜访问候与客情维系,售后服务的访问与异议处理。

第3章
销售人员激励

■ 销售人员行为特征
■ 销售人员的角色认知
■ 销售人员动机的因素分析
■ 销售人员激励

—— 导入语 ——

销售人员与企业其他工作人员不同,他们往往在一个销售区域单兵作战,因此对销售人员的管理与其他人员不同,他们自我管理的要求就非常的高。一个没有职业道德的销售人员或者一个被公司遗弃的销售人员是做不好销售工作的,最终受害的是企业。因此如何认识销售人员、激励销售人员就成了企业销售人员管理中一个非常重要的课题。销售人员不仅要承受工作上的劳累,在精神上也非常孤单,作为企业一方面要选拔合适的人做合适的事,另一方面也要有必要的激励机制,以使销售人员有较高的工作积极性。

—— 关 键 词 ——

销售人员行为特征　销售人员角色认识　销售人员动机　销售人员激励

3.1　销售人员行为特征

销售人员有销售人员的行为和特征,了解和研究销售人员行为特征和规律有助于我们更好地进行销售人员的管理。了解销售人员的行为特点,是实施有效销售管理的前提。

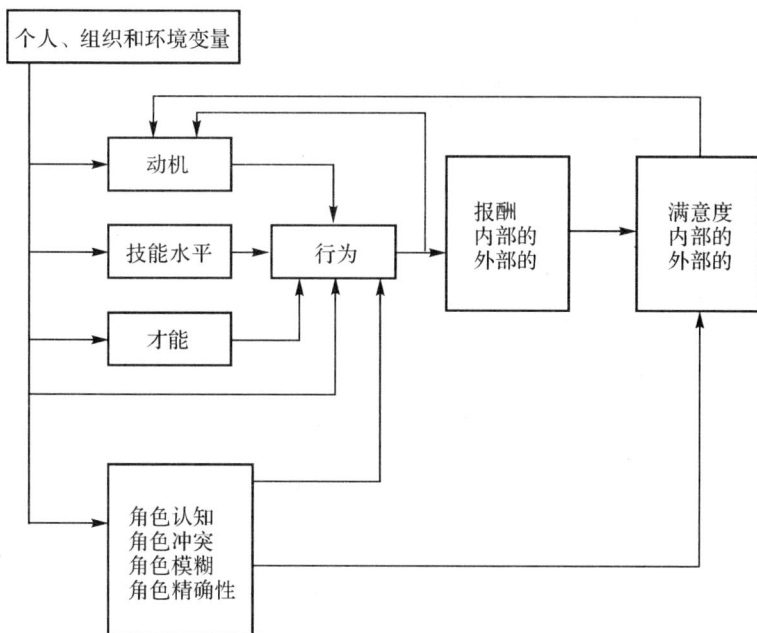

图 3-1 销售人员行为模型

3.1.1 销售人员行为模型

从心理学角度上来说,影响销售人员的行为一般有以下五种因素:动机、技能水平、才能、角色认知和个人组织及环境变量(图 3-1)。在对销售人员进行管理的时候,不能忽视各个因素之间的内在的相互依存关系。在实际工作中,如果销售人员缺乏其中任何一项因素时,他的销售业绩就可能很差。例如,一个具有营销天赋并具有强烈的销售动机的销售人员,如果他销售技术水平低,那么他的业绩也不会好。

—— **即问即答 3-1** ——

　　影响销售人员行为的因素有哪些?

由于销售经理所做的三项基本工作:制定销售计划、执行销售计划以及评价和控制销售业绩,都会影响到销售人员的行为和动机,因此对企业销售经理来说,理解销售人员的行为模型就显得十分重要。销售人员行为模型为销售经理预见销售人员的行动后果提供了一种有用工具,它可以避免由于没有充分评估而采取贸然的销售管理行动可能带来的不良后果。如销售经理对人员的部署和配置,会影响销售人员对工作的认识和感知;销售经理挑选人员的标准和培训内容,会影响销售队伍的总体才能和技能水平;销售组织的激励制度会影响销售人员的动机和业绩水平。

3.1.2 销售人员行为的决定因素

1. 动机

动机是指销售人员希望在工作活动和完成任务上付出努力。

销售人员的工作活动包括访问潜在客户、推销演示、编制报表、向客户提供安装、退换货服务、陪同客户就餐等。

销售人员在其工作上付出努力的动机,其出发点主要来自于以下三个方面:一是销售人员对工作努力导致的业绩变化的估计(预期);二是销售人员对改善销售业绩将导致特定报酬增加的可能性估计(工具);三是销售人员对因业绩改善而增加报酬的渴望程度(报酬效力)。在这些方面销售人员并不受销售经理的控制,但他们会受销售经理工作的影响。如销售经理对销售人员的监督、考评以及报酬发放,在一定程度上会影响销售人员的预期、工具和报酬效力。因此销售经理必须高度重视这些因素并对其影响方式、影响途径和影响程度进行认真分析。

—— **即问即答 3-2** ——

销售人员努力工作的原因有哪些?

2. 技能水平

技能水平是销售人员能完成本职工作的能力水平。销售人员的技能水平往往可以通过后天学习和经验积累而改变。

作为企业销售人员其技能主要有以下几个方面:

(1)职业技能,包括对所从事的工作有关的特殊技能,对经营业务(产品和劳务)相关的技术知识和对企业经营政策的了解程度。

(2)人际关系技能,指理解、说服他人及与之相处的技能。

(3)普通管理技能,指与组织、指导和领导他人有关的技能。

(4)销售演示技能,指根据顾客需求进行演示以及排除销售障碍的能力。

(5)对销售工作喜欢或偏好的程度。

当然在日常营销工作中,往往并不需要同时具备上述的各种技能,某一技能的重要程度也取决于销售环境和销售条件的变化。同时销售人员销售经验和企业开展的销售训练也影响着技能水平,这是很多企业之所以重视销售训练的原因,因为这有利于提高销售人员的技能、行为和业绩水平。

3.才能

很多销售人员天生就拥有销售工作必备的能力,这是决定销售人员销售能力高低的重要因素。普通才能和个性变量对销售人员行为和业绩有重要影响。普通才能包括智力、认知能力、语言能力、数学能力、销售才能(指与执行特定销售任务有关的持久性个人特征和能力)等;个性变量包括责任感、支配欲、社交性、自尊、创造力与灵活性、对成功或内部报酬的需求以及对权力或外部报酬的需求等。

当然,由于销售能力是相对于特定的销售工作而言的,所以普通才能不能完全用来解释销售人员的业绩差异,不同的行业、不同的企业和面对不同的产品,同样的销售人员可能会产生不同的业绩。

—— **即问即答 3-3** ——

销售人员业绩为什么会产生差异?

4.角色认知

角色认知对销售人员的心理具有重要的影响作用。它们可以影响销售人员的动机,会使他们对工作产生抵触情绪,甚至导致跳槽或销售业绩下降。

销售人员的角色认知涉及三个方面因素:角色冲突、角色模糊和角色精确性。角色冲突是销售人员与他的角色伙伴(影响销售人员完成工作的各种人员,包括公司最高管理层、销售人员的顶头上司、客户和家庭成员等)产生矛盾时发生的,如果销售人员对解决矛盾的能力不足,就会感到困难。如在谈判时客户会提出各种要求,而公司领导又不认可,这个时候销售人员在心理上就会产生角色冲突的感觉。

角色模糊发生在信息不充分的情况下,当销售人员没有足够信息支持其完成工作任务时,就可能会对一些角色伙伴的期望、自己的行为与业绩的关系以及上司的评价和回报等感到模糊不清。

角色精确性是指销售人员对其角色伙伴需求感知的准确程度,即感知的期望与实际期望的一致程度。

5.个人、组织和环境变量

在销售人员中,个人、组织、环境变量一般是以直接的方式来影响销售人员行为的,销售经理在这方面主要区分个人、组织、环境变量对销售人员行为和业绩的直接影响作用,如:销售人员的责任感、社交能力、语言能力、自尊心等个人变量,公司的广告支出、市场占有率、对销售人员的监督程度等组织变量,以及地区潜力、顾客集中程度、销售人员工作负荷量和市场竞争强度等环境变量,都对销售人员的业绩有着直接的影响。

3.1.3 报酬和满意度

报酬和满意度是销售人员行为的后果,又反过来作用于销售人员的动机。

1.报酬

在企业,销售人员要获得一定的报酬的前提是工作中做出业绩,但是在实际工作中,业绩与报酬之间的关系却非常复杂。造成这种情况的原因主要是以下几个方面:

(1)不同企业评价销售人员业绩的标准不同。有的企业可能依据总销售量、定额完成情况、推销费用、销售利润率、新增客户、服务客户、履行管理职责等情况来进行评价,而有的企业则可能采用综合其中几个指标进行评价。由于评价的指标不同,或者说即使是采用相同的指标但它们各自强调的重点也可能会有所不同。

(2)不同企业或同一企业在不同的时期所支付的报酬也会不同。在企业报酬一般可分两种形式:内部报酬和外部报酬。外部报酬是由上级或客户给予的报酬,如工资、奖金、安全、赏识、提拔等,主要表现在基本需求层次上;内部报酬是销售人员自我获得的报酬,如成就感、个人发展、自我价值实现等,主要表现在满足其需求的较高层次方面。

—— **即问即答 3-4** ——

你认为销售人员报酬应该包括哪几个方面?

2.满意度

满意度是指销售人员对工作的总体满意程度。也就是销售人员认为本职工作是否值得做或值得完成的具体体现。衡量销售人员工作满意度可以从以下七个方面进行分析:工作本身、同事关系、上级监督、公司的政策与支持、收入水平、晋升机会、客户情况等。

销售人员的满意度可分为内部满意度和外部满意度两种。内部满意度的高低与销售人员所得到的内部报酬密切相关,如销售人员对工作本身的评价、对在这个企业工作能获得的个人发展机会的期望等。外部满意度与所得的外部报酬有关,如对收入水平、公司政策、企业对工作的支持与监督、同事关系、晋升机会和客户情况。

—— **即问即答 3-5** ——

销售人员满意度分哪几种？

3.2　销售人员的角色认知

从销售人员行为模型我们发现销售人员对其角色伙伴的期望和需求感知严重影响着其销售工作的业绩。

3.2.1　销售人员角色的认定

从事企业销售工作的人就是企业的销售人员,这是一种职位,相对应的就是一种角色。角色是指占据该职位的人所承担的活动和行为。销售人员角色的界定是一个连续的过程,首先,销售人员会受到正式的或非正式的作用的影响,如角色伙伴的期望、企业政策、经营规程、培训计划等属于正式方式的作用,而社会压力、报酬、道德约束等属于非正式方式的作用;第二,销售人员会感受到期望和压力,由此能产生角色模糊、角色冲突和角色精确性;最后是销售人员对角色感知付诸行动的过程。

如果销售人员一直存在角色模糊、角色冲突的感觉,那么他就会出现忧虑和紧张,以至于对工作产生不满,从而影响其工作效率和工作业绩。

1.在企业中销售人员处于特殊的地位,与一般生产工人不同,销售人员所面对的人和事范围要广泛得多、复杂得多。如工作关系上,销售人员不仅仅要面对企业内部的人员关系(不同知识结构和具有不同目标的内部人员),还要面对企业外部的人员关系,如情况复杂的客户和社会公众等,与这两个方面都会产生利益的冲突。

2.销售人员经常面临新问题,并需要创造性地解决问题,这在高科技产品销售方面更加突出。既然,灵活性是创新的前提,但对于销售人员来说,既要严格执行公司有关销售政策,又要学会见机行事,随机应变,这就大大增加了销售人员的工作难度。

3.2.2　角色冲突与角色模糊对销售人员心理和行为的影响

销售人员的角色伙伴就是影响销售人员完成工作的各种人员:公司最高管理层、销售人员的顶头上司(销售经理)、客户和家庭成员。就销售经理而言,一般期望销售人员能增进客户订货,向客户介绍本公司的产品并随时提供服务,与客户发展亲密个人关系,真诚对待客户等;就客户而言,他们期望销售人员真诚可靠,按期交货,能为客户处理退货和产品调整,按质论价,告知客户产品性能;就家庭成员而言,一般期望销售人员能顺利工作,取得较好的工作成绩,有的不希望销售人员在家里面过多谈论工作。

1.对销售人员心理影响

不同的角色伙伴对销售人员的要求是不同的,这就导致了销售人员的角色冲突和角色模糊,给销售人员产生角色压力,在一定情况下压力往往产生动力,促使销售人员更加好地完成本职工作。从销售管理的角度分析,什么样的压力水平比较适宜是我们研究的关键。

不同角色伙伴的需求在日常工作中往往存在矛盾冲突,这导致销售人员陷入一种"夹击"的心理状态,即在满足某一角色伙伴需求的同时而不伤害另一伙伴。一旦形成这种心理,销售人员就会感到情绪混乱,工作紧张甚至担心工作环境出了问题,由此导致对角色伙伴乃至公司的不满。

同样,当销售人员对所要完成任务缺乏足够的信息,或不清楚角色伙伴的期望时,就会对自己完成工作的信心产生疑虑,甚至怀疑自己的工作能力,并可能降低其对工作的满意度。

角色冲突和角色模糊都会对销售人员的工作满意感产生消极影响,但其影响的重点有所不同。角色冲突主要是因为销售人员与角色伙伴需求之间存在矛盾,从而影响的是销售人员外部满意感,如收入、晋升、表扬、赏识之类的外部报酬,但对内部满意感影响很小,因为角色冲突不可能限制销售人员获得内部满意度的能力。即使有两个或更多的角色伙伴在需求中发生冲突,销售人员也可以从提高个人能力中获得成就感。角色模糊对销售人员的内部满意感和外部满意感都会产生影响。如果销售人员不知道他应怎样工作,是否在正确地工作以及他人怎样对自己进行评价,那么,他对工作就会缺乏信心,以致自尊心受到伤害。

—— 即问即答 3-6 ——

为什么角色模糊和角色冲突会影响销售人员的工作?

2.对销售人员行为影响

在角色冲突和角色模糊中形成的满意程度,会深刻影响销售人员的行为。

(1)满意程度直接影响销售人员对企业的忠诚程度。

如旷工和离职这种现象,一般来说,满意感越高,旷工及离职现象就越少;相反,满意感越低,旷工及离职现象就越多。

（2）工作满意感与销售业绩之间的关系。

工作满意程度会带来好的工作绩效，好的工作业绩又会促使销售人员更加满意。

3.在管理中的作用

角色冲突和角色模糊在一定程度上会造成心理和行为的严重后果，在销售管理中，如何通过管理机制来化解这种冲突和模糊，就显得十分重要。

（1）在人员招聘上，销售人员必须具备良好的心理素质，没有良好的心理素质，即使他在其他方面非常优秀，也很难承担销售人员的职责。

（2）在日常工作中，对销售人员的培训和教育十分重要，一方面可以使销售人员不断积累和丰富应付冲突的经验，建立起良好心理防御机制；另一方面可以指导销售人员学会对冲突原因的分析，要使他们认识到许多最初认为是冲突的事，最后结果却变得彼此相容了。

（3）销售经理应帮助销售人员做好应付冲突的准备，以减少工作中的不适感；还可以通过调整监督机制，来影响销售人员感知的角色冲突。销售经理不要刻意规定销售人员的角色，以免他们产生更多的角色冲突。有时监督过于严密，会降低销售人员应付各种角色预期的灵活性。因此，给予销售人员一定的自主权，将有助于减少他们的角色冲突。

（4）让销售人员清楚其上司的期望和要求，它可以减少角色模糊，但同时也可能增加角色冲突。这要取决于销售人员的经验，以及是否要求与顾客打交道的充分自由或服务顾客的创新权力。看来销售经理在管理手段上不得不在这刀锋上行走。

—— **即问即答 3-7** ——

销售经理如何面对销售人员的角色模糊？

3.2.3　销售人员的角色精确性

角色精确性是由工作活动、业绩和报酬三者关系派生出来的，由于销售人员工作比较复杂，如销售人员能否正确地进行价格谈判，能否承诺更短的交货时间以及处理退货和为顾客调整产品等问题随时会出现，这就需要对销售人员这一角色进行界定。

由于工作活动、业绩和报酬都是多种多样的，因此销售人员要面对许多不确定因素。不同企业对销售人员的期望是不同的，评价业绩的标准和所提供的报酬也不同，这就使得在一般意义上讨论角色精确性问题有一定困难。

如有许多公司将访问新客户的多少作为评价销售人员业绩的重要指标,但实际上有些销售人员并不受访问新客户这一指标的左右,而把完成销售量作为其工作的主要目标。

表 3-1　销售人员日常工作

工作	工作内容	
销售	1.销售活动计划制定	
	2.找出销售对象领导关系	
	3.识别销售对象掌权者	
	4.准备销售演示	
	5.访问客户	
	6.进行销售演示	
	7.排除销售障碍	
订货处理	1.订单的迅速处理	
	2.订单错误的纠正	
	3.处理装运	
	4.处理退货	
销售服务	1.监督安装	
	2.设备测试	
	3.客户培训	
	4.附件供应	
	5.维修执行	
情报	1.收集客户信息反馈	
	2.需求信息	
	3.同类产品信息	
	4.信息汇总、分析和上报	
客户服务	1.广告	
	2.营业推广	
	3.协助中间商(货架陈列、商品展示、存货控制)	

工作	工作内容	
会议	1. 销售研讨会	
	2. 产品展销会	
	3. 客户会议和客户培训班	
销售人员招聘培训	1. 招聘	
	2. 培训	
应酬	1. 陪餐	
	2. 其他娱乐活动	
旅行	1. 出差	
	2. 访问客户	
处理中间商事务	1. 客户资料收集	
	2. 建立与中间商关系	
	3. 调查评价客户信用	
	4. 货款回收	
	5. 货款追讨	

——补充阅读材料——

业绩不佳销售人员的八大通病

　　每个企业一般都有近三分之一的销售人员业绩不理想,当然造成他们业绩不理想的原因很多,但如果仔细分析一下,业绩不佳的销售人员一般都有以下几种问题的存在。

　　1. 手中拥有的潜在客户数量不多

　　销售人员手中拥有的客户数量越多,做生意的基础就会越稳固。优秀的销售人员之所以能源源不断地售出产品,原因就在于他们拥有足够多的客户数量。与此相反,业绩不佳的销售人员手中拥有的客户数目寥寥无几。

　　销售人员客户数量少的原因,不外乎以下几种情况:(1)不知到哪里去开发潜在客户;(2)没有能力识别潜在客户;(3)懒得开发潜在客户。

　　在销售工作中,由于开发潜在客户是一项费时费力的工作,所以有些销售人员不愿意去开发潜在顾客,只满足于与现有顾客打交道,这是一种自杀的做法。从美国等国家的情况看,由于各种原因,现有顾客在正常情况下每年一般以五分之一的速度递减,销售人员如果不能不断开发新客户以补充流失的客户,那么五年左右的时间会完全失去他现有的客户。

业绩不佳的销售人员的另一个问题是不能对潜在客户作出正确的判断,即哪些顾客是会成为潜在顾客的,哪些顾客是可以争取的。如有的人会说:"ＸＸ已经是竞争厂商的最佳顾客,去了也没有用。"但如果试一下前去拜访的话或许就可以拿到订单。

2. 抱怨、借口特别多

业绩不佳的销售人员,经常抱怨,而且借口又特别多,把销售业绩不佳的原因归结到交易条件、对方态度、竞争对手上,很少检讨自己,也没有承担失败的责任感。

事实上当人们面临真正的困难时,通常是连话都说不出来的;如果还能够找些借口为自己辩解的话,这表示他还没有完全发挥出自己的能力。销售人员对自己该做的事没有做好,或者,无法确信自己应该怎么做,而随口说些不满的话,这只不过显示出自己的幼稚无能罢了。真正优秀的销售人员绝对不会抱怨,找借口,因为自尊心绝对不会允许他们如此做。

3. 十分强烈的依赖心

业绩不佳的销售人员,常常对公司提出各种各样的要求。如要求提高底薪、差旅费、加班费等,而且经常拿别的公司作比较,有这种倾向的人,是没有资格成为一名优秀销售人员的。

销售人员不能向任何人要求保障,必须完全靠自己。如果希望获得更高收入的话,就必须凭自己的本事去赚。没有指示就不会做事,没有上级的监督就想办法偷懒,这种人是绝对无法成为优秀销售人员的。真正优秀的销售人员要经常问自己:"自己能够为公司做些什么?"而不是一味地要求公司为自己做些什么。

4. 对本职工作没有自豪感

优秀销售人员对自己的工作感到非常骄傲,他们把本职工作当作一项事业去奋斗。业绩欠佳的销售人员却有一种自卑感,他们认为推销是求人办事,因此,对顾客采取卑躬屈膝的态度,运用"乞求"式的方式去推销。缺乏自信的销售人员,如何能取得良好业绩?想要推销出更多的产品,销售人员必须要有一份自信,要能够告诉顾客感兴趣的事情。

5.不遵守诺言

一些能说会道的销售人员业绩往往也不佳,他们往往有一个共同的缺点,就是"不遵守诺言"。昨天答应顾客的事,今天就忘记了。

"明天上午 10 点钟,我去拜访你。"但到了 10 点钟,销售人员却毫无踪影。这种销售人员极容易给顾客留下坏印象。结果,顾客一个一个离他而去。

销售人员最重要的是讲究信用,而获得顾客信任的最有力的武器便是遵守诺言。如,一些销售人员当顾客要求看样品时,通常都是满口答应,但到时候却忘得一干二净。如果顾客当时只是随口向你提出某些要求,而你却真的满足了对方,顾客一定会非常高兴;反之,你可能因为疏忽了某一细节,而失去了一笔大的交易。

通常,人们所犯的过失很少是有意的,如果销售人员具有较高的警觉性,即使一个小小的诺言也能遵守,这才是最佳的服务。

6.容易与顾客产生矛盾

不遵守诺言的销售人员,与顾客之间容易产生矛盾。一些销售人员为了急于与顾客成交,将自己无法做到的事情一一答应下来,这实际上是一种欺骗顾客的行为。例如,销售人员告诉顾客,我们随时提供售后服务,但当顾客要求提供服务时,销售人员却采取应付、搪塞的办法。结果,顾客不满意,到处宣传"某公司服务不好,销售人员不可靠",不但销售人员失去信用,连带公司也遭受损害。

优秀的销售人员也会与顾客发生矛盾,但他们能够迅速地提出解决方法,化解矛盾,从而赢得顾客的信赖。记住,当与顾客谈生意的时候,最重要的是要让对方感觉出你的诚意。

总而言之,优秀销售人员和失败销售人员的差别在于:前者能够避免问题的发生,即使发生了问题,也绝对不会推诿责任。

7.半途而废

业绩不佳的销售人员容易产生气馁情绪。当销售人员面临工作低潮的时候,只要坚持到最后一分钟,相信一定能够突破困境。但一些销售人员虽然离胜利只有一步了,最后还是放弃了曾经作过的努力,徒劳无功。一些销售人员往往是在最后的关头,沉不住气,放弃了,从而功亏一篑。推销成功最需要的是坚持到底、胜利就在前头的信念。

推销是一场马拉松赛跑,仅凭一时的冲动,是无法成功的。决不放弃成功的信念,并坚持不懈地追求下去,才能达到目的。

8. 对顾客关心不够

一些饭店里的服务员,对顾客的关心可说是无微不至。当顾客需要服务时,不用顾客开口,他们就主动提供服务;当顾客不需要服务时,他们能做到不轻易打扰顾客。然而,有些饭店的服务员则做不到这一点,当顾客不需要服务时,他们却不断打扰;而当顾客真正需要服务时,他们则是三请四邀也不来。

推销成功的关键在于销售人员能否抓住顾客的心。顾客的爱好不同、性格不同,有忙碌也有闲暇的时候,有开心也有沮丧的时候,因此,如果不善于察言观色,生意一定无法成交。销售人员既要了解顾客的微妙心理,也要学会选择恰当的时机,见机行事。

即问即答 3-8

这些问题你身上也有吗?

补充阅读材料

销售人员角色定位

我曾在一家知名饲料集团某子公司做营销副总,主持该公司全面营销管理工作。刚到这家公司的时候,总是感到很困惑:每月精心研讨和制定的销售目标为什么月底总是要或多或少地打折扣?经过 3 个月的市场走访、客户访问、与销售人员交流,发现并总结了6 点影响销售业绩的原因:

1. 销售人员负责区域过大,一般一个销售员要负责一个地级市区域的市场开拓与管理,有的甚至一个人要负责一个省的区域范围,销售人员大部分时间在从 A 县到 B 县的路上,销售人员将有限的工作时间大部分浪费到了无效的"肌肉运动"上;

2. 销售区域经理管理区域范围大,对销售员过程管理处于失控的状态,很多销售员白天在宾馆内睡觉或者打牌,而公司和区域经理对此毫无觉察;

3. 销售人员大部分时间充当着"救火队员"的角色,哪儿有问题往哪儿走。销售人员 80% 以上的精力从事一些如要求经销商拼命地压货,处理经销商的抱怨和投诉,向经销商催款等对市场持续发

展贡献不是很大的工作;

4. 销售人员对所负责区域的养殖终端市场和竞争对手的变化、公司产品的质量市场反应等信息了解不充分,反应市场速度缓慢;

5. 没有核心区域市场,每个片区的区域范围大,但销量和市场占有率少得可怜,终端基础工作基本上没有开展,公司产品市场需求不旺,市场根基薄弱,竞争对手随时都能将公司产品市场攻溃;

6. 新市场和新客户开发不充分,市场缺乏长期持续的增长点,从而导致销量停滞不前甚至一些片区销量还要下降。

针对以上问题,我们作了两个重大调整:

1. 在营销模式上变"粗放型的营销模式"为"区域市场精细化运作的营销模式"。

我的前任因公司刚开始运作,销量任务压力大,想短期内通过"广种薄收"的策略将销量迅速做起来,但又考虑费用问题,不敢招聘过多销售员,所以一个地级市更有甚者一个省才配备1个销售员。这样必然导致销售人员一是每天疲于赶路,人很累;二则销售费用支出过高,大部分销售员每月还要亏损差旅费用,均不愿过多地跑市场;三是区域过大,销售重点不明确,销量增长缓慢且极不稳定;四是销售绩效差,销售人员每月收入低,积极性受到了影响,士气低落。对此我们的调整策略为:

(1)收缩销售区域,打造亮点市场,建立"红色革命根据地"。以养殖旺县为单位选择5块重点目标市场,每1个片区负责1个重点目标市场,片区集中优势兵力,合理分工,"走进村、串入户、沉到底、做到位",充分运用服务营销手段,精耕细作区域市场,每一目标市场销量和品牌力争区域NO1。

(2)价值链滚动坐庄营销模式。每个片区以养殖旺村(乡)为作业单位,根据销售员的个人优势,合理分工,分成两个小组:市场开发组和终端服务小组。市场开发组前期开发经销商,然后由终端服务小组通过科技示范、科技讲座、营业推广等终端服务工作,快速提升公司产品在目标旺村的知名度、美誉度,拉动终端需求,使公司产品在目标旺村提升为NO1。然后再将这一成功的模式向邻近的乡村进行推广。一个乡村一个乡村地推广,一个乡村又一个乡村地成为NO1,最终使公司产品成长为县级市场的NO1品牌。

2. 销售人员的定位与合理分工上变"个人英雄主义单兵作战"为"销售团队整体作战"。

一个健康成熟的饲料市场,其过程应该是选择和开发优秀一级经销商、帮助一级商开发二级商、帮助二级商进行终端宣传、终端服务等基础性工作、帮助一级经销商策划、规划和指导其经营活动。公司饲料产品要在某一目标市场快速稳定健康地增长,这个过程中的任何一个环节都必须衔接上且没有薄弱环节。因此,每一区域市场的运作必须配备最合理最优化的销售团队,既要有人充当"猎手"角色、又要有人充当"农夫"角色、还有有人充当"帮手(顾问)"角色。"猎手"负责谈判、开发新的经销商,"农夫"负责做一些简单的基础工作,"帮手(顾问)"负责片区的整体规划、运营与管理。对此新的调整策略为:

(1)重新调整销售组织架构,营销副总下设 5 个片区经理(规划和管理能力强者担任),每一片区经理负责管理一个片区;每个片区经理(帮手顾问)下设 5 名经理助理(客户沟通和客户开发能力强者担任),经理助理主要负责一级经销商和主要的二级经销商的开发与维护;经理助理下设科普员(当地一些有影响力的养殖户、兽医或其他熟悉当地养殖的、有一定文化知识的本地人),主要负责公司产品的推广与养殖户的开发、管理、科技示范、科技讲座等终端基础工作的组织与实施。

(2)明确营销副总、片区经理、经理助理、科普员等各级营销人员的职、权、利。

(3)实行层级管理和双回路管理,片区经理对营销副总负责,经理助理对片区经理负责,科普员对经理助理负责。同时营销副总可越过片区经理检查经理助理、科普员的工作,片区经理可越过经理助理检查科普员的工作,从而确保了执行的效果。

(4)完善培训制度,培训注重市场操作实战技巧为主,逐步使销售员提升为全能型"T"型人才。也就是"一专多能",即片区经理重点在于市场规划和片区管理,还应具备新客户开发和技术服务等基础工作的能力;经理助理重点工作在于新客户开发,还应该具备技术服务等基础工作能力;科普员重点工作在于技术服务、终端用户的开发与维护等终端基础工作,还应该具备一定的新客户开发的能力。

通过近 8 个月的运作,该饲料子公司销售人员人人充满激情和斗志,销售业绩也一改过去疲软的预势,销量呈钢性增长,在 5 个目标市场均已成长为 NO1,同类产品市场占有率最高区域达 60%

份额。

回顾那段经历，我最大的心得体会是：集中优势兵力，优选目标市场，精耕细作是高绩效区域市场运作前提；而最优化的销售人员配备及其相互之间分工协作，即销售人员的角色定位是高绩效区域市场运作的保证。

关于销售人员的角色定位，业界有很多的说法。有人说"最佳的销售是猎手型的"，有人说"最佳的销售是农夫型的"，也有人说"最佳的销售是帮手顾问型的"。我的观点则认为：没有最佳的销售员，只有最佳的销售团队。销售是一个整体，是一个系统，其内部有很多分工和合作，任何一个销售成员都不能忽视。

帮手（顾问）型销售经理虽然有很强的市场规划和团队管理能力，他没有猎手型经理助理不断地开发新客户，没有科普员扎实牢固的终端基础工作，单凭其一人之力能将一个市场运作为 NO1 品牌吗？猎手型销售员虽然具有很强的开发客户和开发市场的能力，但没有帮手（顾问）型销售经理的整体规划，没有农夫型销售员的细心扎实的终端基础工作，他能让新开发的客户壮大吗？农夫型的销售员虽然是精耕细作的能手，但是没有帮手（顾问）型销售经理的整体规划和猎手型销售员的新客户开发，他能在一块贫瘠的土地上种出丰硕果实吗？

还有一种观点认为："90 年代中期，猎手型的销售人员主导市场；90 年代后期，农夫型的销售人员主导市场；而 21 世纪是帮手（顾问）型的销售人员主导市场。"尽管这一观点也有它一定的合理性。因为 90 年代中期是经销商主导市场，谁拥有并控制了优秀经销商，谁就能赢；90 年代后期是请注意消费者的时代，谁掌控终端，谁就能赢；21 世纪是信息时代，谁能整合资源，谁就能赢。

我始终认为，区域市场的运作是一种过程，这个过程包含着市场规划、市场开发、市场培育、市场调整等活动。要将一个空白的区域市场变成高增长高市场占有率的区域市场，市场规划、市场开发、市场培育、市场调整等活动和步骤缺一不可。销售团队不可能做到人人都是全能型的人才。因此，一支高战斗力的销售团队，应该是一支组合型的销售团队，这支销售团队的成员有猎手、有农夫、还有帮手（顾问），这三种角色一个都不能少。

中国营销传播网，2004-06-03，作者：孙斌

—— 即问即答 3-9 ——

你是怎样理解销售人员角色定位的？

3.3　销售人员动机的因素分析

激励是激发销售人员工作积极性的重要手段，如果没有特殊的激励，对大多数销售人员来说，其工作的努力程度往往达不到与其能力相适应的水平。当然部分销售人员可能是对销售工作的热爱，可能在一定的时间里他们不需要太大的激励，但这仅仅是短期的。要对销售人员进行有效的激励，首先必须掌握影响销售人员动机的因素，然后再采取相对应的措施。

影响销售人员动机的因素很多，包括内外因素和主客观因素。这里主要讨论销售人员个人特征、环境条件、组织政策和程序对销售人员动机的影响。

3.3.1　销售人员的个人特征对动机的影响

由于销售人员个人特征不同，即使在相同的工作岗位上，给予销售人员同样的激励政策，不同销售人员之间表现出的工作努力程度也是不同的。这是因为销售人员的个人特征对动机的影响不同，主要表现在以下几个方面：

1. 销售人员对目前报酬的满意感不同

根据马斯洛的需求层次理论，我们可以将报酬分为薪水、工作安全等方面的低层次需求报酬和晋升、个人发展、自我实现等高层次需求报酬。如果一个销售人员对目前的工资报酬和工作安全稳定程度不满意，那么增加这些报酬，其效力就会比较明显，但随工资和工作安全程度的提高，其效力会逐步下降，销售人员会同时出现高层次报酬的需求。而对报酬的不满意，会在一定程度上激发和影响销售人员的工作积极性。

赫兹伯格激励理论把影响销售人员工作积极性的因素分成了两类，一是保健因素，即满足了不会激发销售人员积极性，不满足会影响销售人员的积极性；二是激励因素，满足了会激发销售人员积极性。

那么在企业销售管理中付给销售人员的报酬多少是合理的？达到一定量后，销售人员对连续增加报酬的兴趣是否依然存在？在什么样的条件下非物质性报酬在影响销售人员的积极性？这是销售管理中必须解决的难题。

—— 即问即答 3-10 ——

你认为应该如何解决这个难题？

2. 人口统计特征

影响销售人员动机的人口统计特征主要包括年龄、家庭情况和受教育程度等。一般而言，销售经验丰富的销售人员比没有经验的销售人员能够获取更多的低层次需求报酬，因此低层次的报酬效力对他们所起的作用就没有高层次的报酬效力大。

销售人员对目前低层次报酬的满意感还受到生活的压力和责任的影响。一个生活负担很重的销售人员，肯定比生活负担很轻的销售人员更看重低层次的报酬。

同样，教育水平的不同，对不同层次的报酬的影响也不同，受过高等教育的销售人员可能更加渴望个人发展的机会、职业成就和自我实现。

3. 工作经验

销售人员的经验也会影响其预期的大小，随着销售人员工作经验增长，销售人员的销售技能就会提高，自信心就会增强。因此，具有经验的销售人员要比无经验的销售人员有更大的业绩预期。

4. 心理特点

销售人员的自信心会影响他的动机，自信心较强的销售人员会通过努力来提高业绩，从而得到更多的报酬。销售人员的动机也受到心理特点的影响。对于有较强成就感的销售人员，领导赏识、个人发展、成功感等较高层次报酬会有较高的效力。当工作富有挑战性时，较高层次报酬的效力可能更高。

智力高的销售人员可能会比那些智力低的销售人员更具自信心，更相信自我控制的能力，因此也就会有更高的预期。那些具有较高智力尤其是文字能力、逻辑思维能力的销售人员，能够更快、更准确地理解他们的工作性质、报酬制度和激励政策，因此环境适应性也相对较强。

自尊心也是影响销售人员动机的因素，从心理学上看，销售人员的自尊与其预期的大小是正相关的。自尊感强的销售人员，一般相信自己有获得成功的天赋和能力，他们更强调优秀业绩和优厚的报酬的重要性，对于自尊心强的人，满足高层次的、精神上的需求的报酬，具有更高的效力。

—— 即问即答 3-11 ——

为什么自信心会影响销售人员的工作？

5.业绩归因

不同的销售人员对取得同样的销售业绩的原因分析结果是不完全相同的,销售人员一般会把业绩的好坏归因为以下几点:个人技能和能力、努力程度和工作情绪、销售任务的性质和所在地区的竞争状况、广告投放和公司支持、自己的运气等等。

如果销售人员取得优秀业绩,认为是由于个人努力所致,那么他就会对未来的业绩充满更高的预期。如果把它看作是偶然的运气因素,那么他的预期可能就小。

如果销售人员业绩表现很差,认为是由于销售能力差、环境条件不行,那么他的预期可能就会小一些。如果认为是由于没有付出足够的努力,那么这个人的预期可能就会增加。

—— **即问即答 3-12** ——

如果你是销售经理,对此你如何办?

3.3.2 环境条件对销售人员动机的影响

销售人员对所负责销售地区的市场潜力和竞争强度看法不仅会影响销售人员的工作业绩,还会影响销售人员对成功预期和努力工作程度的意愿。一般来说企业无法控制环境对销售业绩的影响,但了解环境因素对销售业绩的影响是非常有必要的。

1.产品的稳定性

科学技术对销售的影响日益明显,有些行业产品更新很快,销售人员就必须密切关注产品的创新、改进和应用的变化。一般来说销售人员一方面喜欢本企业产品的更新,以使本企业产品在市场上长盛不衰;但另一方面,快速变化的产品也给销售人员的销售带来了难题。新的产品往往需要新的销售方法和技巧,并使顾客产生新的预期和需求。因此产品的稳定性会造成销售人员对销售业绩预期的误差。

2.产量限制

由于生产能力、运输条件等各种原因,企业可能无法及时地向客户提供产品。对这种情况销售人员一般会感到无能为力,他们对业绩的预期就相对偏小。

3.竞争地位

企业产品的市场地位,所占的市场份额以及产品的知名度和价格等因素对销售人员士气的影响也非常大。如果销售人员认为本企业是个具有很强竞争优势的企业,他可能愿意付出更大的努力来提高业绩。因此,所在企业的竞争地位越强,其销售人员对销售业绩和报酬的预期也就越高。

4. 区域销售替力

不同销售区域其销售潜力是不同的。宏观经济状况、竞争者的活动能力、顾客的集中程度等影响着区域的销售潜力,如果销售人员认为该地区销售潜力大,其对业绩的预期也就大。

—— **即问即答 3-13** ——

环境条件对销售人员动机影响因素有哪些?

3.3.3 组织变量对销售人员动机的影响

组织变量是指企业对销售人员监督的严密程度、控制幅度、沟通频率、对销售人员业绩评价标准、激励政策等。组织变量可以直接促进或妨碍销售人员的销售业绩。

1. 监督变量

对销售人员进行严密监督,一方面能使销售人员更好地了解企业对他们的期望并更好地履行自己的职责;但另一方面严密的监督会影响销售人员对顾客的适应程度。

在销售管理中,销售经理可以通过给下属增加报酬、指导和训练以及排除工作中的障碍等方式来激励员工。如果下属执行的是工作简单清楚,可增加销售人员工作活动范围和更多的自主权;如果下属执行的工作复杂并存在很多不确定因素,销售经理可给予较多的指导和制度约束,以提高下属的工作效率。

2. 控制幅度

控制幅度越大,销售经理对下属监督的严密程度就越低。

3. 沟通频率

销售经理与下属沟通频率越高,接触越频繁,销售人员的角色就越清晰。当然,频繁地接触也会增加销售人员的角色冲突。

4. 销售人员对业绩评价标准的影响

企业在决定业绩评价和报酬标准时,应让销售人员有一定的发言权。参与标准制定的销售人员,对如何执行工作任务以及公司依据业绩发放报酬的情况会有一个更清楚的了解。

5.企业激励政策

公司的报酬政策和方案,会影响销售人员对报酬的渴望程度。如果大部分销售人员每年都能得到某种正式的表扬,就会使大家觉得这种表扬太普遍、太容易得到,因而没有多少价值。相反,如果只有极少数的销售人员能够得到这种表扬,则会使大家觉得得到它的机会太小而减弱了积极追求的愿望。当销售人员的低层次需要被满足后,满足这些需要的报酬效力就会下降。

销售人员目前财务报酬的变化情况,也可能影响他们得到更多财务报酬的效力。如果有一些销售人员的收入已远远高于平均水平,那么其他人渴望增加报酬的愿望就可能较高。报酬组合可以包括薪金、佣金、其他刺激性财务报酬或非财务报酬。设计合理的报酬组合,可以引导销售人员合理分配工作时间,努力完成公司的销售计划。

—— 即问即答 3-14 ——

组织变量对销售人员动机的影响因素有哪些?

3.4　销售人员激励

由于销售工作在企业中处于十分重要地位,而销售任务的完成有赖于销售人员来完成,很多企业对如何激励销售人员都制定了十分严密的激励计划。但是对于企业销售经理来说,制定最佳的激励组合计划并不是一件容易的事情,由于市场环境的变化和销售人员需求层次的变动,导致很多企业的激励计划不能满足形势,起不到应有的激励作用。

—— 补充阅读材料 ——

销售人员的激励

销售经理要开发市场,首先要开发销售员。有效的对销售员的激励方式,在于对销售员的了解。在了解顾客需求之前,先了解销售员的需求,是公司销售成功的前提条件。在残酷的市场面前,企业的前途取决于销售经理是否有能力理解业绩显著的销售员,洞悉他们的心灵。

美国盖洛普管理顾问集团将销售员分成四种个性类型,即竞争型、成就型、自我欣赏型和服务型。要提升销售员的业绩,就要针对不同类型的销售员采取不同的激励方式。

1. 竞争型

在销售竞赛中表现特别活跃。要激励竞争性强的人,最简单的办法就是很清楚地把胜利的含义告诉他。他需要各种形式的定额,需要有办法记录成绩,而竞赛则是最有效的方式。

优秀的销售员具备强大的内在驱动力,它可以引导,可以塑造,但却教不出来。

精明的销售经理能巧妙地挑起竞争者之间的竞赛。美国一家公司销售经理劳施科尔说:刚开始做销售的时候,我在公司里连续 5 个月都是最佳销售员,于是自鸣得意,趾高气扬起来。不久新来了一个销售员,我们的销售区域很相似,他开始超过我,成了本月最佳销售员。经理对我说,"嗨,大腕,新手要打败你了。你要是不赶上来,你的地盘就归他了。"这大大鞭策了劳施科尔,也激励了对手,两个人暗自较起劲来。劳施科尔说:"我们俩争先恐后,月月都想打败对方,结果两人的业绩都大幅度上升,难分雌雄。"

2. 成就型

许多销售经理认为,成就型是理想的销售员,他们自己给自己定目标,而且比别人规定得高。只要整个团队能取得成绩,他们不在乎功劳归谁,是一名优秀的团队成员。

那么,怎样激励这类已经自我激励了的销售员呢? 正确的方法是要确保他们不断受到挑战。阿克里沃斯公司总裁兰德尔·墨菲在他的长期职业发展计划中指出:"同成就型的人坐下来,弄清楚他工作中三个很关键的方面:擅长什么;哪些方面有待提高;哪些方面是不擅长而需要学习的。接下来,一起为各个方面制定提高的目标。"

还有一些销售经理认为,激励成就型销售员的最好办法就是不去管他们。"我们把大目标交给他们,随他们怎么干。就这一方式本身对他们就是一种很大的激励。"美一公司培训总监这样介绍他们对这类销售员激励的方法。

激励成就型销售员的另一方法是培植他们进入管理层。"如果他们对管理有兴趣,那就在他们身上投资",奥丽酒店副总裁如此说。"培养他们,拉他们走出销售圈子,开拓眼界。这么做一定会得到回报,因为成就型的人像主人那样进行战略思考,制定目标并担负责任。"

3. 自我欣赏型

这类型销售员需要的远不止奖牌和旅行,他们希望感到自己重要。而精明的销售经理就让他们如愿以偿。对于他们,这是最佳的激励方式。

优利公司销售总监菲希特曼说:"我们会让自我欣赏型的杰出销售员带几个小徒弟,这类人喜欢被年轻人奉若大师。我们也乐意这样做,因为这能激励他们不断进取。如果新手达到了销售目标,就证明他指导有方。而没有业绩做后盾,是不能令新手信服的。"

盖洛普公司总经理赞盖里认为,最能激励他们的方法是向其征询建议。"请他们加入总裁的智囊团,或进入重要的委员会,向他们咨询。"

4. 服务型

这类销售员通常是最不受重视的。因为他们往往带不来大客户,加之他们的个性不会比他们的市场领地强大。

优利公司菲希特曼对这类销售员的看法很具代表性,他说:"我对这类人提不起兴趣,因为他们不出来争取新地盘。他们也许能在竞争中站得住,却不能推动企业前进。此外我可以培训一个强烈竞争型的销售员去服务顾客,却没有办法把一个服务型的销售员训练得有竞争性。"

激励这些默默无闻英雄的最好办法就是公开宣传他们的事迹。Inc 公司销售副总裁说:"我们在全公司通报表扬他们的优质服务,在公司集会上讲他们的事迹。"既然服务型销售员带不来新生意,劳施科尔建议给他们一些额外奖励。因为他们花很多时间款待顾客,跟顾客联络。

总之,不同的方式能激励不同类型的推销人员。无论什么类型的优秀销售员都有一个共性:不懈地追求。只要激励方法得当,都能收到预期的效果。

3.4.1 企业销售人员激励计划

认识和了解市场环境的变化和销售人员需求层次的变动规律,并经常检查激励计划的不足,是很多企业提高销售管理水平的重要一环。因此很多企业经常调整企业销售人员激励计划,有的是一年一次,有的是多次,但效果却并不好。

优秀的激励计划惟一的评价标准是是否能在适当的条件下有效地激励销售人员的工作积极性,可以从以下几个方面来进行考虑:

1. 明确企业市场营销的目标

销售工作是市场营销的一个部分,销售工作的目标必须服从企业市场营销的目标。市场营销不同阶段的工作重心是不同的,销售在市场营销的不同阶段并不总是处于中心位置。

2. 评价企业客户管理政策

在市场营销不同阶段,企业客户管理政策也是在不断变化的,不管采用何种政策,关键的一点是政策是否符合市场营销环境。如果一个企业的客户管理政策不符合市场营销环境,势必会大大增加销售人员的工作难度,挫伤销售人员的工作积极性。

3. 销售队伍目前的业绩

销售人员现有业绩的正确评价和分析是对症下药提高销售业绩的前提,造成目前销售业绩的原因就是开展有针对性激励的基础。

4. 确定给予报酬的工作面

销售人员在开展销售活动中,并不是所有的活动都有报酬的,一些没有报酬的活动恰恰是企业做好市场营销工作所必需的。因此给予报酬的面不能只是一些定量的销售指标上,而应该包括一些不直接产生效益的定性指标。

5. 评价销售人员的个人特征和各种报酬效力

由于诸如学历、家庭等各种因素,造成了销售人员的不同的个人特征,在需求层次上呈现不同的特点,导致同一种报酬对不同销售人员和同一销售人员在不同时间产生不同的报酬效力,报酬效力的高低直接影响着激励计划的效用大小。

6. 确定最吸引人和最激励人的报酬组合

最吸引人和最激励人的报酬组合是相对而言的,在一定时间、一定环境条件下针对大多数销售人员最能激发他们积极性的激励计划,在企业激励计划中往往是一个有效的组合,包含多种低层次的和高层次的激励因素。

7. 确定佣金、奖金或竞赛(短期刺激性报酬)

佣金的高低、奖金的多少应该在一个比较合理的水平上,过多和过少不仅不会激发销售人员的积极性,反而会影响销售人员的积极性。佣金和奖金标准应该充分考虑环境因素。

8. 确定适当的财务和非财务报酬的比例

对层次不同、教育水平不同、销售区域不同、销售环境不同的销售人员在财务和非财务报酬的确定上应有一个合适的比例,如有的销售人员特别关心晋升机会、职业经历、表扬等,而有的销售人员特别关注财务刺激。

9. 向销售队伍公开、解释计划

激励计划是针对销售人员,提高他们积极性的,因此计划必须得到他们中大多数人的赞同和理解。

3.4.2 确定销售目标和业绩考核标准

表 3-2 销售目标业绩考核标准

序号	项目	内容
1	销售额	目标销售额
		目标销售量
		产品在整个市场的占有率
		市场渗透率
2	品种销售额	产品组合销售量
		盈利产品的销售
		推广新产品
3	费用和利润额	利润额
		应收账款
		销售费用等成本
		目标库存量
4	客户	客户增加
		客户维持
		访问次数
		客户的关系
		售后服务情况
		平均订货量
5	产品推广	在指定的季节推广特定的产品

序号	项目	内容
6	市场调查分析	
7	专业技能进步	专业知识
		推销技能
		工作经验

在企业销售管理中,销售经理往往希望销售人员能完成比上表(表3-2)所示的更多的工作,因此在制定激励计划时也希望通过一个合理的并考虑多种因素的激励计划来刺激多重目标的实现。但是当报酬激励与许多不同考核因素联系在一起时,销售人员就会有一种无所适从的感觉,对提高业绩的动机就会大打折扣。由于综合业绩的评价过程以及由此所得到的报酬计算太复杂,很多销售人员并不能完全理解过于复杂的激励计划,往往导致不正确的报酬预期。从管理的角度看,合理的激励计划是个简单明了的激励计划,根据面对的市场营销环境、企业最迫切需要解决的问题并联系销售人员的需求,最好只考虑两三个相关工作业绩指标,特别是将报酬与企业最优先的营销目标相联系,效果可能会更好。

激励计划是用来影响和引导销售人员行为的,在制定激励计划时企业销售经理必须首先搞清销售人员应该做哪些事情:

1. 调查销售人员目前工作时间是如何分配的。

一个企业必须加强对销售人员的工作分析,并重视销售人员平时业绩记录。调查的项目可以包括:

(1)销售人员目前在做哪些方面的工作;

(2)销售人员每天的工作时间分配计划;

(3)销售量业绩情况;

(4)访问新客户情况;

(5)特定产品的销售业绩情况。

2. 正确评价公司各种目标和客户管理政策。

通过对企业各种目标的评价,可以清楚企业各种目标的重要程度和优先需要解决的问题。

3. 根据这种相对重要性,确定出哪些销售职能和销售业绩需要销售人员更加关注和重视。这样,激励计划的制定就有针对性,也就能够更合理分配报酬,调动员工的积极性。

在此基础上建立合理的业绩考核标准。建立销售人员的业绩标准,要注意以下几个原则:第一,要考虑到各销售区域的潜力、规模和销售人员的素质的差异等问题。若不考虑这些因素,业绩的评估可导致不公平。第二,平均销售的业绩可能因各销售人员的业绩偏差而较一般市场标准低。一些非数量性的标准很难求得平均值,如:工作热情、工作能力、创造力、合作精神、责任心、敬业精神等。但这些因素对考核销售人员也非常重要。

表 3-3 销售人员绩效表

销售人员姓名: 年   月   日

客户名称	销售额	付款金额	回收额	回收率	利润	损失

表 3-4 销售人员业绩综合报告表

销售人员姓名: 年   月   日

	星期	接待人数	访问户数	销售件数	收款件数	成交户数	销售金额	新客户数	访问费用
本月合计		人	人	件	件	人	元	人	元
上月合计		人	人	件	件	人	元	人	元

3.4.3 评价激励项目与选择最佳激励组合

对不同的销售人员,同样的激励项目具有不同的吸引力。对同一个销售人员,在不同时间,同样的激励项目也具有不同的吸引力。

对激励项目的吸引力是由销售人员的个性、人口统计特征和生活方式的差异决定的,不存在对所有销售人员都有共同效果的激励项目。同样,在某一时间起作用的激励项目,由于个人环境和需求的变化也可能失去应有的吸引力,因此确定各种激励项目对不同类型销售人员的效力就显得十分重要。一般来说在设计激励计划和评价激励项目与选择最佳激励组合时,最有效的办法就是对销售人员进行简单的调查,请每位销售人员对各种激励项目的吸引力进行排序打分。在这方面销售经理应该十分注意不能用自己的看法代替销售人员的看法,否则单凭销售经理的想法设计的激励计划往往是不切实际或起不到应有的效果的。

表 3-5　销售人员激励

项目	内容	备注
收入	1. 工资收入	
	2. 奖金	
	3. 其他收入	
晋升	1. 职位提升	
	2. 工作环境提升（如调入较好地区工作）	
奖励	1. 参加竞赛	
	2. 旅行休假	
	3. 非物质方面的奖励	
	4. 工作安全	
	5. 个人抱负实现	
	6. 提供个人成长与发展机会	

—— 即问即答 3-14 ——

为什么不同的销售人员或同一个销售人员在不同时间需要不同的激励方式？

—— 补充阅读材料 ——

几种被忽视的员工隐性激励

雇员激励的目的就在于如何使雇员这种积极进取的人性发挥作用而遏制人性中同时伴随着的惰性。因此雇员激励也不仅仅在于一些激励制度的建立，而要让员工激励渗透到企业日常生活各个方面。根据激励实施的直接性与间接性的区别，对雇员的激励可以分为两种：显性激励和隐性激励。显性激励通常以正负强化的方式直接表现出来。如正强化有各种形式的表扬、奖金、晋升、旅游和培训机会等，它经常通过制度加以保障。但是显性激励仍然体现了雇主与雇员之间的主从关系、评判和被评判的关系，仍然有些类似于驯兽师与动物的交易。其实现的前提是雇员对雇主行为的预期。

而隐性的激励最大的特点在于这些措施表面上似乎与激励关

系不大，雇员是在不设防的心理下无意识地受到激励的，实际上是雇主较隐蔽间接地使用了激励手段。这种激励关键在于刺激雇员的自尊心、上进心或对工作本身的热爱，自发地为了自我价值的实现而努力工作。此时雇主和雇员之间的从属关系不再是雇员工作的动力源泉，它的真正动力来自于雇员对自身的要求和挑战。然而这种隐性的激励方式往往被事务繁忙的领导者所忽略，一部分原因是这些做法从来不包含在公司的规章制度中，不是经理人员的"义务"，而往往取决于他们的管理经验与领导魅力。但是无可否认，这些隐性激励工具的运用已成为某些企业获得超额利润的源泉之一，并由于它的难以模仿性而构成了一些著名企业的核心竞争力。以下一些做法就是常常被经理人员忽略的对员工进行隐性激励的手段。

一、鼓励内部竞争

鼓励内部竞争是一个能对员工产生压力进而可能造成激励的办法。基于人性的假设，追求成功和满足是人的一种本能，但是人通常不是用绝对的标准来衡量自己的成绩，而是竭力设法用同他人进行比较的方法。这就是利昂·弗斯廷格提出的"社会比较论"。通用公司是率先提出内部竞争的企业。GE公司董事长韦尔奇说：我鼓励他们在工作上相互竞争，但不要有个人恩怨。我们的做法是将奖赏分为两个部分，一半奖励他在自己的业务部门的表现，另一半奖励他对整个公司发展的贡献。如果自己部门业绩很好，但对公司发展不利，则资金为零。皮之不存，毛将焉附？

华为同样奉行"效率优先、兼顾公平"的人力资源原则。在公司内部，华为鼓励每位员工在真诚合作与责任承诺基础上展开竞争。来自同级的压力——而非来自上级的命令——成为了公司员工的主要动力。生产线重复以至于制造程序不统一所造成的费用是可以精确计算出来的，但是由于热情的优秀生产者不断试制新产品而形成的企业技术优势，增加的利润收入，却是很难估计的。

二、组建临时团队

临时团队是企业的活力源泉，虽然他们不必列到公司正式的组织机构框架图上来。临时团队之所以可以产生较高的工作效率，其组织形式对组织成员造成的激励是功不可没的。临时小组有以下的特点：人少(有人称最佳规模为 7 人)，志愿组成，目标导向，通常完成任务之后自行解散。可见临时团队是易于行使目标激励、自我管理的典型组织。目标本身就是对人的一大激励，根据期望机率理论，一个人从事某项活动的动力或激励力的大小，取决于该项活动所产生的成果的吸引力和该项成果实现的机率的大小。也就是说适当的、具有一定挑战性又有可能达成的目标才能很好地激发临时团队成员的创新激情。

同时临时团队实行自我管理，即团队成员从本来的被控制变成具有一定的决策权。人的控制权、决策权和人的责任感是成正比的。当一个人充满责任感的时候，他将会全身心地投入进去。在一项试验中，让试验对象解答一些复杂的问题并进行一些校对之类的烦琐工作，同时在试验场内不时安排干扰声响起。试验者被分为两组，只对其中一组的人提供可以关掉噪音的按钮。结果有开关的一组比另一组解答的问题多四倍，校对的错误也很少。尽管没有人使用开关，但是这个开关是控制的象征，事实上是"我们想用就能用"的思想改善了员工的工作表现。

三、有关制度的改革

为员工的自我价值实现创造环境也是一种激励手段。以下两种制度上的安排也属于有效的隐性激励。

(一)精简新产品审批制度

当一个公司相当大的时候，一个复杂的体制是有必要的，但是很多公司往往做过了头，以至于复杂性引起了冷漠与惰性，公司因此对很多事变得无动于衷、麻木不仁了。如一家中等规模尖端技术企业，在新产品投产时要涉及到 223 种正式联系。虽然这 223 条联系线中的任何一条就其本身来讲都是十分合理的，但是可以想像这家公司的任何新产品将很难抢先投入市场。

避免过于烦琐的新产品审批程序，侧重行动和试验，一方面增加了成功的机会，另一方面也将大大激励科技人员的创新热情。因为根据期望机率理论，只有当一个人预计自己有相当的可能性完成某件事的时候，才会对他的行动产生相应的激励。如果技术人员预计自己拿出的研究方案无法通过公司严格的审批制度，他自然会降低研究的热情。而事实上很多的划时代产品只是出于一个看似荒谬的点子。

（二）鼓励"非法行动"

有时,员工在工作中的新想法、新创意是突如其来的,并不在公司的计划之内。但是这一部分计划外的想法却同很多计划内的想法同样具有价值,需要被企业重视并予以资金支持。但是确实不是每一个想法都有必要通过公司正规的测试程序,拿到企业会议上加以讨论。有些耗资不多的新构思,技术人员可以经过自己私下的简单试验进行测试。彼得斯曾经说过:在我们放弃一个主意之前,或者在任何理性的估计使我们信服一个主意行不通之前,我们都要向自己提另一个问题:有没有别的办法让我们对这一主意进行廉价试验?员工的私下测试正是一种成本较低的途径。

在通用电器公司,试验的另一种叫法是"非法活动"。挤出一点钱,挪用一点人力,在企业的主要活动之外进行点工作,是通用由来已久的受人尊重的传统。通用电器公司的巨大成功,例如在工业用塑料和飞机发动机早先得到的成功,就是"非法活动"的直接结果。有些著名公司甚至在管理制度上故意设计得有一点"漏洞",以便让一些人有点挪用钱的途径,在预算之外做点事,执行计划以外的计划。在彼得斯的著作《追求卓越》一书中称:在长达二十五年中,IBM重要产品的生产没有任何一项是该公司的正式系统搞出来的。

这种情况经常发生在企业的基层。基层员工常常是最了解产品、生产线和机器设备的一线工人,他们由于成年累月的操作,对生产过程有独到的了解。这些一线工人或许并不懂得高深的科学理论,但是他们却有可能知道怎样改进生产来提高效率,而一般的显性激励常常忽略这些一线工人。

四、协调自己人解决和请外援的关系

企业常常面临是不是需要请外援来完成某项工作的选择。但是企业一般很少将之与员工激励相联系,很少考虑到其做法对企业内员工情绪的影响。当本企业需要某方面的专业人才,而企业自身要么不存在这种人才,要么相关的人才再学习成本过高,明显不划算时,引进外援,可以尽快缩短与其他公司的差距,保证公司及时达到市场目标。但是有些企业的老总并不熟悉具体技术,本企业人员有能力以不高的成本完成的项目,老总们却盲目地相信外来的人员和技术。尤其在研发领域,很多企业不惜花费巨资引进国外技术,而不关心本企业员工是否有相应的能力,这种做法明显伤害了企业内技术人员的创新积极性。而且这种积极性的伤害的影响往往是长期的,因为这一部分有能力的技术人员会觉得不公平,甚至没有受到尊重。正如亚当斯的公平理论所提出的,当员工感到自己受到了不公平待遇时,就会怨愤不平、影响工作。因此企业应该权衡利弊,充分认识本企业员工的能力,不要轻易伤害到员工的自尊心。

以上做法只是隐性激励的一小部分,和别的隐性激励一样在很多情况下被经理人员所忽略。因为他们往往只注重一些显性的激励,显性激励总是一些正规行为,可以按部就班,对经理人员的灵活应变性没有太高的要求。但是隐性激励之所以有必要成为显性激励的补充,在于隐性激励触动了雇员自我实现的需要,或为一个人追求自我价值提供了宽松的环境。当一个人意识到他受到尊重,是在为自己工作时,他的工作动力将远远大于他自认为仅仅是一个打工仔的时候。此外这种激励也不全赖于经理人员的天赋领导力。事实上如果一位经理人员如果真的能把雇员当作企业的内部客户来看待,从员工的角度出发,相信和热爱自己的员工,那么在日常生活的很多细节上运用一些隐性的激励手段将是不自觉和信手拈来的。

1. 财务激励项目

在企业销售管理中除销售费用报销外,财务激励项目主要有以下几种形式:

(1)薪金。这是企业支付给销售人员的固定报酬,也就是所谓的底薪。薪金的高低一般以销售人员的经验、能力、工作时间以及上司对他的评价来决定。薪金的作用主要表现在培养新顾客、提供售后服务、加强信息反馈等短期内不能给企业带来业绩的活动,虽然薪金是企业财务激励的重要项目,但对绝大多数销售人员来说激励效力不大,薪金在销售人员总收入中所占的比例很小。

(2)佣金。佣金是对销售人员实现销售量或销售额而支付的一种报酬。由于佣金与销售量直接挂钩,因此它有利于直接激发销售人员的积极性,鼓励他们以更大的努力创造更好的业绩。

(3)奖金。许多公司在支付薪金的同时,还向销售人员提供额外的刺激性支付。刺激性支付除了佣金形式外,还包括奖金形式。奖金是向完成或超额完成业绩人员所支付的报酬。这种激励对引导销售人员在特定时期实现特定的战略目标具有重要作用。

(4)福利。公司提供的福利,主要用来满足销售人员安全方面的需求。一般包括医疗保险、劳动保险、退休养老保险、生命保险等。很多企业在向销售人员提供福利时会十分注意其福利标准,以便与其他企业相当,以免在招纳人才方面陷于不利的地位。

—— **即问即答 3-16** ——

财务激励主要有哪些?

(5)销售竞赛。销售竞赛是为了鼓励销售人员超常发挥,以达到短期的特定目标而开展的比赛。竞赛中的优胜者可以得到额外的奖金、奖品或免费旅行等。

2.财务激励制度比较分析

薪金、佣金、奖金是组成企业对销售人员财务激励的基本项目。薪金是以工作时间作为计酬基础的,佣金则是根据销售人员业务量的大小给予的,奖金则是给予那些完成或超额完成目标任务的销售人员的一种报酬。与佣金不同,奖金是在销售人员达到或超过目标后才进行支付,奖金数量是由他所超过的最低业绩水平的程度决定的。奖金可以用来激励销售人员去做那些对公司有利但又不能以佣金形式支付的工作,如推销新产品、增加新客户、提交销售报告、反馈顾客信息、提供有价值的销售建议等。一般来说,企业奖金是由管理人员决定,因此它导致出现诸如由于管理者的主观因素而分配不公。

企业由于产品或其他方面的原因,不同企业往往采用不同的财务激励制度:纯薪金制、纯佣金制和底薪加刺激性支付的混合制。

(1)纯薪金制。纯薪金制是以工作时间作为计酬基础的,与工作业绩没有直接联系。当工作业绩难以测量时,纯薪金制确实是一种比较理想的激励制度。

纯薪金制提供的是一种稳定的、有保障的收入,因此它能够给员工带来工作安全感,并有助于培养员工对公司的忠诚和归属感。

实行纯薪金制,在一些类似于传教式销售的行业是适用的,如药品推广、大型设备销售等。但纯薪金制对需要销售人员个人发挥主观能动性才能提高销售业绩的产品来说基本没有作用,因此在企业中使用得也不多。

(2)纯佣金制。纯佣金制是以销售人员实现的销售额(销售数量或销售利润),按一定的比例支付报酬的一种激励制度。

从管理的角度看,纯佣金制也易于计算和管理,它体现了公平分配的原则(如果实行区域销售管理的企业还得考虑销售区域分配是否合理),销售人员在报酬与业绩直接挂钩的驱使下,会最大限度地发挥主观能动性。

但是纯佣金制导致企业对销售人员的控制力度较弱,销售人员注意的是那些能够在短期内产生效益的销售活动,重视现有客户而忽视发展新客户,重视短期利益而不考虑企业长期发展,如忽视售后服务、不愿进行市场研究等。

(3)混合制。混合制是底薪加佣金(奖金)的薪酬制度。混合制避免了纯薪金制和纯佣金制的许多缺点。底薪可以保证销售人员有一部分稳定收入,并且促使他们承担一部分顾客服务和管理职责,佣金(奖金)又能激励销售人员努力提高业绩或盈利能力。目前很多企业运用的是这种薪酬制度。

这种薪酬制度在实行过程中,不同的企业效果差别很大,根本原因是其混合的比例不同,导致实施效果的差异。在实行混合制时应该注意以下几个问题:

第一是佣金和奖金等刺激性报酬在总报酬中所占的比重问题。如果固定薪金比重过高而激励部分太少,就不可能激发销售人员的积极性,混合制的激励效果就十分有限。比例的确定是由企业的目标决定的,如果企业短期内要增加销售量或利润,那么刺激性报酬的比例高一些效果才明显;如果企业考虑长期目标,要提高对客户的服务水平,那么固定薪金的比例就要高一些。在实践中由于产品和服务的差异,在不同的行业不同的产品比例是不同的,一般来说服务性行业刺激性报酬的比例要高于制造业。

第二是刺激性报酬的最高限制。很多企业在一定时间往往要考虑其生产能力和设备的合理利用,防止销售量过度增长和大起大落,就人为地设置刺激性报酬的最高限额。很多企业设置最高限额主要考虑的倒不是由于销售人员之间收入差距过大导致部分销售人员积极性受损,主要考虑的是现有资源的合理运用。

—— 即问即答 3-17 ——

为什么要限制刺激性报酬?

第三是销售指标的确认。刺激性报酬是建立在销售量或与销售有关的业绩上的,因此企业与销售人员都必须明确其所包含的指标,否则会引起管理上的混乱。一些企业是以订单作为销售指标,而不考虑是否退货和折让;一些企业则将货物被装运或者顾客已付款作为销售指标;另有些企业则是接受订单算一半销售量,客户付款后再算另一半销售量;有的企业则纯粹以客户付款的量作为销售量。

第四是支付刺激性报酬的时间。时间的长短有的时候会影响到效果,发放激励性报酬间隔时间较短可以增加报酬的激励效果,但同时也会增加计算工作量和管理费用。很多企业是按季发放的。

── **即问即答 3-18** ──

比较各种财务激励制度的优缺点。

── **补充阅读材料** ──

试试互动工资制

目前,我国大多数企业对销售人员实施的工资政策很不合理,致使销售人员的工作积极性没有被充分地调动起来,更没有实现利用工资这一有利的手段,激发销售人员认真研究市场、积极采取切实有效的市场策略做好销售工作的目的,从而影响了企业的经济效益。

销售人员的报酬主要取决于其销售工作的业绩,即销售额的大小。企业为销售人员制定销售额,目前一般采取以下方法:1.使用历史销售记录。一些企业简单地在过去销售额的基础上为销售人员建立销售额。具体做法是在过去销售额(上年或过去数年平均数)的基础上,结合企业对市场的认识和销售的预测及企业在新的年度目标加上一个百分数。2.使用目标市场销售潜力。目标市场销售潜力来自于企业的销售预测。企业可以使用若干种方法(包括定性方法和定量方法),对各个目标市场的销售潜力进行预测。其中,服务于某一目标市场的销售人员应该参与对该目标市场销售额的制定,因为销售人员对自己所服务的目标市场情况最了解、最有发言权,通过他们参与制定的销售额最有可能接近实际,也有利于销售额的实现,因为人们都更愿意为自己制定的目标而奋斗。然而,这样做的最大可能弊端在于销售人员因考虑自身的利益而过高或过低报告自己目标市场的销售潜力。这两种情况对于企业的利益都难免造成损失。根据太高的销售潜力报告制定的销售额,有可能导致销售人员采用寅吃卯粮、竭泽而渔的方式进行销售,甚至为了达到销售额而不惜损害企业和消费者的利益;当销售额不能实现的时候,还有可能挫伤销售人员的积极性。根据太低的销售潜力报

销

售

管

理

告而制定的销售额不利于企业实现销售和利润目标,不利于企业积极地开拓市场并实现应有的市场份额,使企业处于不利的市场地位,造成企业的效益低下。销售人员也可能因为过于轻松而形成惰性,还有可能去做一些对企业不利的事情。

如何调动销售人员的积极性,使企业在为其制定销售额的时候自动纠正其存在的偏见,发挥他们对目标销售市场熟悉、了解的特长,并激发他们认真地研究市场,采取切实有效的营销策略,积极开拓市场,扩大市场销售额,从而提高企业的竞争力呢?

笔者在为某知名企业做咨询顾问时,为其建立了一个考虑各目标市场需求量的潜力差异和企业对该目标市场销售额确定的系统。该系统旨在奖励销售人员对目标市场潜力进行准确预测,因为他的预测同时也与企业制定的销售额融为一体。

当销售人员比企业销售主管拥有更多的关于他们自己潜在顾客信息的时候,以及当销售人员对目标市场的销售预测不准和超额实现销售额联系起来的时候,这一系统就显得更有价值。具体为:

A/0×100	F/0(预测除以目标)									
0	/	/	/	/	/	/	/	/	/	/
50	30	60	30	/	/	/	/	/	/	/
100	60	90	120	90	60	30	/	/	/	/
150	90	120	150	180	150	120	90	60	30	/
200	120	150	150	210	240	210	180	150	120	90	60
250	150	180	240	240	270	300	270	240	210	180	150
300	180	210	240	270	300	330	360	330	300	270	240
350	210	240	270	300	330	360	390	420	390	360	330
400	240	270	300	330	360	390	420	450	480	450	420
450	270	300	330	360	390	420	410	480	510	540	510
500	300	330	360	390	420	450	480	510	540	570	600

表中数量的计算:

如果 $F=A$,那么 $OFA=120×F0$

如果 $F<A$,那么 $OFA=(AF)/0$

如果 $F>A$,那么 $OFA=(3AF)/F0$

注:O 表示企业为某一目标市场确定的一定时间内的销售额;

F表示销售人员预测的自己所服务的目标市场的销售额；

A表示销售人员在目标市场实际完成的销售额。

在销售人员接受了企业为他们制定的销售额（O）以后，销售人员必须转向他的预测F，F除以O为界定落实销售人员报酬比例的数量。例如在表格中1.0这个数字表示一个与企业确定的销售额相等的预测，那么0.5就意味着销售人员的预测只是企业确定的销售额的一半，1.5表示销售人员的预测比企业确定的销售额多出了50%。字母A表示销售人员实际的销售额，那么A除以O再乘以100就是由销售人员实现的目标比例。100%意味着销售人员充分实现了企业所确定的销售量，而不是销售人员预测的比例。

现在，让我们看看这个系统是如何起作用的：如销售人员甲销售电视机。企业为他在某一目标市场的某一时间内确定的销售额是500台，让我们假定销售人员甲完全同意企业为他下达的销售额，并且他本人也作出了500台的预测（在表中，F/O等于1.0），如果销售人员甲销售了500台电视机，他就实现了他100%的销售额（目标），可以获得120%的奖励。换句话说，他为他的良好的预测能力得到了20%的奖赏，这充分体现了他对该市场的认真研究和他个人的价值及功绩。

如果销售人员甲销售了750台电视机，这是企业为他所确定的500台销售额的150%，他就会得到他的奖赏的150%。如销售得越多，就得到的越多。但现在销售人员甲认识到：如果他的预测是750台，而不是500台（表中是1.5），那么，他将得到180%的奖赏而不是150%，他会由于对市场的准确预测而得到一个较大的奖赏。

如果销售人员甲只是销售了250台电视机，这只是公司为其制定的销售量的一半，他将只能得到激励的30%。这时，销售人员甲又看到，如果他的预测只是250台电视机，而不是500台电视机，情况就会好些，因为他的收入就会达到60%。由此，我们可以看到，销售人员最好的收入存在于表中从左到右的对角线上。

对于已知的结果A，销售人员的预测越是精确，其收入水平就会越高。如果他对市场的预测是准确的，他将总是得到最多的收入。

在被引入到这个系统中以后，销售人员会回过头去认真研究他的目标市场，因为对目标市场销售额预测得准确与否，直接影响到他所得收入的高低。销售人员往往抱怨公司为他确定的销售额太高了，但在该系统中，他完全可以通过自己对目标市场的详尽研究，准确把握和采取良好的策略来提高收入。如果他对目标市场研究不够,作出一个较低的销售预测,这倒是安全,但这样会影响他的收入。另一方面,如果他的销售额太低,而他本人作出了高的销售预测,那也会使他陷入麻烦之中,影响他的收入。该系统使每个销售人员明白,他必须认真研究目标市场,必须充分挖掘市场潜力,准确地预测市场销售额,做出优良的市场策略设计。这也正是公司所期望的。

从引入该系统的企业的实际情况看,销售人员对他预测的数字变得仔细而认真。该系统告诉他,为了使他的收入增加,他的销售额应该等于或高于他对市场的预测。很快,企业老总会看到,因为新的互动方法,企业员工开始真正地理解市场,深挖市场的潜力并努力实现与他自己对目标市场的预测更加接近的销售目标。一般说,完全准确的预测将很难出现,但为了提高企业的销售额,系统的三个主要目标——销售量、为成绩的支付、为计划所做的良好的现场信息收集——将一定会实现。

《销售与市场》2000 年第四期,作者:徐会琦

3.4.4　确定适当的激励标准

激励的标准是否合理可从三个方面来衡量:企业目标、利润水平和销售人员对激励量的预期。

3.4.5　销售费用的报销制度

在一些企业除支付给销售人员一定的薪金、佣金(或奖金)外,还给销售人员一定的差旅费和社交费用补贴或报销权限,有时这笔费用总额相当大,在不能取消的前提下进行严格的控制是必须的。

1.合理费用的无限制报销制度

企业根据销售人员提供的引用票证或能证明费用合理用途的详细记录由领导审批,这在企业是一种最常见的销售费用报销制度,保证必要的开支,限制不必要的开支。但由于审批过程复杂,可能会增加企业的管理成本。

2.有限制的报销制度

企业通过制定费用限额标准(如规定旅馆住宿费的最高标准)或对销售人员进行一次性费用补偿包干使用,来限制费用报销的总量。有限制的报销制度可以控制企业总费用,但最高限额的确定比较困难,很多企业由业绩确

定,根据业绩来确定一定的费用额度比例。

3.无报销制度

无报销制度常与纯佣金制结合在一起。有的企业在事前预支部分款项给销售人员,以支持他们销售工作的顺利展开,在销售佣金中扣除。

3.4.6 销售竞赛

销售竞赛是企业为激励销售人员完成特定销售目标而设计的短期刺激方案。这不是长期的持续性的激励项目,但通过它可为销售人员提供赢得财务与非财务报酬的机会。竞赛优胜者通常能得到财务性报酬(如现金、商品或旅行),也可能是正式的表扬、成就感等非财务报酬。

组织成功的竞赛活动一般要具备五个条件:

1.明确的竞赛目标;

2.激动人心的主题;

3.赢得报酬的合理概率;

4.能吸引人的报酬;

5.公平合理的竞赛。

【本章小结】

了解销售人员的行为特点,是实施有效销售管理的前提。销售人员的动机会影响销售努力的程度,并进而影响他们的工作活动和业绩水平,因此如何提高和激发销售人员工作积极性一直以来是销售管理工作的重点。区域销售与生产企业的流水线作业工人不同,他们一般不会受到经常性的监督,很多人是单兵作战,自我管理要求很高。因此,对销售人员有效的管理建立在了解他们的行为特征、动机的基础上,制定切实有效的激励措施。

【案例分析】

三株公司的销售人员管理

三株公司的用人思想可以用三株公司的创始人吴炳新的一句话作为概括:"是个猴子,给棵枣树抱抱;是只老虎,给座山头守守;是条蛟龙,给条江河翻腾翻腾",应该说三株公司将这种用人思想贯彻得很彻底。

三株公司一开始就十分注重销售人员是否具有自我实现通气和大胆的精神,并在进行内部组织设计与制度建设时,把发挥人的潜能与激发人的创造性放在首要地位。进入三株公司的绝大多数人是缺乏营销经验的二十几岁年轻人,必须让他们迅速适应市场的需要。三株公司在迅速膨胀过程中,需要大量人才,出现了人才瓶颈现象,这种情况是由于现实条件决定的,因为刚具雏形的市场经济不可能给三株公司准备好所需的人才。三株公司解决人才瓶颈问题的办法是给新手以更高的职务,放手让他到市场上创造性地开展工作。在三株公司的经营实践过程中,新手潜能的爆发曾经形成此起彼伏的成功冲击波。当然新手的创新在个人成长的早期还是得到了一定的指导,但指导的作用不是主要的,最重要的作用是源于沉重的营销目标,以及公司内部的竞争,甚至在一定程度上可以说是"置于死地而后生"态势下对潜能的激发。

三株公司另一个增减人才和激发人才的手段是"内部造神运动",即在三株内部将树立起来的典型人物的事迹和业绩深深地刻划在每个人的脑海中,并成为衡量自身在三株公司价值的标杆。

三株公司最终对销售人员的业绩考核与奖惩升迁,都集中体现在"以市场论英雄"的用人思想上,这里的"市场"在实际中主要是指或者等同于销售规模,而且是近期的销售量。各级销售人员都以急切的心理完成按月递增的销售任务,否则就可能"下课"或被淘汰。而销售任务往往都是人为规定,而不是基于市场预测,这就使三株公司销售人员受短期利益驱动,形成了过强的市场投机心理。

1. 以市场论英雄在什么样的条件下是可以的?

2. 销售人员工作目标的确定对销售人员心理的影响有哪些?

3. 你对三株公司的用人思想和考核方法有何看法?

激励的作用

美国哈佛大学的戈森塔尔教授曾作过一个实验,他让加州某中学校长从学校随机抽出三名教师,同时随机抽出 100 名学生。然后,校长把三名教师叫到办公室,对他们说:"你们是学校最优秀的三名教师,现在,我们从学校选出了 100 名最聪明的学生,分为三个班,让你们去教。"一年后,这三个班果真成为学校最优秀的三个班。最后,校长告诉三位教师,他们只是随机抽出来的,那 100 名学生也是随机抽出来的。

1. 请你谈谈激励的作用

【思考练习】

一、单选题：

1. 下面哪个不属于销售经理所做的三项基本工作 （   ）
   - A. 制定销售计划
   - B. 管理市场
   - C. 执行销售计划以及评价
   - D. 控制销售业绩

2. 在谈判时客户会提出各种要求,而公司领导又不认可,这个时候销售
   人员在心理上就会产生 （   ）
   - A. 角色模糊
   - B. 角色精确性
   - C. 角色冲突
   - D. 角色模糊和角色冲突

3. 角色冲突影响的重点是 （   ）
   - A. 销售人员外部满意感
   - B. 销售人员内部满意度
   - C. 销售人员外部满意感和销售人员内部满意度
   - D. 都不对

4. 下面哪个不是销售人员日常工作 （   ）
   - A. 销售　　　B. 订货处理　　　C. 销售服务　　　D. 访问顾客

5. 宏观经济状况、竞争者的活动能力、顾客的集中程度等影响着 （   ）
   - A. 产品的稳定性
   - B. 产量限制
   - C. 竞争地位
   - D. 区域销售替力

6. 下面哪个不属于销售额的内容 （   ）
   - A. 产品组合销售量
   - B. 目标销售额
   - C. 产品在整个市场的占有率
   - D. 目标销售量

7. 下面哪个差异不会影响对激励项目的吸引力 （   ）
   - A. 销售人员的个性
   - B. 高层的主观意识
   - C. 人口统计特征
   - D. 生活方式的差异

8. 对销售人员实现销售量或销售额而支付的一种报酬是 （   ）
   - A. 薪金　　　B. 佣金　　　C. 奖金　　　D. 福利

9. 以工作时间作为计酬基础的财务激励制度是 （   ）
   - A. 纯薪金制
   - B. 纯佣金制
   - C. 底薪加刺激性支付的混合制
   - D. 纯薪金制和纯佣金制

10. 下面哪个不属于组织成功的竞赛活动一般要具备的条件 （   ）
    - A. 明确的竞赛目标
    - B. 激动人心的主题
    - C. 高层的参与
    - D. 能吸引人的报酬

二、多选题：

1. 角色精确性是由哪几种关系派生出来的 （   ）

    A. 工作活动　　　B. 业绩　　　　C. 报酬　　　　D. 人员关系

2. 销售人员日常工作包括 （   ）

    A. 订货处理　　　　　　　　B. 情报

    C. 客户服务　　　　　　　　D. 销售人员招聘培训

3. 组织变量包括 （   ）

    A. 控制幅度　　B. 沟通频率　　C. 惩罚制度　　D. 激励政策

4. 品种销售额包括 （   ）

    A. 市场渗透率　　　　　　　B. 产品组合销售量

    C. 盈利产品的销售　　　　　D. 推广新产品

5. 财务激励项目包括哪几种形式 （   ）

    A. 薪金　　　　B. 佣金　　　　C. 奖金　　　　D. 福利

三、简答题：

1. 影响销售人员动机的因素有哪些？

2. 制定销售人员的激励一般应采取哪些步骤？

3. 纯薪金制、纯佣金制和混合制三种制度的优缺点比较。

4. 销售人员角色分析。

5. 了解一家公司的薪酬制度，并评价其合理性。

【参考答案】

单选答案：BCADD　ABBAC

多选答案：(1)ABC　(2)ABCD　(3)ABD　(4)BCD　(5)ABCD

问答答案：

1. 销售人员个人特征、环境条件和组织政策和程序。

2. 明确企业市场营销的目标，评价企业客户管理政策，销售队伍目前的业绩，确定给予报酬的工作面，评价销售人员的个人特征和各种报酬效力，确定最吸引人和最激励人的报酬组合，确定佣金、奖金或竞赛（短期刺激性报酬），确定适当的财务和非财务报酬的比例，向销售队伍公开、解释计划。

3. 纯薪金制提供的是一种稳定的、有保障的收入，因此它能够给员工带来工作安全感，并有助于培养员工对公司的忠诚和归属感。但纯薪金制对需要销售人员个人发挥主观能动性才能提高销售业绩的产品来说作用基本没有，因此在企业中使用得也不多。从管理的角度看，纯佣金制也易于计算和管理，但是纯佣金制导致企业对销售人员的控制力度较弱，销售人员注意的是那些能够在短期内产生效益的销售活动,重视现有客户而忽视发展新客户,重视短期利益和不考虑企业长期发展,如忽视售后服务、不愿进行市场研究等。混合制避免了纯薪金制和纯佣金制的许多缺点。底薪可以保证销售人员有一部分稳定收入,并且促使他们承担一部分顾客服务和管理职责,佣金(奖金)又能激励销售人员努力提高业绩或盈利能力。在目前很多企业采用的是这种薪酬制度。

4. 销售人员角色的界定是一个连续的过程,首先,销售人员会受到正式的或非正式的作用的影响,如角色伙伴的期望、企业政策、经营规程、培训计划等属于正式方式作用,而社会压力、报酬、道德约束等属于非正式方式的作用;第二,销售人员会感受到的期望和压力,由此能产生角色模糊、角色冲突和角色精确性;最后是销售人员对角色感知付诸行动的过程。

5. 薪金,佣金,奖金,福利四者兼顾。

第4章
销售人员管理

- ■ 销售规模设计
- ■ 销售人员的选择
- ■ 销售人员评价
- ■ 销售人员的培训

—— 导入语 ——

—— 关 键 词 ——

4.1 销售人员规模设计

企业决定其销售队伍的组织结构后,接着就要决定销售人员的多寡,进行销售队伍的规模设计。销售人员是全公司最具生产性,但也是最昂贵的资产之一,增加其数额将使销售额与成本同时上升。因此,企业在招进销售人员为之服务时,必须像购进产品时一样小心谨慎。

4.1.1 决定企业销售人员数量的因素

决定企业销售人员的数量多少一般有两个因素。

1. 公司的业务量增长状况。公司业务量的增长自然要补充销售人员,而人员流动,如跳槽、退休、死亡等又要求随时补充替代销售人员。

2. 人员流动率。人员流动率在不同的公司间是不一样的,过高的人员流动率可能意味着企业在管理上存在问题,这时就要分析在招聘、培训、奖金、激励等员工管理中的哪道环节是导致人员流动率过高的原因。

—— **即问即答 4-1** ——

决定销售人员数量的因素有哪些?

当前,对大部分公司来说,人员流动一直是个很头疼的问题。下面是计算人员流动率的公式:

$$人员流动率 = \frac{一段时期中新雇佣推销员的人数}{这段时期内推销员的平均人数}$$

根据上面这个公式,如果公司在一年内新雇了 50 名推销员而这一年内平均的销售人员人数为 100 名,那么该公司的人员流动率为 50%。总的来说,公司通过提供良好的工作环境,并制定有效的监管制度及有吸引力的薪金制度、升迁制度,应会减少人员流动,从而使本公司销售人员的队伍具有稳定性和凝聚力。

4.1.2 工作负荷法

现在,许多公司均采用工作负荷法决定其销售人员编制的大小。采取此法的公司先将顾客分成不同等级规模的群体,然后再确定拜访这些顾客的理想次数及需要多少个销售人员。一般说来,大客户要更经常地被考虑,比如两个星期或一个月就去拜访一次,对小客户可以适当地延长两次拜访的时间间隔。这种方法在使用时需要注意到这么几个步骤:

1. 将该地区客户的数量,按其每年的营业量分为大小等级

2. 确定每个等级内各个客户每年所需拜访的次数

3. 将每个等级内之客户数乘以该等级每客户的拜访次数,加总后即得该地区的总工作负荷

4. 决定每个业务员每年平均可做几次拜访

5. 将该地区之总工作负荷除以每个业务员每年平均拜访的次数即得销售人员应有之人数。

例如:假设某公司在全国估计有 1000 个 A 级客户,2000 个 B 级客户,而 A 级客户每年需要 36 次业务性拜访,B 级客户每年需做 12 次拜访。又假设平均每个销售人员每年可以完成 1000 次推销访问,那么该公司需要销售人员数量可通过如下计算:

该公司工作总负荷为:(1000×36) + (2000×12)＝6000(次/年)

该公司所需要销售人员:60000/1000＝60(人)

── **补充阅读材料** ──

你需要多少销售人员

销售人员是企业生产效率最高也是成本最昂贵的资产之一。销售队伍规模的大小是设计销售组织结构的基本条件。然而,确定销售人员的数量却是一个两难的问题:扩大销售队伍的规模一方面可以创造更多的销售额,另一方面又会增加销售成本。在这两方面寻求平衡显得困难而且重要,因为它决定了销售利润水平。

现实中比较实用的办法一般有以下几种:

一、统计分析法

这是最简单的办法。用数学公式表示为:$n＝s/p$

式中:n──下年度所需销售队伍的规模

s──下年度计划销售额

p──销售人员年人均生产率

比如说某企业预计可实现100万元销售额,销售人员人均生产率为10万元/年,依公式可知,下年度大约需要10名销售人员。

该方法虽简单却有几个问题。首先,它不符合逻辑顺序。该方法假定销售队伍规模是已知销售额的结果,实际上是颠倒了因果关系。销售额依赖于企业营销努力的程度,销售队伍规模是营销努力的重要因素,甚至是最重要的因素。所以,销售队伍的规模应先于销售额的水平确定。第二个问题是,统计分析法假定销售人员的人均销售额水平,既没有考虑销售人员的能力差异和各销售区域市场潜力的差异,也没有考虑各销售区域竞争程度的差异。另外,该方法的关键性错误是没有考虑利润目标,销售队伍的规模是根据销售额而不是目标利润来计算的。

二、工作量法

工作量法的基本假设是所有的销售人员承担同样的工作量,这比统计分析法假设人均销售额水平要合理一些。工作量法具体分六步来做:

1.编制企业所有客户的分类目录

通常以每个客户的购买额作为分类标准,用 ABC 分类法对客户分类排序。

ABC 分类法是企业管理中常用的办法。企业根据自己的实际情况选择判断标准,将大客户归入 A 类,中等客户归入 B 类,小客户归入 C 类。比如,S 企业有 1030 家客户,按上述 ABC 原则分成三类:

A 类大客户和极有潜力的客户 200 家

B 类中等规模及中等潜力客户 350 家

C 类小客户 480 家

2.确定为每类客户服务的频率及每次服务时间

可以选择两种办法。第一种办法,由管理人员和有经验的销售人员的主观判断来确定。另一种办法是用统计分析的方法对历史数据进行分析来确定。

仍沿用上述例子。S 公司估计对 A 类客户每两周访问一次,每次 60 分钟;B 类客户每一个月访问一次,每次 30 分钟;C 类客户每两个月访问一次,每次 20 分钟。那么每类客户每年所需要的访问时间为:

A 类　26 次×60 分/次=1560 分　　(26 小时)

B 类　12 次×30 分/次=360 分　　(6 小时)

C 类　6 次×20 分/次=120 分　　(2 小时)

3.计算出年工作总量

根据 1、2 步的数据,可以很方便地计算出 S 公司全年的销售活动总工作量:

A 类 200 家×26 小时/家=5200 小时

B 类 350 家×6 小时/家=2100 小时

C 类 480 家×2 小时/家=960 小时 总计 8260 小时

4.确定销售人员年工作时间

假定 S 公司销售人员每周工作 40 小时,每年工作 48 周(扣除休假、生病及临时缺勤),这样每个销售人员年工作时间为:

40 小时/周×48 周=1920 小时

5.确定不同工作占销售人员总工作时间的比例

S 公司的安排是:

推销活动　40%×1920=768 小时

非推销活动　30％×1920＝576小时

旅行　30％×1920＝576小时

总计　100％　1920小时

6. 计算出销售队伍的规模

根据已知数据，可知S公司所需销售人员总数为：

8260小时÷768小时/人＝10.75人≈11人

即S公司有11名推销员就可以完成为现有客户服务的工作量。

工作量法有几个吸引人的特点：它简单易懂，并且考虑了对不同类型客户区别对待的问题，所需数据也比较容易获得。该方法虽然没有照顾到所有细节，仍不失为一种可行性好、比较精确的规划方法。

三、增量分析法

从理论上讲，增量分析法比其他方法更精确。增量分析法的基本前提是：只要增加的销售人员所创造的利润（即边际销售利润）大于增加的销售成本（即边际销售成本），那么就应该继续扩大销售队伍的规模，直至二者相等。

具体操作分三步：

1. 确定每一个销售区域的市场潜量

这一数据可从营销调研部门获得。假设H企业有10个销售区域，整个行业市场容量为4千万元，数据资料如表1。

2. 确定每1％市场份额中本企业销售额

计算方法见表1第④栏。只有企业一贯采用分销售区域统计数据的方法时，增量分析法才有可靠性。

表1中假设市场潜量相等的销售区域中H企业的实际销售额相等，这种简化是为了说明问题方便，若实际中数据不等可以取平均值。

表1

销售区域	市场潜量 ①	占总容量的百分比 ②＝①÷40,000	实际销售额 ③	每1％市场份额中 H企业的销售额 ④＝③÷②÷100
1	400	1％	80	80
2	1000	2.50％	175	70

续表

销售区域	市场潜量 ①	占总容量的百分比 ②＝①÷40,000	实际销售额 ③	每1%市场份额中 H企业的销售额 ④＝③÷②÷100
3	200	0.50%	50	100
4	400	1%	80	80
5	2000	5%	300	60
6	2000	5%	300	60
7	1000	2.50%	175	70
8	4000	10%	560	56
9	400	1%	80	80
10	1000	2.50%	175	70
⋮ n				
总计	40,000		3200	

3.估计不同数量的等潜量销售区域可能实现的总销售额

等潜量销售区域也是一个假设的概念。在这种等潜量销售区域中,各个销售区域假定是同质的,具有相等的市场潜量。如果将整个市场划分为100个销售区域,则每个区域占市场总量的1%,其余依此类推。前面我们已经假设了在市场潜量相等的销售区域里,企业实现的销售收入相等,不等则取平均数。在表1中,已经知道了不同规模市场中H企业的实际销售额,那么就可以计算出每种不同等潜量区域方案的总销售额了。

表2

销售区域数目 ①	相对市场潜量 ②＝1÷①×100%	第1%市场份额中 本企业销售额 ③	总销售额 ④＝①×②×③100
200	0.50%	100	10000
100	0	80	8000
40	2.50%	70	7000
20	5.00%	60	6000
10	10.00%	56	5600

可见,表中的每1‰市场份额中本企业销售额只是一个过渡指标,采用这一指标的目的在于说明销售人员在比较小的销售区域可以获得比较高的市场份额,便于公正地评价不同销售区域的业绩。

从表2可以看出,H 企业雇佣 200 名销售人员(一名销售人员负责一个销售区域),可以实现 1 千万元销售收入,市场占有率为 25%(1千万÷4 千万=25%);若雇佣 100 名销售人员,可实现 8 百万元销售收入,市场占有率为 20%,依此类推。销售队伍规模越小,销售额与市场占有率也随之降低。因为产品的生产成本已知,只要知道不同规模销售队伍的支持费用,就能够计算出五种方案的利润水平,从中选择一个保持利润最大的销售队伍规模。当然,企业也可以把市场占有率或其他目标作为首要目标,但不论企业的目标是什么,都要考虑所采用的营销策略对销售利润的影响。

增量分析法将销售队伍规模与销售利润结合起来考虑,方法比较精确,更接近理想的销售队伍规模水平,但运用起来也更加困难。同时,该方法也说明,企业提高营销努力的做法是有限度的,各种刺激销售的措施都应保持在合理的范围之内,否则,物极必反,过度扩张销售队伍规模是得不偿失的。

资料来源:《销售与市场》,作者:张远凤

4.2 销售人员的选择

企业销售业绩的好坏取决于是否拥有相应的销售人员,以及这些销售人员是否具备踏实、认真、勤劳的态度和过硬的工作能力。每个人都有缺点和优点,作为销售人员管理来说,尽可能发挥每一个销售人员的长处,充分发挥每一个销售人员的作用是极其重要的。

把合适的人放在合适的岗位上是销售人员管理的一项重要课题。调查发现,60%以上的销售额是由 30%的最佳销售人员所创造的。因此,谨慎选择销售人员可大幅度增加整体的销售业绩。

除了销售业绩之外,不做好选择工作也会导致高流动率。研究指出,所有行业平均每年的销售人员流动率几乎达 27%。高流动率的成本相当大,因为一个销售人员离职,企业须花更多的钱去选择和训练代替者。

不同性质的销售工作,对销售人员有不同的要求。所以,选择销售人员的标准,必须依据需要补充销售人员的职位所承担的工作性质和范围加以确定。在决定销售人员选择标准之前,必须先进行工作分析和编制工作说明书。

—— **即问即答 4-2** ——

销售人员的选择与销售经理的选择有何不同?

4.2.1 工作分析

在选择销售人员之前,必须对该职位上的销售人员应承担的活动和责任进行工作任务和工作范围的分析,并明确该职位应具备的工作知识和工作能力,这是选择合适销售人员的第一步。

很多企业一般都制订了各种销售职位的工作说明书,以此寻找合适的人员就行了。但是由于环境(顾客需求、公司的客户管理政策、市场竞争以及其他环境因素)的变化,销售工作需要承担的职责和任务也会变化;而且随着企业发展可能会新增销售职位,这些职位的职责在选择销售人员之前也需要确定下来。因此,重新评估原有的工作说明书或制定一份新的工作说明书是必需的。工作说明书是销售经理确定职位工作资格的依据。

—— **即问即答 4-3** ——

为什么说明确岗位职责是选择合适人员的第一步?

4.2.2 工作说明书的内容

销售职位工作说明书的内容一般包括以下几个方面:

1. 销售的产品和服务的性质。

2. 销售对象的类型。

3. 访问客户的频率。

4. 访问的对象。

5. 相关的职责,如信息收集和研究、特殊销售任务、顾客服务活动、管理工作、市场报告写作、权力责任等等。

6. 与企业其他人员间的关系,包括上司、下级、同事以及其他部门。

7. 知识结构要求,产品知识、相关技术知识。

8. 能力和技能要求。

9. 身体状况要求,销售工作强度、年龄性别要求、出差时间。

10. 性格要求。

11. 环境压力和限制,包括市场趋势、竞争态势、公司声誉、资源供应等各种影响销售业绩的环境因素。

4.2.3 确定选择标准

确定选择标准是整个销售人员选择过程中最困难的部分。选择销售人员是选择有用的人,而不是寻找最完美的销售人员,因此制定标准切不可理想化,不求最优,只求最合适。同时要防止不顾及职位要求,而按普遍适用的销售人员标准来选人。企业在招募营销人员时,应根据工作说明书及工作规范来操作。工作规范一般是根据工作性质及以往的工作经验要求来制定的。营销人员能否完成任务与其个人特性、教育程度以及态度能力有关,而且不同性质的推销工作对销售人员的要求也不一样。

很多人认为优秀的销售人员必须是性格外向、积极、精力充沛的人,可事实证明许多成功的销售人员却是内向和不善言辞的。美国的乔·坎多乐性格非常内向,见人都不敢高声说话,可他一年销售业绩达10亿美元以上;日本的齐藤竹之助57岁才开始做销售,但7年后却创出了世界第一的销售业绩。当然并不是所有的人都适合做销售工作,销售工作确实有其特殊性,在制定选择标准时除考虑职位的特殊要求外,还必须注意销售人员的基本素质:

1. 移情能力

移情能力是指站在别人的立场上,从别人的角度考虑问题的能力,也就是我们平时所说的"换位思考"。一个人的移情能力强,才会从对方的需要出发,替别人着想,并充分理解和满足对方的需要。这种能力在销售工作中是必需的。

—— 即问即答 4-4 ——

销售人员为什么要站在别人的角度考虑问题?

2. 自我激励能力

美国首屈一指的动机学专家齐格拉,曾把激励比做一辆汽车上引擎的启动器,没有启动器,引擎就将永远不会发出功率。自我激励能力,就是指销售人员必须有一种内在的驱使力,使他个人要而且需要去做"成功"一件销售;而并不仅仅是为了钱,或为了得到上级的赏识。当然,从心理学的角度来讲,一般人工作是为了赚更多的报酬和晋升的机会,事实上现实中也正是这样,但是如果缺乏内在的驱使力,当他的工作达到某一个水准时,那么他的销售业绩也就基本停滞不前了,只能维持这个水准,甚至开始逐渐下滑,很快就流于平凡的销售人员。这样的例子不胜枚举,他们最大的缺点就是缺少冲动和干劲,原因也就在于缺乏自我激励能力。

调查结果显示:销售人员所面临的最大困惑是被客户拒绝或受到冷遇所带来的挫折感。美国推销员协会也曾经对推销员的拜访做过一次长期的调查研究,结果发现:

84％的销售人员,在第一次拜访遭遇挫折之后,就退缩了;

25％的销售人员,在第二次拜访遭受挫折之后,也退却了;

20％的销售人员,在第三次拜访遭到挫折之后,也放弃了;

5％的销售人员,在第四次拜访碰到挫折之后,也打退堂鼓了;

只剩10％的销售人员锲而不舍,毫不气馁,继续拜访下去。结果80％销售成功的个案,都是这10％的推销员继续拜访五次以上所达成的。

通常,在销售过程中,销售人员经常遇到各种不顺利的情况,这对销售人员是一个挑战,而具有良好自我激励能力的销售人员,常常能够发挥人类潜能,极力克服困难,以期达到销售的目的。虽然他工作的目的不完全是为了报酬,但他能积极主动地去开拓市场,希望能有好的成绩。

—— **即问即答 4-5** ——

为什么销售人员需要良好的自我激励能力?

销售人员工作上有很大的自由度,工作计划的设定、日程的安排,主要取决于销售人员个人,组织的控制比较困难。缺乏自我激励能力的人员,工作中常常缺乏进取精神,甚至产生懒惰的情绪;而具有强烈的自我激励能力的销售人员则会很好地进行自我管理,不断地去迎接挑战,不断地学习新的销售技巧和专业知识,以期能够有更大的突破。

—— **补充阅读材料** ——

优秀销售人员的条件

1. 具有在事业上和经济上争取向上的愿望,对推销工作充满热情和期望。

2. 身体健康,有活力,行动敏捷,吃苦耐劳。

3. 个性乐观,情绪稳定,有成熟独立的人格。

4. 诚实、正直、可信赖。

5. 心理素质好,能忍受不断的客户拒绝和工作挫折。

6. 整洁的外貌、谦和的态度和礼貌的言行,具有为人民服务的热忱和耐心。

7. 能自我管理,并且服从上级的指示;体谅他人,善于合作。

8. 生活、家族环境良好,无不轨行为动机。

9. 注重自我学习和提高,客观认识自我,谦虚学习他人长处。

10. 熟悉所销售商品(包括竞争者商品)的设计、生产过程及维护、维修知识。

表4-1 对营销人员特性要求

销售人员任务	个人特性要求
确定未来顾客需要	创造力,机智,想象力,博学,博识,博闻,善于、精于、巧于分析
说明产品如何、配合未来顾客需要	语言能力,文字能力,知识丰富,待人热情
获得未来顾客合约	说服力,机智,坚定
答复反对意见	信心,知识,体谅,机智
激烈竞争下的销售	持久,进取心,信心
清单、计划、例行报告	有条理,诚实,精细
培养客户感情	对人友善,和气,乐于助人,有礼有节

表4-2 对营销人员态度能力的要求

项目	具体要求
积极性	面临新事物,难以解决时能够积极地加以处理
协调性	不以自我为中心,能与人合作,有团队精神
慎重性	有计划地进行工作,深思熟虑,态度沉稳
责任感	对工作负责,对团体负责,热忱完成任务
自信心	不胆怯,能自信地对待工作
领导力	能领导别人,影响别人,有威信
共感性	能体谅他人心情,且在心意上和对方默契

续表

项目	具体要求
活跃性	有充沛的体力,对工作活泼热情
持久性	不半途而废,对工作有韧性
纪律性	遵守社会规范、职业道德和公司规章制度

4.3 销售人员评价

在人才市场招聘销售人员的企业特别多,一方面是由于企业销售业务扩展导致对销售人员需求增加,另一方面是企业销售人员的高流动性和高离职率,很多企业销售队伍稳定性差。造成销售队伍稳定性差的原因是多方面的,可能有报酬、个人发展等很多方面的原因,但是我们不能回避的是企业在选择销售人员时对选择工作不重视和把关不严是一个十分重要的因素。

一般来说,企业销售人员的选择会经过申请表、面试、心理测试、调查、体检等一系列的过程,经过逐步筛选和淘汰,选择相对合适的人员。在选择过程中应该注意不同的选择阶段对被选人员的评价重点是不同的,不同方式的侧重点和准确性也不同,在实践中,往往利用综合心理素质测试来有效地预测应聘者的未来工作表现,在这方面面试的评价准确性就差一些。

4.3.1 职位申请表

使用职位申请表的主要目的,是收集关于申请者身体状况和个人经历方面的信息。职位申请表是企业选择销售人员过程中最基本的评价工具。企业可以从职位申请表中获得可供比较的信息,职位申请表设计得好,可以使评价工作变得相对容易(表 4-3)。同时职位申请表可以帮助管理人员做好面试准备,如果某个应聘者在过去较短的时间内连续更换了多个工作单位,那么面试考虑的重点,就是弄清楚应聘者频繁变换工作的原因,也许可以发现一些未来的"跳槽者"。

表 4-3 一般职位申请表样式

1.感谢你应聘本公司,我们将致力于为你提供公平的就业机会。

2.您的申请将在1~2周内得到处理,期间我们可能会通过您留下的联系方式与您联系,请您留意。

3.如果你有可证明你个人业绩或专业素质的资料,请您附在申请表后一并转给我们。

姓名			性别		男女		贴相片处
出生日期	年 月 日		民族				
政治面貌			身份证号码				
毕业学校		专业			最高学历		

联系方式	家庭所在地			
	通信地址：		邮编：	
	白天电话：		夜间电话：	
	传　呼：		手机：	
	E-Mail：			

家庭情况	姓名	与本人关系	单位	职务

技能	外语语种与程度		常用办公软件	

教育经历 （从高中起）	学校名称	系别	专业	时间	学历

工作经历	时间	工作单位	部门及岗位	主要职责

学习成绩	请列举你最近主要的专业课程成绩	
	在班级的成绩总排名	

在校期间所获奖学金、荣誉称号	

简短问题	请叙述你在大学期间取得的最大成就，并简述成功的关键环节

如果你毕业前到一个陌生的城市求职，没有任何亲朋，时间只有 3 天，从下火车开始你将怎样度过这 3 天？	

能否接受在全国范围的工作调配		是否有亲属在本公司	
期望在何地工作		希望落户在何地	

工作第一年年收入要求			你认为有必要知道公司的其它事项		
您需要两个证明人以证明你的学术及工作业绩	证明人姓名	工作单位	职务	电话	
	证明人姓名	工作单位	职务	电话	
是否接受公司以考察你个人素质为目的的认知能力测试和个性测试(结果保密)	接受 不接受				

本人谨保证上述所填报材料真实无误。

本人同意在正式报到前接受公司安排的体检。

签名:

日期:

以上申请表所涉及项目均不代表本公司的承诺。

上表是一张典型的申请表,不同的职位有不同的要求,不同的要求会列出不同的填写项目,因此在一些项目上不同职位的申请表也会有较大的差别。许多公司在同一招聘过程中,可能同时会有不同的销售职位或非销售部门招聘人员。在这种情况下,有些公司会编制不同的职业申请表。

—— 即问即答 4-6 ——

你会怎么填写?

4.3.2 面 试

面试是销售人员选择中使用最广泛的一种评价工具,在与应聘人员的交谈中,根据其交谈内容的深浅可分为两个阶段:初始阶段面试和深入阶段的面试。

1.初始阶段面试

在这个阶段是双方接触的第一阶段,经过初始阶段的面试,如果应聘者不太合适,即可考虑予以淘汰,就不必进入深入阶段的面试,以节省时间和费用。在这个阶段主要是谈一些最基本的、最一般的问题,如企业概况、家庭背景、工作经验、教育背景、身体状况等。

向应聘者介绍本公司性质及未来工作的情况使应聘者对公司性质及工

作有更详细和准确的了解,澄清以前可能的误解,从而使应聘者做出更慎重、合理的求职选择。

依据申请表上的资料,询问更多的相关情况。对申请表上应聘者的所填内容,如果有不清楚和令人怀疑之处,均可在面试过程中加以讨论和验证,并且可以借此机会了解申请表中没有反映、而企业想了解的内容。如失业的原因、跳槽的原因、信用情况、经历、身体缺陷、体质、对出差的看法、生活稳定程度等等。

2.深入阶段的面试

深入阶段的面试,主要是就应聘者的动机等方面加以考察并听取应聘者的工作设想,以此可以判断应聘者的思维、态度、语言表达能力以及未来的发展潜力。同时面试是面对面的交流,交谈本身实际上就是一次推销技巧能力的考试,应聘者在面试中的表现,在一定程度上反映了他在未来的销售工作中可能具备的能力。

深入阶段的面试可以了解应聘者应聘的原因、喜欢的工作、期望的薪水、工作经验、成功失败的经历等等。

3.常用的面试方法

在面试时所采用面试方法很重要,面试方法的不同会影响面试评价的准确性和客观性。常用的方法有两类:结构型方法与非结构型方法。

结构型面试方法

在日常企业招聘中,经常面临的一个问题是好的考官难寻,考官的质量直接决定了企业选择的销售人员的质量,为了避免考官经验、知识结构上的不足,有的企业就采用结构型面试方法。

在结构型面试方法中应聘者被询问的是一组预先准备好的相同问题。这种标准化的提问,可以确保面试不遗漏所有重要的问题;而且相同的问题,能比较容易区别各个应聘者的优缺点。在实践中,很多企业往往采用标准化的面试评价表(表4-4)。面试考官根据应聘者对每个问题的回答和对应聘者的总体印象进行评分。

但由于所提问题比较机械,对应聘者可能潜在的独特的优秀品质或缺点不容易发现。这个时候需要考官增加提问,这种方法与随机提问结合起来效果相对比较理想。

表 4-4　结构型面试评价表

应聘人姓名						应聘职位					
日　期											
评价内容				评分							评语
学历	1	2	3	4	5	6	7	8	9	10	
智力水平	1	2	3	4	5	6	7	8	9	10	
一般知识	1	2	3	4	5	6	7	8	9	10	
专业知识	1	2	3	4	5	6	7	8	9	10	
市场及行业知识	1	2	3	4	5	6	7	8	9	10	
产品知识	1	2	3	4	5	6	7	8	9	10	
工作经验	1	2	3	4	5	6	7	8	9	10	
工作技能	1	2	3	4	5	6	7	8	9	10	
工作热情积极性	1	2	3	4	5	6	7	8	9	10	
已往成绩	1	2	3	4	5	6	7	8	9	10	
奖惩情况	1	2	3	4	5	6	7	8	9	10	
与以往工作关联程度	1	2	3	4	5	6	7	8	9	10	
沟通能力	1	2	3	4	5	6	7	8	9	10	
交际能力	1	2	3	4	5	6	7	8	9	10	
措辞	1	2	3	4	5	6	7	8	9	10	
语言表达能力	1	2	3	4	5	6	7	8	9	10	
语调	1	2	3	4	5	6	7	8	9	10	
态度	1	2	3	4	5	6	7	8	9	10	
判断能力	1	2	3	4	5	6	7	8	9	10	
思想成熟程度	1	2	3	4	5	6	7	8	9	10	
衣着	1	2	3	4	5	6	7	8	9	10	
外表	1	2	3	4	5	6	7	8	9	10	
举止	1	2	3	4	5	6	7	8	9	10	
对个人前途认识和计划	1	2	3	4	5	6	7	8	9	10	
培养潜力	1	2	3	4	5	6	7	8	9	10	

应聘人姓名							应聘职位				
日期											
评价内容	评分										评语
个人兴趣爱好	1	2	3	4	5	6	7	8	9	10	
体质	1	2	3	4	5	6	7	8	9	10	
家庭状况	1	2	3	4	5	6	7	8	9	10	
婚姻状况	1	2	3	4	5	6	7	8	9	10	
总得分											
总体评价											
聘用建议											
面试主管签名											

—— 补充阅读材料 ——

面试的基本模式

　　面试中的成绩评价是根据评价标准,运用评价量表,对面试过程中观察与言词答问收集到的信息,按应试者的各种素质特征、工作动机及工作经验等不同评价项目进行价值判断的过程。在这一过程中,面试考官必须作出三种一般类型的判断:一是对应试者在特定评价项目上的得分等级判断,这一般应用预先设计好的评价量表;二是总体素质评价和录用建议;三是录用决策。这三种类型的判断都有一定的难度,尤其是第一种类型的判断,它与面试实施同时进行,没有单独的评分时间和仔细斟酌的思考过程,因而在面试过程中,面试考官从总体上来说脑力消耗相当大。为了增加面试评价中的准确性,减轻考官在面试过程中的工作量,面试考官应当熟练掌握面试评价标准,准确运用面试评价量表。

一、面试评价标准

　　标准是衡量事物的尺度。测量物体的长度应当用尺子,测量物体的重量应当用秤,这时的"尺子"和"秤"就分别成为测量物体长度和重量的不同标准,所谓的面试评价标准也就是面试考官在面试过程中判别人员素质状况的尺度。各种不同素质类型的判别要使用不同的尺度,但综合所有的评价标准,可以发现:

评价标准＝评价项目＋评价指标＋水平刻度

评价项目:是指面试中要测试的要素项目;

评价指标:是指能够反映评价项目的行为表现;

水平刻度:是指评价指标或评价项目的数量水平的连续分布顺序及刻度。简言之,就是数量上的分档、分级、分等。

如"应变能力"的评价标准可设计如下:

评价项目行为表现(评价指标)等次得分应变能力对突出情况反应灵敏,处理办法正确强3;对突发情况反应较快,处理办法基本正确较强2;对突发情况反应一般,处理办法不当一般1对突发情况反应迟缓,束手无策弱0。又如:逻辑思维能力评价标准可设计如下:

评价项目	行为表现(评价指标)	等次	得分
应变能力	对突出情况反应灵敏,处理办法正确	强	3
	对突发情况反应较快,处理办法基本正确	较强	2
	对突发情况反应一般,处理办法不当	一般	1
	对突发情况反应迟缓,束手无策	弱	0

又如:逻辑思维能力评价标准可设计如下:

评价项目	评价指标	水平刻度		
逻辑	回答问题层次是否清楚	清楚	一般	混乱
思维	论述问题是否周密	周密	一般	不周密
能力	论点论据照应是否连贯	连贯	一般	不连贯

以上这样的设计使评价标准十分清楚,不同的面试考官在进行面试时容易把握,但如果把这样的评价标准列入面试成绩评价表中,则使评价表十分复杂。何况面试工作本身就是一项模糊的评价工作,不可能对人的素质特征分得那么精细,因而在面试过程中,评价标准常由考官自行掌握。这样虽然容易出现一定的偏差,但如果每个考官把握标准的前后宽严一致,还是能对应试人员作出较公正

的评价。

如果面试设计人,在面试设计中,没有明确地对评价标准进行设计,那么在问话大纲中一定要注明评价的着眼点。另外各位面试考官应熟悉了解招聘职位对人员的基本素质要求。其实,招聘职位对人员的这种素质要求,就是面试评价中的主要评价标准。岗位需要什么样的人才,我们就尽量挑选什么样的人才,以岗位的需求为标准,才是人才素质评价中的根本标准。

当然,作为面试设计人员,我们还是提倡为各位面试考官设计出统一的评价标准,使面试评分尽量具有客观性。在评价标准设计时,应注意如下两点:

(1)标准的等级制度。在设计面试评价表时,可把面试标准等级按三点、五点、七点尺度进行划分,每一等级赋予一定的评分标准,如将面试成绩按优、良、可、差划分为四个等级。每一项面试内容均可按照这四个等级划定评分标准。例如:"语言表达能力一项,优等的评分标准是:语言流畅,内在逻辑性强,具有说服力;良等的评分标准是:语言通顺,表述清楚,逻辑性强,有较好的说服力;可等的评分标准是:语言较通顺,基本达意,有一定说服力;差等级的评分标准是:语言欠通,表达不清,逻辑混乱,不具说服力。评分标准等级的用词上,尽量体现等距原则,讲究各级之间相互照应,层层递进,保持分寸、程度和数量上的连续性,避免幅度较大的跳跃。

(2)将各等级进行量化。等级量化就是对各评价标准等级予以标度。标度一般有两种基本形式:一是定量标度,就是采用分数形式进行标度,如百分制中的 90 分、80 分、70 分、60 分等;隶属度函数中的 90 分以上,90~80、80~70、60 分以下等等。二是定性标度,如采用"优、良、中、差"或"甲、乙、丙、丁"等字符进行标度。当然,定性标度和定量标度实际上存在着一定的对应关系,可以互相置换。但对一些平行的或不可比的评论或字符,则不一定存在着这种对应关系,如性格与气质测定中的 A 型、B 型。

二、面试成绩的加权

通常的面试成绩评价表中的水平刻度按等距关系分配。例如,假设"强"与"一般"之间,"一般"与"弱"之间的差距在数量上都是 1 个"标准量",那么"强"与"弱"之间就相差 2 个"标准量"。如果用"3"表示语言表达能力强,用"2"表示语言表达能力一般,用"1"表示语言表达能力弱,则一个考生"语言表达能力强"意味着他有3个"标准量"的语言表达能力,同时,意味着"较强"者有2.5个"标准量"、"一般"者有2个"标准量"、"较弱"者有1.5个"标准量"、"弱"者有1个"标准量"。在人才评价实践中,通常的做法是用分数来表示"标准量",即"1分"就是一个"标准量"。但"1分"究竟意味着什么,往往是不确定的,需要具体加以定义。

在人才评价实践中,为了能反映应考者的总体素质,常需要对应考者各素质项目得到的分数进行加减等数学运算,以体现考生的总体素质状况。但需要说明的是:同是一个"标准量"的素质其意义并不相同,如1分的"语言表达能力"就不同于1分的"思维判断能力"。因此,在面试成绩汇总时,要注意不同评价项目的原始得分是不能直接相加的。直接相加的结果,会破坏不同考生之间及同一考生的不同素质在数量水平上存在的差异的顺序关系,使得用数字表示的"素质"与考生的"实际素质的状态"之间失去真实的对应关系,导致评价结果的严重失真,从而失去素质测评的意义。为了保持分数系统与考生实际素质系统之间的顺序对应关系,能从总体上反映出不同考生之间对具体工作岗位的适应程度,就需要对《面试成绩评价表》中各项目的原始得分进行赋值加权处理,这样才能使考生在各个评价项目上的得分相加,以体现考生在总体素质上差别,决定应试者的录用次序。

各个项目的权重计算

项目权重就是确定每个评价项目在整个项目模型中的相对重要性。把项目的相对重要性用数值表示,就叫项目的权数。

确定项目权重的技法是以模糊统计方法为基础的,基本步骤如下:

步骤一:先指定项目模型的总体权重是多少,即所有评价项目的权数之和是多少。这是由设计者人为指定的,可以指定为1,也可以指定为100,还可以指定为别的数值。当然,为便于计算和转换,指定为1或100为好。

步骤二:给模型中的各个评价项目分配权重。分配原则:一是根据工作分析,对该招聘职位中越重要的素质要求,分配权数越大;二是所有项目分配的权数之和,等于总体的权重假定。分配方法:先给最重要的项目给定一个较大的数值,然后依此比较分配,依此递减。具体每个项目给多少权数,就要靠主观经验来判断了。为了提高可靠性,常选择若干个对招聘职位的工作需要较为了解的人员分别依主观经验判断给各个项目分配权重,然后进行统计,计算出所有人给每个项目分配的权重的平均值,以此作为各项目最后的权重分配数值。

权重分配的好坏,首先要看总体上是否优化,即:各个项目的权重大小,是否恰当地反映了工作岗位对工作人员不同素质要求的相对重要性。至于单个项目的权重,只要反映了它在总体中的相对重要性即可,数值大小并无绝对意义。其次,要看粗细程度如何。权重设置得太粗,难以较准确地反映各项目间的相对重要性;权重设置得太细,把握起来又不容易。例如:0.115与0.116之间的差别,人脑就难以准确分辨与把握。再者,给定权重,是一种指定近似数值的方法,因而应由若干人来指定,取其平均值,用统计方法以提高其准确度。

(2)非结构型面试方法

非结构型面试是指在事前不预先准备好问题,而是确定一个主题,让应聘者围绕主题自由发表意见,尽量避免打断应聘者的谈话,面试考官只是进行必要的引导以使谈话时不离开主题。如果对一些问题有不同的看法,面试考官也不应该做出任何表示,这一方面可以发现应聘者的思维、观点、动机和性格,另一方面也可以避免让对方猜测考官的意图和想法。

为了尽可能聘请到企业希望具有的风格和特点的人选,面试考官可以准备一些导向性的问题,在面试过程中向应聘人提问,并记录其对问题的回答。在面试过程中,面试考官应尽可能将时间集中在聆听和观察上,面试一结束及时记录意见(在面试过程中应该注意尽量不记录,否则精明的人会感受到你的指引的)。

在采用非结构型面试方法时,对面试考官要求较高,面试考官必须具有相当的经验和洞察力。当然,在实施过程中,由于是自由发挥,面试考官有可能忽略或忘记某些重要的问题,而对应聘者也难以比较。在面试尤其是在非结构型面试中,为了尽可能全面地了解应聘者,面试考官有时可以使用一些面试技巧。如压力面试,即在面试中将应聘者置于一定的压力之下,如考官沉默片刻或以粗鲁无礼的方式或用挑衅性口吻提问。使用这种技巧的好处是,可以观察应聘者对可能遇到的各种压力的反应和处理方式。当然,这种方法也可能使应聘者产生某些误解,应聘者可能认为公司管理层素质较差,从而使一些受过良好教育的、高素质的应聘者不愿加盟。还有在面试中让应聘者即兴推销某种物品,如面试考官手边的钢笔、订书机、笔记本、文件夹等,这种方法对评价应聘者已具备的基本销售技能也许有用,但若过于沉迷于这种小技巧,可能会得出错误的结论,毕竟不同的销售工作,对销售人员的技能会有不同的要求,而且即兴的推销表演,也不一定能真实反映表演者已有的技能和潜力。

4.3.3　测试与书面考试

目前很多大企业在选择销售人员时,往往对应聘者实施测试和书面考试。在测试与书面考试内容合理科学的前提下,与面试相比,测试与书面考试往往更能客观、真实地反映出应聘者所具备的知识、智力、个性和能力。最常见的测试有:智力测试、能力测试、个性测试三种。书面考试则主要是综合知识、专业知识的考试。

1. 书面考试

这主要是对销售人员的综合知识和专业知识水平进行测试。考试的目的是了解应聘者是否能胜任销售。

2. 智力测试

智力测试可分为综合智力测试和专门智力测试。综合智力测试是用来测量应聘者综合智力水平的高低的,包括对应聘者的理解力、理性思维能力、记忆力、判断能力以及学习能力等的测量。在企业中某些销售工作要求销售人员在某些智力方面具有特殊能力时,也可以使用专门智力测试来评价应聘者,如学习速度、数字能力、逻辑思维能力或语言表达能力等。智力测试是检测应聘者智商高低的,当然不应把智力测试当作选择销售人员的惟一标准,对应聘者应该有客观的评价和判断,进行全面的考察。

不同的销售岗位智力需求是不同的,企业应该根据销售工作的性质和类型确定所需的智力标准。

3. 能力测试

测试应聘者是否有兴趣或者有能力完成销售人员的工作。兴趣是成功的前提,兴趣与能力之间关系密切,兴趣测试主要是测定一个人的学习或工作兴趣,以判断这个人是否具有与本职业成功人士相同或相似的兴趣。如果有则优先加以录用。有时能力测试是以模拟的形式进行的,设定某些环境条件,事先并不通知应聘者本人,以观察应聘者在特定的环境中的随机应变能力。当然能力测试主要是测定其目前的技能水平,而不是测量一个人的先天能力和发展潜力,对具有较高潜质的应聘者来说可能不公平,因为他们虽有成为优秀销售人员的潜能,但在经过专门训练前尚不具备这些技能。

4. 个性测试

发现应聘者的社交能力、支配欲、适应能力、独立性、情绪稳定性、进取心等方面的个性往往通过个性测试实现。通过不同设计的个性测试方法，可以了解应聘者在不同个性变量上的特征。个性测试中问卷的设计是至关重要的。问卷设计的好坏，不仅影响测试的时间和费用，而且会直接影响测试的准确性和有效性。因此个性测试法与其他测试方法一样，问卷表必须要由专家来设计，并在其指导下方可进行。

4.4　销售人员的培训

企业在聘用新的销售人员后，往往要进行数月的专业培训，以使新聘的人员尽快掌握职位所需要的有关知识和技能以及企业价值观念，改善销售人员的工作行为，增进顾客满意感，提高公司销售业绩。美国 IBM 公司每年花 10 亿美元于销售人员培训上，要求销售人员每年抽出 15％的时间接受培训。

4.3.1　销售人员培训的目的

1. 增强销售技能，提高销售业绩水平

向新进入企业的员工传授一些必要的产品知识和销售技能，以提高他们的销售业绩，这是培训的最基本的目的。要让客户购买你的产品，一定的产品知识和销售技能是必不可少的。同时训练过程也是企业内老员工向新员工传授经验的过程，一些行之有效的销售经验能够成为大家共享的资源。

2. 强化职业素养，提升企业形象

销售人员是代表整个企业接触顾客、销售产品的，他的知识、素质、着装和言谈举止等直接影响着客户对企业和企业的产品的信任程度。优秀的销售人员能向客户传递企业的经营理念，并赢得顾客的信任和尊重，从而能在顾客心目中塑造良好的企业形象，防止出现不适当的承诺、贿赂、随意降价、欺骗顾客等影响损害企业形象和长期利益的行为。

3. 培养坚强的意志和非凡的耐心

销售人员必须具有坚强的意志和非凡的耐心，不怕吃苦，能够忍受孤独和压力。对区域销售人员来说，销售工作的挫折、客户的冷淡、孤兵作战的寂寞和无助、业绩的压力无时不在他们身边。销售职业的挑战往往导致有些销售人员缺乏自信、感到自卑和恐惧，有的人干脆把销售人员这一职业当作不得已的选择。销售人员良好的业绩往往来自于他的自信心、高昂的士气、坚强的意志和非凡的耐心，通过训练可以达到这样的目的，并可降低销售人员的离职率,节省企业培训成本。

—— 即问即答 4-7 ——

　　为什么销售人员需要培养坚强的意志和非凡的耐心?

—— 补充阅读材料 ——

销售人员心理障碍 ABC

　　《圣经》故事:上帝要约拿到尼尼微城去传信,但约拿最初却逃避这一使命,认为自己做不到,也想充分自由,便企图乘船远去。

　　销售人员,作为经济大战场中重要的生力军,在现实工作中往往存在这么一个问题:他们有一种更好地完善自己的欲望,一种想使自己的潜力充分发挥的冲动,但他们往往——事实上是绝大多数人——都做不到。这种对人们前进、成长的阻隔力,我们便称之为"约拿情结",也就是销售人员们(倒也不仅仅是这个职业)普遍存在的一种心理障碍。

　　A. 怀疑或畏惧自己的伟大之处

　　我们通常都不隐讳自己对某某伟大人物的尊崇,或者承认自己在他们面前的渺小与微不足道。伟大人物仅仅以他们本身的存在就会使我们自己的价值低人一等。

　　作为销售人员,我们不需要这种感觉! 我们需要的是要想到:我们不比任何人低一等。我们从事的是伟大的工作,或者,我们在为自己的伟大事业实施一个伟大的步骤!

　　相信大家曾有过种种伟大的梦想:成为一个创业家;成为叱咤风云的市场主宰者之一;成为一个君子式的巨富……多好的梦想! 你千万不要怀疑自己的能力,不要因有这么伟大的梦想而担心、畏惧——"我,行吗? 我现在仅是一位销售人员……"摒弃这些怀疑、畏惧的心理吧! 记住:要想有创造,要想成为一个创业家,就要有"创造的骄傲自大"! 自认为伟大,然后勤奋地工作,向自己伟大的梦想一步步前进! 做好自己正做着的任何有意义的事情! 相信自己具有伟大之处,并让它指引自己正直而有效地生活,那么极可能,有一天、你会成为别人心目中的"伟大人物"。伟大,并非高不可攀! 那仅仅是自我价值、自我实现的一个高度,我们都可能登上去!

正如有些地方,存在禁地或禁忌物。人们丝毫不敢对它们有所"冒犯"、"亵渎"——那只是因为它们在人们心目中太神圣,因而也就认为太危险! 对伟大的内在畏惧也是合理的、正常的,它并不一定使我们逃跑、畏缩,它也是有利的——它提示我们:我们也需要谦逊! 需要清醒的沉思与平静的心态!

"骄傲自大"与谦逊的整合,就是我们的伟大之处得以实现的重要保证! 战胜畏惧,摒弃疑虑吧! 然后,面对前方!

B.回避或不满自己的命运

我们常常诅咒命运,或对命运讳深莫言。众多销售人员,根本不在内心里承认自己所从事的工作是"好运气事业"。他们被劳苦、奔波、白眼、拒绝甚至辱骂,淹没了对命运的正确理解。于是,他们在主观意识上回避自己的天职,或者说是使命、命运、人生的任务……就像约拿试图逃避他的命运一样。

有什么不满呢? 推销,推销产品,推销服务,推销给消费者生活的满意,推销给芸芸众生生命的充实——多有意义、多伟大的工作! 在这一点上,雷锋仍是我们最好的老师!

命运,总是与你一同存在的时时刻刻。不要回避它的神秘,不要惧怕它的无常! 命运有一半在自己的手中掌握着,只有另一半,才在所谓的冥冥中的上帝手中! 你一生的全部就在于:运用你手里所拥有的去获取上帝所掌握的!

你的努力越超常,你手里掌握的那一半就越庞大,你获得的就越丰硕!

因此,不要去回避命运、诅咒命运! 当你的推销工作步入举步维艰的境界时,你别忘了自己拥有一半的命运;当你的推销工作进行得异常顺利而得意非凡时,也别忘了还有一半的命运在上帝手中! 你一生的努力就是:用自己的一半去获取上帝手中的一半! 那么,命运便最终被你完全掌握了! 那么,你的伟大梦想,也不再只是梦想了! 命运——多好的东西,我们何不认同它的存在!

C.躲开或无视自己的最佳天赋

何为最佳天赋?

最佳天赋,就是一种改进自己的冲动力! 一种更多地实现我们的潜力的力量! 一种朝向自我实现或人性充分发展的自信力! 这样认为又何妨:上天给予我们的禀赋,其实就是我们人类固有的这些东西。

推销,是一项集技巧与理论、辛苦与欢乐及运气于一体的伟大事业,我们如能充分利用自己的最佳天赋,便不会降低自己的抱负水平,不会在工作遭受挫折时害怕自己力所能及的事情,自愿地自我削弱、假愚蠢、假谦卑!

对于 A. 赫胥黎,这位《天演论》的著作者,我们大概都听说过。他绝对可说是一个伟大人物!而他的成功,无非就在于他能够接受自己的天赋并充分运用它们而已!他永远对自己接触的任何事物感兴趣,永远像个孩子对世上万物的"不可思议"感到惊讶,而总是赞叹:"妙不可言!哎呀,妙不可言!"他能够睁大眼睛,以毫不羞怯的天真、敬畏,着迷地伸出头来看世界——正视命运,以自己的最佳天赋向一切阻碍力做斗争!这也是一种天真的谦卑,天真的谦卑能够创造奇迹,赫胥黎正因为如此才可以镇定地、无所畏惧地进行自己选定的伟大的工作!

每当我们面对新产品、新客户、新计划、新困难——每一次新的挑战,我们能否以那种天真而感到:哎呀,妙不可言!然后,以自己的最佳天赋,就是那种改进自己的冲动力,那种实现我们潜力的力量,那种自我实现的自信力,去开创自己前进的道路呢?

但愿,我们都能坚定地回答:"能!"

"约拿情结",上帝都不喜欢,让它见鬼去吧!市场竞争不需要约拿情结!

《销售与市场》1996 年第十二期,作者:刘爱民

4.培养创造力,改善顾客关系

销售人员是企业和客户联系的纽带。企业的产品和服务,能否最大限度地给顾客带来效用和满足,有赖于销售人员的良好服务和创造力。良好的客户关系是企业产品稳定销售的保证。

5.使区域销售管理科学化

通过培训使销售人员掌握科学合理地安排工作时间和访问客户的路线的方法,提高其销售工作的效率。

4.4.2　销售人员训练的内容

销售训练的基本内容就是销售人员职位所应具备的技能,因此这种训练具有非常强的实用性和针对性,也就是马上能用得上的。如通过产品知识和企业客户政策的培训,销售人员就应能圆满地解答客户的疑问,通过优质高

效处理订货方法和帮助顾客解决问题的培训就可以增加顾客满意感、改善销售业绩;通过时间和区域管理的培训就能加强企业销售区域的管理。销售人员培训一般来说主要内容有如下几点:

1. 企业的基本情况

了解公司的历史、规模和所取得的成就,可以增强销售人员的信心和使命感,可以培养销售人员对企业的感情,树立销售人员良好的服务意识;了解企业政策,让销售人员认识到哪些是企业许可的行为,哪些是禁止行为;了解企业规定广告、产品运输费用、产品付款条件、违约条件等内容,为今后开展销售工作打下基础。

一般来说销售人员对这块培训内容最感兴趣的是企业政策,它不仅包括企业报酬制度和企业利益等敏感内容,还可以为销售人员提供政策指导,以正确解决以后在销售工作过程遇到的顾客要求降价、修改产品、更快交货以及提供更优惠的信用条件等问题。

2. 市场与产业知识

了解企业所属行业与宏观经济的关系,如经济波动对顾客购买行为的影响,客户在经济高涨和经济衰退期不同的购买模式和特征,以及随宏观经济环境的变化如何及时调整销售技巧等等。同时了解不同类型客户的采购政策、购买模式、习惯偏好和服务要求。

3. 产品介绍

产品知识是销售人员培训中最重要的内容之一。它包括本企业所有产品线、品牌、产品属性、用途、可变性、使用材料、包装、制造方法、损坏的原因及其简易维护和修理方法等,还包括了解竞争产品在价格、构造、功能以及兼容性等方面的知识。

了解产品的知识,对销售人员相当重要。销售人员能够全面正确地向客户提供购买决策所需要的信息,从而激发客户的购买欲望。

4. 推销技巧

加强销售人员推销能力和谈判技巧,如重点客户识别、潜在顾客识别、访问前准备事项、接近客户的方法、展示与介绍产品的方法、应付反对意见、达成交易和后续工作等等。

5. 竞争知识

让销售人员了解竞争对手的产品、客户政策和服务等情况,比较本公司与竞争对手在竞争中的优势与劣势。

6. 时间和销售区域管理

不同的企业在不同的销售区域销售工作中时间分配原则是不同的,通过培训使销售人员掌握相对比较合理并行之有效的时间和区域管理方法。

4.4.3　销售人员培训效果的评价

大多数企业的高层领导对培训的必要性已有比较深刻的认识,花在培训上的钱也越来越多。但是,因为培训本身并不直接产生经济效益,到底该花多少钱在培训上,花的钱有什么效果,就成为让领导头疼的难题。

企业花了大量的人力、物力和财力让销售人员接受训练,其目的是为了提高企业的销售业绩水平。投入必须产出,否则会导致企业资源的浪费和效益的下降。通过对销售人员培训效果的评价,一方面是对参加培训的销售人员的综合考评,同时发现培训组织工作中可能存在的问题,以及时纠正。当然培训效果的评价最终需要销售业绩说话,销售业绩的提高是培训效果的最好体现。

企业要客观公正地评价培训效果,必须有科学合理的评价指标。培训效果的评价,主要包括反应、学习、行为和结果等四个方面。

1. 反应

反应就是培训刚结束时,了解学员对培训项目的主观感觉。销售人员对培训方案的反应是否良好,态度是否积极,是训练效果评价的一个基本方面。

在这方面需要评价以下几点:内容、讲师、方法、材料、设施、场地、报名的程序等。首先提出总体的评价,可以通过组织受训人员座谈、收集训练过程中的轶闻趣事,比如询问学员:你感觉这个课怎么样? 你会向其他人推荐这个课吗? 等等;第二还必须有涉及以上内容的更细致的评估方法,适合的方式有问卷、面谈、座谈、电话调查等。

具体衡量的尺度,可以采取 4 分法(极好、好、一般、差)、5 分法(极好、很好、好、一般、差),或者 7 分法(1 到 7 分)、10 分法(1 到 10 分)。一般而言,5 分法比较容易操作,但区分度不如 7 分法。

这是最基本、最普遍的评价方式,但它的缺点也明显,如因为对老师有好感而给课程全部高分;或者因为对某个因素不满而全盘否定课程。

以下解决办法值得尝试,比如:强调评价的目的,请求大家配合;鼓励大家写意见、建议;与历史数据或其他公司数据比较;对大企业来讲,在全面铺开某个课程之前先试讲;结合使用问卷、面谈、座谈等方式;不同主题的课一起开时,要及时反馈,马上填问卷等。一般来说,如果训练是科学的、合理的,受训人员的反应就会良好,其学习热情就高,学习效果就好。

2. 学习效果

学习效果是指参加培训的销售人员在知识、技能或态度等方面学到了什么。学习方面的评价主要方式有：考试、演示、讲演、讨论、角色扮演等多种方式。学习效果的评价，主要检查受训人员是否通过培训树立了正确的观念，学到了应有的知识和销售技能。

其优点有：对培训学员有压力，使他们更认真地学习；对培训讲师也是一种压力，使他们更负责、更精心地准备课程和讲课；学习是行为改善的第一步。

为提高测试的可靠度和可信度，企业应该采用合适的评价方式，如对基础知识的培训（包括技能培训）采用考试的方式，其他可采用考试、讨论、演示、讲演、角色扮演等方式。如果参加培训的销售人员其知识和能力有了显著提高，那么说明培训是有效果的、是值得推行的。

3. 行为

行为就是参加培训的销售人员的工作行为方式有多大程度的改变。行为评价是检查受训人员的职务行为是否在训练之后有显著改善。

职务行为将直接影响顾客的满意度，进而影响销售业绩，因此职务行为的改善是销售训练的基本目标之一，也是训练效果评价的一个重要方面。

评价方法主要有：观察、主管的评价、客户的评价、同事的评价等方式。通过评价可以直接反映培训的效果。一般通过收集参加培训的销售人员的职务行为（不包括销售人员工作之外的休闲、娱乐等行为）方面的信息，了解他们在培训前后的客户反应（表扬或批评的情况）。如果受训人员在受训后受到顾客表扬的次数多了，批评和抱怨少了，则说明该销售人员在受训后的行为有了改善。

4. 结果

通过质量、数量、安全、销售额、成本、利润、投资回报率等定性和定量指标检查培训所产生的效果，这也是培训的目的之所在。

结果评价主要是检查销售训练之后个人或组织销售业绩的改善情况。结果评价最能综合性地反映训练效果。这种评价可以依据个人或组织的销售量、生产率或业绩变化情况加以评价，但是结果评价需要时间，短时间很难有科学合理的评价结果。因此，有的企业往往通过相差因素相对稳定的培训课程来作为评价依据，有的进行参照组评价（其他条件相同，只是未参加该培训课程），来分析参加培训与不参加培训的区别。

【本章小结】

确定相应的销售人员规模，选择合适的销售人员，确定科学的销售人员评价机制，对销售人员进行针对性的培训是企业销售管理的重要内容。由于销售人员与企业生产人员的工作性质和内容有很大的不同,管理也应该有相当的差别,本章介绍了销售人员管理的一些基本内容和做法。

【案例分析】

海尔集团的销售人员培训

海尔集团自始至今一直贯穿"以人为本"提高人员素质的培训思路,建立了一个能够充分激发员工活力的人才培训机制,最大限度地激发每个人的活力,充分开发利用人力资源,从而使企业保持了高速稳定发展。

一、海尔的价值观念培训

海尔培训工作的原则是"干什么学什么,缺什么补什么,急用先学,立竿见影"。在此前提下首先是价值观的培训,"什么是对的,什么是错的,什么该干,什么不该干",这是每个员工在工作中必须首先明确的内容,这就是企业文化的内容。对于企业文化的培训,除了通过海尔的新闻机构《海尔人》进行大力宣传以及通过上下灌输、上级的表率作用之外,重要的是由员工互动培训。目前海尔在员工文化培训方面进行了丰富多彩、形式多样的培训及文化氛围建设,如通过员工的"画与话"、灯谜、文艺表演、找案例等活动,用员工自己的画、话、人物、案例来诠释海尔理念,从而达成理念上的共识。

"下级素质低不是你的责任,但不能提高下级的素质就是你的责任!"对于集团内各级管理人员,培训下级是其职责范围内必须的项目,这就要求每位领导,亦即上到集团总裁下到班组长,都必须为提高部下素质而搭建培训平台、提供培训资源,并按期对部下进行培训。特别是集团中高层人员,必须定期到海尔大学授课或接受海尔大学培训部的安排,不授课则要被索赔,同样也不能参与职务升迁。每月进行的各级人员的动态考核、升迁轮岗,就是很好的体现:部下的升迁,反映出部门经理的工作效果,部门经理也可据此续任或升迁、轮岗;反之,部门经理就是不称职。

为调动各级人员参与培训的积极性,海尔集团将培训工作与激励紧密结合。海尔大学每月对各单位培训效果进行动态考核,划分等级,等级升迁与单位负责人的个人月度考核结合在一起,促使单位负责人关心培训,重视培训。

二、海尔的实战技能培训

技能培训是海尔培训工作的重点。海尔在进行技能培训时重点是通过案例、到现场进行的"即时培训"模式来进行。具体说，是抓住实际工作中随时出现的案例(最优事迹或最劣事迹)，当日利用班后的时间立即(不再是原来的停下来集中式的培训)在现场进行案例剖析，针对案例中反映出的问题或模式，来统一人员的动作、观念、技能，然后利用现场看板的形式在区域内进行培训学习，并通过提炼在集团内部的报纸《海尔人》上进行公开发表、讨论，形成共识。员工能从案例中学到分析问题、解决问题的思路及观念，提高员工的技能，这种培训方式已在集团内全面实施。

对于管理人员则以日常工作中发生的鲜活案例进行剖析培训，且将培训的管理考核单变为培训单，利用每月8日的例会、每日的日清会、专业例会等各种形式进行培训。

三、海尔的个人生涯培训

海尔集团自创业以来一直将培训工作放在首位，上至集团高层领导，下至车间一线操作工人，集团根据每个人的职业生涯设计为每个人制定了个性化的培训计划，搭建了个性化发展的空间，提供了充分的培训机会，并实行培训与上岗资格相结合。

在海尔集团发展的第一个战略阶段(1984—1992年)，海尔集团只生产冰箱，且只有一到两种型号，产量也控制在一定的范围内，目的就是通过抓质量、抓基础管理、强化人员培训，从而提高员工素质。

海尔的人力资源开发思路是"人人是人才"、"赛马不相马"。在具体实施上给员工搞了三种职业生涯设计：一种是面向管理人员的，一种是面向专业人员的，一种是面向工人的。每一种都有一个升迁的方向，只要是符合升迁条件的即可升迁入后备人才库，参加下一轮的竞争，跟随而至的就是相应的个性化培训。

1."海豚式升迁"，是海尔培训的一大特色。海豚是海洋中最聪明最有智慧的动物，它下潜得越深，则跳得越高。如一个员工进厂以后工作比较好，但他是从班组长到分厂厂长干起来的，主要是生产系统；如果现在让他干一个事业部的部长，那么他对市场系统的经验可能就非常缺乏，就需要到市场上去。到市场去之后他必须到下边从事最基层的工作，然后从这个最基层岗位再一步步干上来。如果能干上来，就上岗，如果干不上来，则就地免职。

有的经理已经到达很高的职位，但如果缺乏某方面的经验，也要派他下去；有的各方面经验都有了，但处事综合协调的能力较低，也要派他到这些部门来锻炼。这样对一个干部来说压力可能较大，但也培养锻炼了干部。

2."届满要轮流"，是海尔培训技能人才的一大措施。一个人长久地干一样工作,久而久之形成了固化的思维方式及知识结构,这在海尔这样以"创新"为核心的企业来说是难以想像的。目前海尔已制定明确的制度,规定了每个岗位最长的工作年限。

3. 实战方式,也是海尔培训的一大特点。比如海尔集团常务副总裁柴永林,是 20 世纪 80 年代中期在企业发展急需人才的时候入厂的。一进厂,企业没有给他出校门进厂门的适应机会,因为时间不允许。一上岗,在他稚嫩的肩上就压上了重担,从国产化、引进办,后又到进出口公司的一把手,领导们看得出来他很累,甚至被工作压得喘不过气来。有一阶段工作也上不去了,但领导发现,他的潜力还很大,只是缺少了一些知识,需要补课。为此就安排他去补质量管理和生产管理的课,到一线去锻炼(检验处长、分厂厂长岗位),边干边学,拓宽知识面,积累工作经验。在较短的时间内他成熟了,担起了一个大型企业副总经理的重任。由于业绩突出,1995 年又被委以重任,接收了一个被兼并的大企业,这个企业的主要症结是:亏损、困难较大、离市场差距较远。他不畏困难,一年后就使这个企业扭亏为盈,企业两年走过了同行业二十年的发展路程,成为同行业的领头雁,也因此成为海尔吃"休克鱼"的典型,被美国哈佛大学收入其工商管理案例库。之后他不停地创造奇迹,被《海尔人》誉为"你给他一块沙漠、他还给你一座花园"的好干部。

四、海尔的培训环境

海尔为充分实施全员的培训工作,建立了完善的培训软环境(培训网络)。

在内部,建立了内部培训教师师资网络。首先对所有可以授课的人员进行教师资格认定,持证上岗。同时建立了内部培训管理员网络,以市场链 SST 流程建立起市场链索酬索赔机制及培训工作考核机制,每月对培训工作进行考评,并与部门负责人及培训管理员工资挂钩,通过激励调动培训网络的灵活性和能动性。

在外部,建立起了可随时调用的师资队伍。目前海尔以青岛海洋大学海尔经贸学院的师资队伍为基本依托,同时与瑞士 IMD 国际工商管理学院、上海中欧管理学院、清华大学、北京大学、中国科技大学、法国企顾司管理顾问公司、德国莱茵公司、美国 MTI 管理咨询公司等国内外 20 余家大专院校、咨询机构及国际知名企业近百名专家教授建立起了外部培训网络,利用国际知名企业丰富的案例进行内部员工培训,在引入了国内外先进的教学和管理经验的同时,又借用此力量、利用这些网络将海尔先进的管理经验编写成案例库,成为 MBA 教学的案例,也成为海尔内部员工培训的案例,达到了资源共享。

　　海尔集团除重视"即时"培训外,更重视对员工的"脱产"培训。在海尔的每个单位,几乎都有一个小型的培训实践中心,员工可以在此完成诸多在生产线上的动作,从而为合格上岗进行充分的锻炼。

　　为培养出国际水平的管理人才,海尔还专门筹资建立了用于内部员工培训的基地——海尔大学。海尔大学目前拥有各类教室 12 间,可同时容纳 500 人学习及使用,有多媒体语音室、可供远程培训的计算机室、国际学术交流室等。为进一步加大集团培训的力度,使年轻的管理人员能够及时得到新知识,海尔国际培训中心第一期工程 2000 年 12 月 24 日在国家风景旅游度假区崂山仰口已投入使用,该中心建成后可同时容纳 600 人脱产培训,且完全是按照现代化的教学标准来建设,并拟与国际知名的教育管理机构合作,举办系统的综合素质培训及国际学术交流,办成一座名副其实的海尔国际化人才培训基地,同时向社会开放,为提高整个民族工业的素质作出海尔应有的贡献。

　　请你谈谈对海尔集团销售人员培训的看法。

【思考练习】

一、单选题

1. 全公司最具生产性,但也是最昂贵的资产之一是　　　　　　　　　(　)

　　A. 销售数量　　　B. 销售人员　　　C. 销售产品　　　D. 销售材料

2. 在决定销售人员选择标准之前,必须先进行工作分析和　　　　　(　)

　　A. 编制工作说明书　　　　　　　　B. 结构型面试

　　C. 社会实践　　　　　　　　　　　D. 非结构型面试

3. 选择合适人员的第一步　　　　　　　　　　　　　　　　　　(　)

　　A. 结构型面试　　　　　　　　　　B. 非结构型面试

　　C. 明确岗位职责　　　　　　　　　D. 社会经验程度

4. 在销售过程中,销售人员经常遇到各种不顺利的情况,此时最合适的做法是　　　　　　　　　　　　　　　　　　　　　　　　　(　)

　　A. 自我抱怨　　　B. 自我激励　　　C. 自我批评　　　D. 自我教育

5. 企业选择销售人员过程中最基本的评价工具　　　　　　　　　(　)

　　A. 职位申请表　　B. 面试准备　　　C. 反应灵敏度　　D. 口语表达能力

6. 对面试考官要求较高,面试考官必须具有相当的经验和洞察力的是

　　　　　　　　　　　　　　　　　　　　　　　　　　　　　(　)

　　A. 结构型面试　　　　　　　　　　B. 非结构型面试

　　C. 书面面试　　　　　　　　　　　D. 能力测试

7. 下列主要是综合知识、专业知识的考试的测试是 （ ）

    A. 能力测试   B. 个性测试   C. 书面测试   D. 综合测试

8. 能否最大限度地给顾客带来效用和满足有赖于销售人员的良好服务
  和 （ ）

    A. 工作态度   B. 创造力   C. 精神面貌   D. 社会经验

9. 销售训练具有非常强的 （ ）

    A. 实用性   B. 针对性   C. 广泛性   D. A 和 B 选项

10. 检查受训人员的职务行为是否在训练之后有显著改善的是 （ ）

    A. 行为评价   B. 学习效果   C. 后果评价   D. 反应

二、多选题

1. 销售职位工作说明书的内容一般包括 （ ）

    A. 销售的产品和服务的性质   B. 销售对象的类型

    C. 访问的对象   D. 知识结构要求

2. 目前很多大企业在选择销售人员时,往往对应聘者实施 （ ）

    A. 测试   B. 书面考试   C. 智力测试   D. 个性测试

3. 销售人员培训的目的是 （ ）

    A. 增强销售技能,提高销售业绩水平

    B. 强化职业素养,提升企业形象

    C. 培养坚强的意志和非凡的耐心

    D. 获得自身利益

4. 销售人员训练的内容 （ ）

    A. 企业的基本情况   B. 市场与产业知识

    C. 产品介绍   D. 推销技巧

5. 培训效果的评价包括 （ ）

    A. 反应   B. 学习   C. 行为   D. 结果

6. 企业用结构型面试方法主要是为了 （ ）

    A. 避免考官经验不足   B. 节约时间

    C. 避免考官知识结构上的不足   D. 节约成本

三、简答题

1. 企业确定销售人员数量的影响因素有哪些?

2. 什么是工作负荷法?

3. 销售人员选择的标准是什么?

4. 什么是非结构性面试?

【参考答案】

单选答案:

(1)B (2)A (3)C (4)B (5)A (6)C (7)C (8)B (9)D (10)A

多选答案(1)ABCD (2)AB (3)ABC (4)ABCD (5)AC

简答题答案:

1.(1)公司的业务量增长状况;(2)人员流动率。

2.将顾客分成不同等级规模的群体,然后再确定拜访这些顾客的理想次数及需要多少个销售人员。一般说来,大客户是要更经常地被考虑的,比如两个星期或一个月就去拜访一次,对小客户可以适当地延长两次拜访的时间间隔。

3.不求最优,只求最合适,同时要防止不顾及职位要求,而按普遍适用的销售人员标准来选人。

4.非结构型面试是在事前不预先准备好问题,而是确定一个主题,让应聘者围绕主题自由发表意见,尽量避免打断应聘者的谈话,面试考官只是进行必要的引导以使谈话时不离开主题。

第 5 章
销售预算管理

- ■ 销售预算管理概述
- ■ 销售费用水平确定方法
- ■ 销售费用编制的方式和图表
- ■ 销售预算管理的内容

导入语

很多经理最棘手的决策之一是究竟应花多少钱在公司的销售业务上,因为他明知有浪费,但不知道浪费究竟在哪里。有一位商界巨子曾经说过:"我知道我的广告费有一半是浪费了,但我并不知道是哪一半。"本章主要讨论销售预算管理实务问题,销售预算的目的就是要明确销售收入、成本、费用和利润之间的关系,销售预算是销售管理的重要组成部分。

关 键 词

销售预算管理 销售费用 零基预算 销售计划制定方法

5.1 销售预算管理概述

应该看到,销售预算也是为实现公司战略目标而设置的,而公司的战略目标是会根据环境的变化而调整的。因此,销售预算也不是一成不变的,应随着市场状况的变化而改变,抓住市场机遇,使销售预算不仅是一项约束条件,而且是迎接挑战的武器。

5.1.1　销售预算管理的概念

1. 销售预算管理的概念

企业一旦确定销售目标,接着就要编制销售预算。销售预算是为完成公司销售计划的每个目标所需要的费用的估算。它把费用和销售目标的实现联系起来,以保证公司销售利润的实现。

2. 销售预算的基础

销售费用是以企业可能实现利润为基础的,因此销售费用被限制在一定的限度以内。因此为使销售预算制定得科学、客观和合理,必须清楚一定时间内企业的销售收入、销售费用及销售利润的关系。

(1)销售净额预算

$$销售净额 = 销售收入 - 退货与折让$$

销售收入往往不能反映企业销售的实际状况,在企业确定销售预算时必须以销货净额为基础,为确定销货净额,应对退货与折让进行估算,设立退货预算与折让的预算。退货预算的计算以前一年的退货数值和销售收入(或前几年的加权平均数)得出退货率。

—— 即问即答 5-1 ——

销售预算的基础是什么?

(2)销售成本预算

大公司的制造部门和销售部门往往实行内部核算,产品的转账价格即为销售部门的进货成本,再加上其他一些构成因素即为销售部门的销售成本,以此为基础计算销售部门的业绩,这就是销售成本预算。

(3)销售毛利预算

$$销售毛利预算 = 销售收入预算 - 销售成本预算$$

在毛利预算决定之前,应检查销售毛利是否能够补偿费用支出,并且应制定产品差别、销售地区差别销售毛利预算以及各产品、各销售区域对企业毛利的贡献程度。

(4)营业费用预算

营业费用是根据为达到企业的销售目标所必须进行的销售活动内容而估算出来的。

广义的营业费用是指企业市场营销成本,而狭义营业费用则是指销售部门的费用。营业费用中具有代表性项目有:

第一,销售条件费用。这是交易时所发生的费用,它随销售收入的增减而变化,如销售折旧、以旧换新、扣除利息等等。销售条件费用可根据费用占销售收入的比率来确定。在销售目标确定和分析同行动向后,本企业的销售条件费用即可估算出来。

第二,销售人佣金提成。根据其销售收入的多少确定其佣金提成的多少。佣金提成的决定方式有两种即根据销售数量佣金提成和根据销售金额佣金提成。

第三,运费。多以汽油费用、过路过桥费等变动为主。

第四,广告费。为配合企业的销售管理活动的开展进行广告宣传活动而支付给各种广告媒介的费用。

第五,促销费用。企业进行促销活动而印制产品目录、赠送样品等费用。

第六,人事费。推销人员基本工资等费用。

第七,折旧费用。固定资产使用过程中的费用。

第八,其他营业费用。如公关费、差旅费、水电费、保险费等。

(6)经营净利预算

经营净利＝销售毛利－营业费用

企业在得出销售毛利预算和营业费用预算后,就可以明确本年度经营净利润的预算额度,观察其是否与企业预定的目标一致。根据不同产品、不同销售区域分别掌握营业净利,使不同产品不同地区对企业经营净利贡献程度一目了然,与销售毛利贡献度一样有利于对产品和不同销售地区进行考核和评价。

(7)应收账款的回收预算与存货预算

销售收入预算中必须包括应收账款的回收预算。回收应收账款属于销售部门的工作职责。与中间商协商确定了付款条件后,即可与个别销售预算相配合,订立相应的应收款的回收预算。

---- 补充阅读材料 ----

如何追讨应收账款?

虽然近年来市场环境较前些年规范了很多,但是追讨应收账款仍是每个企业、每个销售人员都要面对的问题。有的企业辛辛苦苦一年经营下来挣了不少钱,可年终结算的时候一看,一大半是应收账款。于是有的企业专门招聘一些人去讨债,结果浪费了大量的人力物力,收效却甚微。企业为此承受经济损失不说,还可能会对下一步的经营计划造成影响。更有一些企业根本不清楚自己的应收账款，完全是一笔糊涂账。

业务人员软磨硬泡、死缠滥打无非是想把应收账款收回来，而欠款方左推右拖也无非是想把款项赖掉。在这场斗争中，谁坚持到最后，谁就是真正的胜利者。

如何把这些应收账款变成回款呢？怎么才能成功地把死账变"活"呢？很多销售经理给我们提供了方法，希望能够给大家一些参考。

斗法

目前的市场经营环境已经比前几年好多了，现在所有的交易基本上都是款到发货。即使有些经销商是先付80％，那也是厂家已经把价格抬高了，即使收不回那20％，最起码成本已经收了回来。

当然欠款是免不了的，我们一般都把任务下到每个业务员的身上，谁的业务谁负责追讨。追讨回来将给业务员提成，否则将扣一部分提成。让业务员自己去死缠滥打把款要回来。即使是在那里住着，也要把债追回来。

当然也有些业务员的款要不回来，一些经销商要赖，以为可以赖过去，这样的一般我们都通过法律途径解决。通过工商部门或法院从中调解来解决纠纷。其实有的欠款即使起诉了也都没有结果，只能自认倒霉，但是至少给他们造成了压力，对出清市场有很大的作用，而且也树立了企业的权威，体现出正规性，加强其他经销商的合作信心。

斗智

我刚到现在的公司上班，主任就交给我一个任务，让我去一个老客户张经理那里要款。这个张经理欠了我们42万的款项，至今也无意偿还。做了一番准备工作，我去了。

那张经理第一句话就说："你们那酒不好卖啊，上了促销，设了摊头，根本没有起色，全砸手里了。"我拿出一份调查结果，说："我调查了你供货的那几个分销商和酒店，我们产品的销售情况很清楚，你的回款情况我也了解，我知道你们有能力还这笔货款，如果你不还，我只能整天跟着你要了。"他很吃惊，没想到我对他的情况这么了解。他很狡猾，转而笑道："没想到你一个小姑娘这么厉害，和气生财嘛。这样吧，不就是 40 万吗，你过两天来，我叫财务算一下，咱们把账结了。"他轻易把零头的两万抹掉了，我更正说："是 42 万。"他笑说："差不多，好，你过两天来吧。"

两天后，我又去了，这次他直接见了我，拿出一个账单，说："你看，你们的货卖了 30 万，而我的费用就用了 28 万，一会我叫财务领你去仓库，把旧货提了，这是两万元的支票，你拿走吧。"我跟财务去了仓库，我们的产品被堆在一个旮旯里，好容易凑够了 10 万的货，我叫人把货拉回去。拿着两万元的支票和那些含糊不清的费用清单，我知道再去直接要款是太难了，忽然计上心来。我知道他现在对我很警惕，所以我不再去找他了，而是着力于新产品的推广。新产品在我认真的运作下逐渐打开了市场，几个月后销售额竟然达到了 500 万元/月。新产品的强劲走势让张经理眼红，于是他又找到我要做代理。我也摆出一副不计前嫌的样子，愿意和他合作。但是我坚持必须款到发货。我要求他首批打款必须打够 30 万。他看到新产品火热的销售形势就同意了。

很快 30 万货款到位，我拿出那个费用清单按照当时合同中规定的去掉那些含糊不清的费用，剩下的费用中我们只负责一半，约 10 万元。然后我给他打了 10 万的货。他找到我，这时主动权已在我手中，一笔一笔算下来，他不得不心服。至此，漫长的讨债路结束。以后的合作中我一直很谨慎，坚持款到发货，避免了纠纷。

斗勇

应收账款的追讨要分几种情况，比如说经销商欠款和酒店欠款的情况不同，追要的方式也不能一样。

拿经销商来说吧，经销商有一些欠款大多只是想向厂家多要些支持，要求厂家对他好一些。如果这个经销商潜力较大，销售人员就可以主动向厂家多争取点支持，多上点广告。让经销商有信心，会起到很好的效果，货款回收也比较容易。

但是酒店的欠款一般就没有这么简单了。我一般采取两种方法：一种是天天去要，就是软磨硬泡那种，坐在那里不走。如果酒店老板不搭理，就跟着他一直说、诉苦，比如说："我们的业务经理管得很严，如果这笔款不到的话，单位就要扣我们的工资。本来我们工资就不高，挣钱挺不容易的。你马上把款打回去，我们好商谈下一步的合作。"等等。但是有些人就不好相处，他们撵我走，我就在他们的酒店里,见到谁就跟谁说:跟服务员说,跟客人说,反正他不给我钱我就不走。

酒店老板最怕缠人,一般也就不会拖得太久,一些大酒店扣一些费用后货款也能偿还。

碰到那种硬不给的。我就采取第二种方法:就是叫上相关部门的人去要。比如说工商、税务人员啊等等,利用社会关系逼迫他还钱,并且停止给他供货。商人嘛,靠产品赚钱,停了他的货就是停了财源,有些人就屈服了。

有礼有节

什么时候给经销商打催欠电话也是有学问的。在欠债人情绪最佳的时间打电话,他们更容易同你合作。例如下午3:30时打电话最好,因他们上午一般忙着做生意,下午是他们点钞票的时候,一般心情都较好,此时催欠容易被接受。必须避免在人家进餐的时间打电话。午餐时间大约是上午11:45时到下午2:00时。一般经销商中午招待一下客人,喝点小酒,或午休一下,再加上午休起来还需要清醒一下,所以3:30打电话最佳。此外,在经销商进货后,估计他卖到80%后催还欠款的时机最佳,这时有钱,只要你态度坚决,他考虑到公司进货时有个好脸色怎么说也得还一部分。最后是月底到来时,有的经销商考虑到要到公司结月奖时,有个大家都乐呵呵的局面,他也会还掉部分欠款的。

在收到欠款后,要做到有礼有节。在填单、签字、销账、登记、领款等每一个结款的细节上,你都要向其具体的经办人真诚地表示谢意,以免下一次他故意找借口刁难你。如果只收到一部分货款,与约定有出入时,你要马上做出一副不依不饶、很生气的样子。如因对方的确没钱,也要放他一马,发脾气的目的主要是让他下一次别轻易食言。一般不能在此时去耐心地听对方说明。如客户的确发生了天灾人祸,在理解客户难处的同时,让客户也理解自己的难处。如你可说就因没收到欠款,公司已让你有一月没领到工资了,连销售部经理的工资也扣了一半。在诉说时,要做到神情严肃,力争动之以情。

调整心态

尽可能地全面了解经销客户的经营状况:包括进货周期、结账周期。关键是,你要每次比其他企业能领先一步拿到应收的账款。因为大多数客户的资金周转都不会十分宽松,你能挤进头班车,其他企业的业务人员只能等下一班车了。

有时候,为了达到既完成销量又货款回笼这两个指标,企业的个别业务人员通过耍小聪明,以骗得客户的信任,而轻易收到了某一笔货款。但实际上,客户在外的应收款没有及时收回来,那么,等客户觉醒过来,业务人员以后的收款工作难免就会不顺利。

曾经有个企业的业务人员每次去收款都不顺利,后来该客户在一次与我一起喝酒的时候,客户无意中提及:如果有事要找到该业务人员,只要打电话叫他来收款,保险他准时赶到。

不要为了讨债而去收款,而是协助客户一起去经营好其货款,这才是降低企业应收款的根本所在。

记住:一个纯粹的讨债人是不可能与商人合作成功的。

资料来源:《糖烟酒周刊》,魏庆

在日常的经营过程中,企业为保证销售工作的正常进行,防止商品脱销而在周转仓库储存一定的商品。可与月别销售预算相配合,订立相应的存货预算。生产不同类型产品的企业存货预算是不同的,如生产常年销势平稳商品与销售起伏较大的商品在存货预算上有很大的区别。在日常经营活动中可能会由于商品滞销而产生不良库存,尤其像时装等流行周期较短的产品,不良的库存会严重影响企业的正常经营。确定存货预算时必须十分注意制造部门和销售部门责任的区分。

存货预算是销售与生产两大部门联系的桥梁,是销售部门制定存货计划和生产部门制定生产计划的依据。

5.1.2　销售预算管理的作用

1.计划指导

销售费用预算是销售管理过程中有效的管理工具。对销售管理工作中不同项目的费用提供具体的数字化的指导,促使销售人员在一定的费用条件下完成本职工作,以确保企业经营目标的完成,因此销售预算管理具有计划指导作用。

2.协调配合

企业运用销售预算来协调销售部门各个方面各个环节的活动。合理使用有限的销售活动经费,以保证其发挥最大的效用。

3. 控制评价

销售预算明确销售人员的工作职责,并衡量销售部门任务完成的数量和质量,进行客观公正的评价。

4. 激励

通过销售预算使销售人员不仅注重销售量,还比以往更注重利润,设计合理的销售预算使这两者的重要性都得以体现,使企业目标和销售人员的目标更加紧密地联系在一起,真正体现了工作激励。

—— **即问即答 5-2** ——

销售预算的作用是什么?

5.2 销售费用水平确定方法

在许多大中型公司,销售部门可能是惟一取得收入的部门,其收入的多少、效益的好坏直接影响着企业其他部门的活动和整个企业生产经营的正常进行,所以,销售部门的预算在企业中常常具有优先权。一般情况下,只有当销售预算确定后,整个企业的营销活动的具体内容才可以逐步确定下来。企业为了比较正确地确定销售预算水平,往往采用多种方法结合起来使用,这里主要介绍几种常用的方法。

5.2.1 销售百分比法

用这种方法确定销售预算时,最常用的做法有两种:一是采用去年的数据,即去年本公司总的销售费用占销售总额的百分比,再结合今年的销售总额预测数量来确定今年的销售预算额;另一种做法是把最近几年的销售费用占销售总额的百分比加权平均,得出的结果作为今年的销售预算水平。

这种销售预算水平的确定方法其优点很明显,即简便易行,有历史数据作为参考,从静态角度看还是比较合理的。但其缺点也十分明显,这种做法往往忽视了公司的长期目标。销售工作是一种动态的活动,盯牢历史数据往往不利于公司销售部门大胆地开拓市场。把注意力集中在短期目标即静态的费用控制上,人为设置费用额界限,这样就有可能使公司处在为减少费用而导致销售量下降——费用下降——销售量进一步下降的恶性循环中,最终导致企业经营的失败。例如,公司为增加销售额而需要增加新的开支,如销售人员的增加导致工资支出的增加、广告投入的增加导致广告费用的上升,但这些措施可能在短期内使销售增加的效果不太明显,而费用占销售额的比例却是实实在在地上升了,为了不影响短期业绩,许多公司可能会尽量不增加销售人员数量,减少或保持广告支出费水平。但从一个较长时期来看,增加销售人员可能提高销售量,增加广告投入可能提高企业产品的社会知名度、扩大占有率,反而有可能降低费用占销售总额百分比水平。

——**即问即答 5-3** ——

百分比法的优点是什么?

5.2.2　目标任务法

目标任务法要求销售管理人员通过确立企业整体的销售目标,明确为实现目标而要采取的步骤和完成的任务,以及估算为完成任务需要多少费用,以此来确定企业的促销预算。目标任务法确定销售预算步骤如下:首先明确企业要达到的市场份额目标,然后确立销售活动要达到的范围,接着确定销售活动要达到的目标,最后确定销售活动效果的评价标准。

——**即问即答 5-4** ——

目标任务法的步骤有哪些?

5.2.3　同等竞争法

很多人认为企业销售工作成功与否,取决于企业在市场上的竞争能力。企业竞争能力的强弱是由企业投入销售费用的多少决定,只要在销售中与竞争者的花费占各自销售量的比重相等,那么就会保持原有的市场份额。

同等竞争法是以行业内主要竞争对手的销售费用为基础来制定本公司的销售预算水平的,"知己知彼,百战不殆",与对手处在同一起跑线上,在同等销售费用水平条件下与主要竞争对手展开竞争。采用这种方法首先必须对行业内主要竞争对手情况有充分的掌握,及时取得大量的本行业主要竞争对手的商业秘密;但在通常情况下,要取得这些资料是很困难的,比较容易得到的资料往往不是最新的,可能是以前的资料,所以用同等竞争法来分配销售预算,有时不能达到同等竞争的目的。即使能够得到竞争对手的资料也没有什么理由认为竞争者比自己更清楚应在促销上花多少钱,因为每个企业的内部资源、市场机会以及经营目标有很大的差别,所以不能以其他企业的销售预算作为指导。

—— 即问即答 5-5 ——

采用同等竞争法的基础是什么?

5.2.4　边际收益法

边际收益是在原有销售规模的基础上每增加一位销售人员所能增加的收益。这是经济学原理中边际收益理论在销售管理中的具体运用。

由于市场上销售增长的潜力的存在,而每个销售人员所需的费用是大致一定的。企业随着销售人员的增加,其销售开始时收益会同步增加,之后会逐渐减少。因此在理论上存在着这样一个点,在这个点上新增加的一名销售人员,其所取得的收益与所花费的费用相等,如继续再增加销售人员,其支出的费用反而比收益要大,得不偿失。边际收益法要求销售人员的边际收益大于零,以此作为是否增加销售人员的依据,这样才能使企业总收益逐步上升。用边际收益法来确定销售人员数量在理论上是可行的,但在实际工作中要确定销售人员的边际收益是很困难的,甚至是不可能的。

5.2.5　零基预算法

1. 传统的销售预算编制方法的缺陷

传统的销售预算以外推法编制的,即将过去的支出趋势(或上年支出额)延伸至下一年度。根据上一年情况将销售预算数额酌情逐渐予以增加,以适应工资提高和物价上涨引起的人工成本和原材料成本的提高。

传统预算编制认为上年的每个支出项目均是必要的,都与企业目标能否实现有十分密切的关系。因此上一年度的每项支出在下一年度中仍必须继续实行,且优先于新计划或新项目。充其量只需对其中的某些项目作适当调整。

从上面可以看出,采用传统预算编制方法,在每次预算年度开始时,各部门以上年实际支出为基础,再增加一定比例,然后上交。主持预算审批的领导,明知预算中的"水分",但因不能透彻了解情况,只得不管三七二十一一律先砍掉一定百分比,随后上下级之间开始讨价还价。年复一年,都是如此。于是上有政策下有对策,有经验的管理人员有意把预算编制得大大超过实际需要,以便被"砍一刀"后还能满足销售工作的需要。老实地吃一堑、长一智,明年再造预算时就学乖了。这种预算编制方法实行的结果，不啻是在鼓励下级欺骗上级。

—— **即问即答 5-6** ——

传统预算存在的问题是什么？

针对传统销售预算编制方法中存在的问题，美国得克萨斯仪器公司的彼德·A.菲尔于1970年提出了"零基预算法"，之后很多企业采用并取得了成功。

2. 零基预算法的含义

在每个预算年度开始时，将所有销售管理活动都看作是重新开始的，即以零为基础。根据企业目标，重新审查销售管理的每项活动对企业目标的实现的作用，公司销售经理首先提出销售管理活动必须的花费。运用费用——效益分析法对销售管理各项活动进行分析，根据销售管理各项活动对实现企业目标贡献的大小进行前后排序，然后将企业的资金和其他资源按照这个序列进行分配。

—— **即问即答 5-7** ——

零基预算的基本含义是什么？

因此，零基预算法又被称为"日落法"：每年年终，各部门工作像太阳下山一样将宣告结束；当新的一年开始时，各部门工作像"旭日东升"那样重新开始。

3. 零基预算法的程序

(1)在开始审查销售预算前，销售经理首先应明确企业的目标，以及企业的长期目标和短期目标、定量目标和非定量化目标之间的关系，并建立起一套可供考核检查的目标体系。

(2)在开始审查销售预算时，将所有过去的销售管理活动当作重新开始。如某项销售管理活动在下一年度还将继续进行，那么必须提交该项销售管理活动计划完成情况的报告，所有要继续进行的销售管理活动的项目，都必须向专门的审核机构证明确实有继续进行的必要；凡是新增加的销售管理活动项目都必须提交可行性分析报告；所有申请预算的销售管理活动项目都必须提交下一年度的计划，并详细说明各项开支预期达到的目标和效益。

（3）在明确哪些销售管理活动项目是实现企业目标所真正必需之后，根据已定出的目标体系各项活动的先后次序重新排列。

（4）企业的资金和其他资源按销售管理各项活动重新排出的先后次序来进行分配。尽可能保证满足排在前面的销售管理活动项目的需要，如果企业的资金和其他资源分配到最后，已无多少剩余的资金可供分配，那么对于一些不是必须进行的销售管理活动，最好的办法是将这些活动暂时放弃。

4.零基预算法运用举例

（1）编制销售预算之前必须回答的几个问题：

第一，本公司的目标是什么？

第二，通过某项销售管理活动要达到的目标是什么？

第三，能从此项销售管理活动中获取什么效益？

第四，该项销售管理活动是否必要，不开展行不行？

第五，该项销售管理活动可供选择的方案有哪些？

第六，该项销售管理活动最优方案是哪一个？

第七，销售管理各项活动其重要性次序怎么样？

第八，为达到销售管理各项活动目标需要资金和其他资源的数量。

表 5-1　零基预算法例表

销售任务	在销售中的作用度	市场代表贡献度	市场代表总贡献度
1.市场开拓	A	B	A×B＝C
巩固原有市场	10％	50％	5％
开发潜在市场	4％	50％	2％
产品广告	4％	30％	1.2％
企业形象广告	4％	40％	1.6％
消费者培育	3％	20％	0.6％
合计	25％		
2.促销			
电视广告	7％	10％	0.7％
报纸广告	8％	10％	0.8％
现场促销	10％	80％	8％
商店销售	15％	40％	6％
合计	40％		

续表

销售任务	在销售中的作用度	市场代表贡献度	市场代表总贡献度
3.销售服务			
送货上门	6%	50%	3%
投诉处理	9%	60%	5.4%
商誉	5%	40%	2%
合计	20%		
4.市场信息			
市场调查	5%	60%	3%
趋势预测	4%	30%	1.2%
竞争分析	6%	40%	2.4%
合计	15%		
总计	100%42.9%		

5.采用零基预算法应注意的几个问题

零基预算法在销售预算管理中有很多优点,如有利于对整个企业的销售管理活动作全面的审核,有利于克服机构臃肿和各种随意性的支出,有利于上层主管集中精力与时间于战略性的重大问题,有利于提高企业的预算与决策的水平,有利于把企业的长期目标和短期目标有机地结合起来等。但是零基预算法不可避免还存在着种种缺点,如企业所投入的人力、物力较多,每年对预算计划的审查极其繁重,在安排销售管理活动项目次序上难免主观性,对企业不大适合等。销售预算管理采用零基预算法应注意以下几个问题:

(1)决策者必须亲身参加对销售管理活动的各个项目的评价过程,真正负起责任来。

(2)主持该项工作的人必须了解企业目标,由此判断哪些是必须进行的。

(3)必须有创新精神,一切从零开始。

—— **即问即答 5-8** ——

销售采用零基预算应注意哪些问题?

5.3 销售费用编制的方式和图表

5.3.1 销售预算编制的方式

销售预算编制的方式一般有三种：自上而下的方式、自下而上的方式、目标下达—计划上报方式。

1.自上而下的方式。由销售各管理高层为所有较低层建立销售预算目标和计划，往下逐级分配销售预算的方式，此种方法属于分配式的方法。这种模式适用于军队，将军制定计划和下属加以执行，在企业中它源自 X 理论（即认为雇员们不喜欢负责和宁愿受人指挥）。自上而下制定销售预算时，主管人员在考虑公司目标和进行销售预测以后，对可供使用的费用额根据要实现的目标和要进行的活动，草拟预算，分配给各个部门。分配方式下的缺点是第一线的销售人员缺乏对销售预算管理的参与感，对上级的决定不易接受。

—— **即问即答 5-9** ——

自上而下的方式的优缺点是什么？

2.自下而上的方式。上行方式是先由第一线的销售人员估计各自的销售预算，然后层层汇总层层上报，属于归纳式的方法。其基础是 Y 理论，即认为雇员们愿意负责，如果他们参与了企业的销售预算的管理工作，就会增强他们的创造性和责任感。在自下而上制定销售预算过程中，销售人员根据上一年度的预算执行情况再结合今年的销售目标任务，计算出达到的最佳目标和计划需要的销售预算，并送交较高层次的管理者批准。上行方式的缺点在于下属的预计数不一定与企业整体目标相适应，故往往被否决。

—— **即问即答 5-10** ——

自下而上的方式的优缺点是什么？

3.目标下达—计划上报方式

大多数的企业常常采用目标—下达计划就上报的销售预算管理方法。高层管理者在充分了解企业的市场机会和消费者需求后，确立企业的年度目标和为达到这些目标所需要的销售预算,层层分解到企业销售部门各单位,作为正式的年度销售预算计划。

—— 补充阅读材料 ——

方兴公司销售预算过程

方兴公司年度销售预算工作过程从每年八月底就正式开始,方兴公司最高管理当局在收到市场调研报告后,马上制定并向公司销售部门各单位发出说明下一年度公司销售总量和利润目标的指导性文件。在九、十月间,销售部门经理及各省区销售经理共同磋商,制定出总的销售计划及销售预算。在十月中旬,负责销售的副总经理审核和批准总的销售计划及销售预算,然后把它们提交给公司总经理作最后的批复。同时,各省区销售经理会同地区(市)市场主管制定地区销售计划及销售预算,地区(市)市场主管会同下属市场代表和销售人员共同制定县(市)销售计划及销售预算。最后,在十月份的第四周,由公司财务副总经理编制销售预算,在十一月初,报送高层管理当局批准。这样,计划工作过程历时三个月,一套完整的销售预算方案就准备就绪,可以付诸实施了。

企业究竟采用何种销售预算编制方式,应视企业内部情况而定。如果企业高层对销售第一线情况了如指掌,并且第一线销售人员深深信赖上级的话,宜采用自上而下的分配方式。执行分配方式必须彻底,如果发现地区经理缺乏完成销售目标的能力,就应换人负责。如果地区经理能以公司的立场,分析自己所属区域,而且销售预算水平在企业的许可范围内,则适宜采用自下而上方式。

无论采用何种销售预算管理方式,在订立销售通预算时,需要有运行良好的企业管理体制作为保障。一方面,最高管理层应十分清楚企业的销售目标,另一方面,也要注意销售人员对销售目标的反应。编制销售预算时处在中间位置的区域销售经理地位十分重要,应对上级的销售预算草案与下级所呈报的销售预算,加以比较、分析和协调,因为地区销售经理不仅详知销售管理活动的实际情况,也深知高层管理者的意愿,所以最适宜于调节上级销售预算草案与下级销售预算草案之间的差异。这样销售预算折衷了高层管理者与销售人员的意愿,并拟定切实可行的销售预算案,从而提高销售人员对销售预算管理的参与感和士气。

5.4　销售预算管理的内容

5.4.1　优惠券促销预算管理

优惠券成本的计算比较简单,只要加总所有实际发生的费用或可能发生的费用即可。

方兴公司在某报上刊登一则优惠券广告,上面附着 0.15 元的优惠券,当顾客下次购买商品时,可凭优惠券享受折扣 0.15 元。预估此次优惠券促销活动花费:

报纸广告费是 1000 元,广告设计制作费为 250 元。

该报发行量为 10 万份。预计优惠券的兑换率为报纸发行量的 10%,即 1 万份。

按兑换 1 万张计算,每张优惠券面值 0.15 元,即 1500 元。付给中间商每张手续费为 0.07 元,即 700 元,共 2200 元。

按兑换 1 万张计算,每张优惠券本公司促销费用 0.05 元,计 500 元。

由上述可得出共花费 3950 元,以此金额推算 1 万张的兑换支出,平均每张高达 0.395 元,而不再是面值 0.15 元。

当然,如果优惠券兑换率高于 10%,则促销总花费势必提高,但是每张的平均支出却会相对降低,因为广告费是确定的。运用这种推算方式,可预估任何类型的优惠券促销费用。

—— **即问即答 5-11** ——

你认为兑换率是高些好还是低些好? 为什么?

5.4.2　采用免费样品费用

通过免费样品赠送吸引消费者使用,进而使他们成为现实的购买者,效果非常明显。方式有直接邮寄、分户分送、定点分送等形式。由于免费样品赠送促销范围广且变动又快,花费的成本不可能精确核算。只能对成本进行粗略的估计。

1. 直接邮寄成本:邮资。

2. 分户分送成本:分送户数的多少决定费用的大小,弹性很大。如城市与农村就完全不同,这涉及分送区域的大小、各户住家相隔距离远近,这些都影响着促销成本的变化。免费样品赠送的成本主要包括样品费、分送费、宣传品印刷品费、包装材料费等。同时还应取得当地街道居委会的支持。

3. 定点分送成本:以分送样品和示范人工费为主,不考虑分送出的样品数量,每人每天固定的工资报酬,再加交通费、样品费和其他费用。

4. 包装分送成本:将样品放在商品包装内或附在商品包装上的分送方式,成本较低,只有样品费以及附在包装上的人工费和其它宣传费用等。

免费赠送样品促销活动的成本支出主要包括以下一些项目:样品费、样品包装费、样品包装加工人工费、促销活动人工费、广告费、邮寄查询费、邮资、优惠折扣值及中间商费用。

5.4.3 竞赛与抽奖的促销费用

当商品销售没有能够达到预定目标时,很多企业会推出"强心针"式的促销方式,让消费者处于中奖的期待之中,吸引他们踊跃购买以达到增加销售的目的。竞赛与抽奖是一种有效的促销方式,竞赛是针对有才能的消费者,吸引他们参加某种竞赛活动;抽奖则针对所有参加活动的消费者,随机抽样。在运用竞赛与抽奖进行促销时,其费用构成大致包括以下一些项目:

1. 奖品支出费用;

2. 媒体的广告宣传费用;

3. 零售点宣传品费用;

4. 竞赛参加者的表格印制费,场地租赁费;

5. 工作人员人工费;

6. 评委费用和公证费用;

7. 其他杂费,如税金、保险费等。

—— **即问即答 5-12** ——

竞赛与抽奖适合在什么样的情况下采用?

5.4.4 包装促销的费用

包装促销是企业直接将赠品送给购买商品的消费者,以此促进商品的销售。方式主要包括包装内促销(赠品放在包装内)、包装上促销(赠品附于商品外部)、包装外促销(买一送一)和可利用包装促销(再使用容器)。采购赠品时应特别注意赠品的合法性。包装促销的费用大致有以下一些:

1. 赠品费用;

2. 包装说明书印刷费、包装材料及人工费、赠品运费等;

3. 如果附赠品是优惠券,则还要加上赠品兑换方面的费用;

4. 提早进货、存货增加导致成本的上升;

5. 零售点的广告费用;

6. 媒介广告费用。

5.4.5　广告预算管理

企业一经确定销售目标,接着就要编制广告预算。广告预算在销售费用总额中占很大的比重,直接影响企业盈利多少。广告预算是企业整个广告计划能否顺利实施的经费保证,广告预算应准确、合理、周密、详细。

1. 广告预算概述

(1)广告预算的含义

企业的广告预算就是对企业一段时间内广告活动所需费用的匡算,是企业投入广告活动的资金和其他资源的使用计划。它规定在广告计划期内从事广告活动所需的经费总额和企业其他资源的数量、使用方法和范围,是企业广告活动得以顺利进行的保证。

编制广告预算,可以合理地解决广告费与企业利益的关系。目前广告效果问题还缺乏研究,界定广告效果的好坏非常困难。

对一个企业而言,广告费既不是越少越好,也不是多多益善。总的来说,广告活动的规模和广告费用的大小,应与企业的生产和流通规模相适应,在发展中求节约。在正常情况下产品销售量与广告的相对费用是成反比的。因为,广告促进了销售,也就促进了生产成本和销售成本的降低,也包括单位广告成本的降低。但从经济学的角度来考察,任何现实投入都存在着边际产出问题,即广告的投入同样要适度。过度的投入不但不会使投入产出比上升,相反会引起投入产出比的降低,使生产和流通的成本增加。因此,广告宣传也必须掌握适度原则。通过广告提高消费者对产品的需求,以实现企业的销售目标。但很多企业并不清楚本企业的广告支出是否适当。如果支出太少,效果就不明显,很多原辅材料生产公司常常依赖其销售队伍带来订单,它们广告支出很少,低估了公司形象和产品形象在售前争取消费者的能力;如果支出太多,就浪费了,很多生产经营日用消费品大公司的形象广告往往在媒介上泛滥,但对其效果却没有多少把握,由于缺少市场营销调查和战略定位工作,使企业花了冤枉钱。

—— 即问即答 5-13 ——

广告投入为什么必须适度？

有人认为广告带来的是延期效益。广告的支出虽然是现期的,但实际上有一部分却是用来培植称作商誉(或品牌价值)的无形资产的投资。这种将广告视为当年支出的看法会限制企业的发展。

广告对提高品牌忠诚者的购买量有明显的效果,但对争取新顾客效果不大。如果只考虑广告在当年的影响,则显然低估了广告的效果,这在做广告预算时必须予以考虑。

—— 补充阅读材料 ——

窄众营销,别让无效客户分流广告费用

每到了重大节假日或长假之前,媒体上的版面便成了各房地产商竞相角逐的舞台。你连包四个版,我就使用大量彩色夹报;你敢连投一周广告,我就敢在一日之中让广告在数家媒体上同时登场。站在一个局外人的角度看,不少发展商的财大气粗的广告乱投放其实是一种膨胀的虚荣心理在作祟,发展商企图通过大规模的广告轰炸给媒体、给社会、给公众、更给竞争对手塑造一种印象:我就是有实力,我不在乎这几百万几千万的广告费,怎么样?

当然,在广州这种房地产市场高度成熟,消费者理性程度高的城市中,竞争状况之激烈有时也逼迫发展商不得不靠大量的广告让自己的声音或多或少地被人听到。广园东别墅凤凰城在 2002 年五一前一周中包下所有媒体广告版面,用几千万就砸出七个亿的销售量,其传奇故事让其他发展商感动躁热难耐蠢蠢欲动。而放眼医药行业,哈药六厂在全国攻城掠地般的广告投放,同样为其惊人销售创下奇迹。榜样的力量是无穷的,既然有许多先行者是靠广告来烧出市场,后来者更可大肆模仿,企图印制别人的成功。当然,别人的成功不等于自己的成功,单纯的模仿绝对无法有所建树。碧波花园的发展商就遇到了这样的困惑。

"播下的是龙种,收获的却是跳蚤"

碧波花园是位于广州郊区的一个占地超过 60 万平方米大型别

墅区,每幢价格从 70 万至 300 多万不等。相对于其他的郊区盘,碧波花园的独特优势有总体规模大、小区设计别有特色,性价比也有一定的优势,而且交通发达,与广州有全程高速公路直达,离香港也只需一个小时船程,至有"小香港"之称的东莞更是只有四十分钟车程。项目的第一期在 2003 年中期就开始推出市场,由于前期整个楼盘的许多设施尚未启用,加上广告投入少,成交量一直乏善可陈。为了打开局面,发展商委托了本地一家顶尖的广告公司制作了一辑投资巨大的电视广告片,同时准备好所有资料,准备随着电视片的播出,同时上马报纸、夹报、电台、传单、海报等宣传,抢占 2003 年国庆黄金周的到来。

在国庆黄金周到来的前一周,碧波花园的大规模广告战在广州、香港、东莞三地同时拉开帷幕,与此同时进行的是,发展商还在报上公布了碧波花园国庆七日的活动节目表。从节目表上看,发展商所提供的节目可谓繁花乱人眼:有专业歌舞表演、游园活动、魔术表演、儿童歌唱比赛、抽奖、丰富自助餐等等一系列的活动,发展商铆足了功夫来吸引客户。

或许是被发展商的"诚心"所打动,前来碧波花园的人潮每日都络绎不绝,趟趟看楼车黑压压挤满了人,每日从广州市中心开出的十来趟看楼车仍然满足不了巨大的人潮,发展商不得不紧急增加几趟看楼车。

在售楼部中,每日都喧哗得震耳欲聋,几十个位子早早被坐满,很多后来者只能站着,不少看楼客是一家大小外加亲戚朋友十来口人一起来。如此巨大的人潮远远超出发展商的预期,售楼部十几个销售人员外加十个 PART-TIME 根本不够应付。而且由于楼盘占地面积太大,从售楼部到样板间好长一段距离,进出都必须坐电瓶车,碧波花园原有几辆电瓶车根本不能满足需求。更糟糕的是,由于样板间分散,销售人员每带一个客户参观样板间兼解说的时间最少长达一小时,许多人白白在售楼部等上老长时间都未能到样板间去参观,更遑论有机会咨询了解情况。

到了中午自助餐时间,场面更加混乱,由于人多地方小,你挤我挤的,食物根本不够分,有些人就顾不得礼节,争抢起来了,场面一度险些失控。

如此混乱的场面,使许多人都皱起了眉头,售楼房的人员不得不一遍又一遍向前来质问的客户致歉、解说。除了那些坐看楼车前来的客户外，一些自驾车前来的客户带着怒气离去。

热闹而又混乱的七天终于结束，工作人员拖着疲惫的身体在清理完一地狼藉之后，关上门清算一下七天来的收获：一共成交出了五套别墅。

数百万的广告费外加几十万的表演、场地搭建、人员成本、车辆成本，最后仅仅带了五套成交量？按每套90万的均价计算，五套别墅的总成交金额不过450万，与广告费的投入相差无几。每日数以千计的熙熙攘攘而来的客户，为什么熙熙攘攘地走了，什么也没有留下？为什么这些花巨资吸引来的客户都是无效客户，问题出在哪里？

难道一切都是广告惹的祸？

找出浪费了的那一半广告费

造成这种令人尴尬的局面，原因有多方面：一是发展商对人潮数量预计不足，同时场面控制能力欠佳，造成场面混乱。由于人潮过多，导致服务质量下降，客户不满，令一些潜在的购买客户怒然离去。最糟糕的是，大量带着游玩性质的客户占据了有限的资源，从而产生一种"挤出效应"，使一些真正的客户无法了解到需要的信息，最后不满意地离去。二是由于广告投放方向有误，没有将广告的矛头真正指向适合碧波花园的有效客户，而且传播了"错误的信息"，吸引了许多无效客户乘风而来，浪费了发展商大量资源。此两点原因中，后者是主导因素，由于广告策略的失误间接导致了第一条因素的产生。

碧波花园发展商在广告策略上的失误主要有以下几方面：

一、广告宣传与现实状况存在落差

由于碧波花园小区内的园林、会所、酒店都尚处于装饰修缮阶段，外部粗劣包装影响了观感。而发展商为了追求美感，在平面广告与电视广告使用了许多虚拟的图片，让客户认为都是碧波花园的实景。来到现场之后，现实与宣传上的落差让许多人都产生很大的失望情绪。

二、广告诉求没有表达出最核心要素

从碧波花园的位置、价格上看，购买碧波花园的客户不可能属于常住型,而是用于度假或者投资,而且属于二次或者三次置业。这批客户都是事业有所成就,追求名望或者尊贵的享受。而现在碧波花园的广告中所提到的却只是重点介绍其交通如何便利、景观如何优美、小区设计独特等外部因素,却没有提及目标客户更关心的核心诉求:与其他别墅相比,碧波花园能给予客户怎样一种与众不同的尊贵感;碧波花园的投资价值与发展前途如何。

三、市场推广策略不明

发展商在碧波花园的广告投放时,考虑的重点放在如何最大程度地让广告覆盖整个市场,所以不分渠道在全线上马广告信息,电台、现场 SHOW、大横幅、街头派单、几大平面媒体、数家电视台,广告费如水一样洒出去,却落地无声。这种大规模撒网式的市场推广手法只适合大众化的楼盘,而不适合碧波花园这种相对高端的产品。碧波花园的客户属于大众群体中金字塔尖的一小部分,他们的欣赏口味、阅读习惯、接受信息的渠道必定与一般消费大众有一定的差别。碧波花园这种不分东南西北大撒网的市场推广方式,其信息能真正到达有效客户身上的机率是微乎其微,而更多的信息却被无效客户所吸收消化。

碧波花园开盘之后,发展商只知道要尽快将别墅卖出去,至于别墅卖给什么人、这些人在哪里、他们有什么样的消费习惯、喜欢什么样的信息接受渠道、目标客户最看重项目的哪一些要素,发展商可谓糊里糊涂,以致将销售的动力寄放在大量的广告之上,天真地以为只要电视广告片够精美,平面广告语够刺激,现场人流够多,销售量就一定会上去。事实证明,市场的理性远超出发展商的意料,因为投入巨大的广告费中,八成以上浪费在无效客户身上。

"我不知道风往哪个方向吹"——这句话来描述碧波花园前期的广告策略最恰当不过。

窄众营销,精确命中目标群体

根据项目前期所出现的失误及市场的反应,我们建议发展商一改以往那种大众化的营销方式,改用窄众营销方式。相对于大众化的营销模式,窄众营销首先在传播的范围上只针对特定的目标群体,而且只使用目标群体最容易接受的术语、信息接受渠道、广告传播方式,力求以最少的投入最精确地命中目标群体。

当然,这一切都是经过我们二个月的细致客户调查后所提出的。我们将碧波花园的目标客户分为三类:大型企业中层以上管理人员、私营企业主、外资企业高级白领。碧波花园的目标客户都是事业有成、在社会上有一定地位、文化教育程度较高的中上层人士,他们购买别墅的目的一是用于与家人度假,让自己在平日繁忙工作中得以放松,充分享受生活之美好;二是纯粹用于投资升值。

在洞悉客户需求心理之后,我们将广告宣传分为三个部分:

1. 调节广告诉求:首先突出碧波花园与众不同的独特卖点,并强调这里属于少数人所能享受的楼盘,满足目标客户追求尊贵的心理。其次,强调碧波花园是成功人士与家人共享天伦之乐、享受人生的休闲之处。

2. 软文策略:网罗一批深谙新闻运作与房地产专业知识的人才,撰写一批高素质的软文,不动声色地渲染碧波花园所在区域的发展前景与碧波花园的投资价值,并在目标群体经常接触的媒体上投放。

3. 公关营销:不再举行适合大众口味的现场歌舞表演,而是在碧波花园装修豪华的会所中举行音乐视听鉴赏会、经济发展论坛、房地产投资前景之类艺术性高、专业性强的活动。这些活动都是目标群户所感兴趣的,我们再借此向他们发出邀请,让他们在一个轻松的氛围中既欣赏到他们所喜欢的节目,同时也接受到碧波花园的有效信息。

在广告投放上,我们也一改不分东南西北的地毯式轰炸,而是有选择性地进行区分:电视选择香港的翡翠台(在广州及珠三角地区拥有很高的收视率),报纸选择广州一家日报,而杂志则只投放一家比较有影响力的财经杂志,同时还在一家华南地区首屈一指的门户网站上设计了动感十足的网络广告。

在广告投放这种"拉式"策略之外,我们利用发展商与各银行、商家、行业协会的良好关系,获得高端客户的相关资料,建立一个客户资料库。然后再通过直邮及邀请信、手机短讯的方式,不动声色地将碧波花园相关信息传递出去。

由于目标的精确,广告投入就大大收缩,而且各媒体之间的广告频率与搭配,经过我们的精心计算,也比原先减少了很多,但是效果却比以前好得多。虽然接下来碧波花园再也没有出现黄金周那种人山人海的火爆场面,但是来的客户的目的性却强得多,大多抱着了解比较的潜在购买心态而来。由于少了很多游玩式的无效客户，销售部的接待工作也少了很多，而对有效客户的解说、跟踪、耐心讲解的时间多了，服务的质量也提高不少，碧波花园的销售终于从先前的困局中走出，成交量开始节节上升。

结束语：什么样产品需要进行窄众营销

我们经常会看到的一些专业性很强的产品，虽然其受众的面非常狭窄，但却经常投放在大众化的平面媒体，最著名的莫过于INTEL的芯片广告：英特尔越过其产品的直接受众——主板厂商，而将广告信息直接指向普通的终端用户。这种营销方式有时会给企业主或媒体投放的策划人员造成一定的困惑：究竟什么样的产品才需要进行窄众营销？什么样的产品适用于大众化的营销方式？

我想此问题并无定式可言，也无法以具体产品去划分。在产品的不同阶段，比如导入期、成长期、成熟期以及衰退期，产品所面对的市场状况与消费对象都会有所差别，什么样的营销方式才是最有效，就要依据实际情况而定。如果只是依凭以往经验（或者别人成功经验），因循守旧地相信在特定情况就要采取特定策略，就如碧波花园发展商盲目相信开盘广告投放一定是越大越多的话，就会成为新版刻舟求剑的笑谈。

可以肯定的一点是，策划者必须对产品属性及消费者属性有透彻的了解与把握。只有在这个基础上，才能知道什么样的营销策略最有效，才可以将具有说服力的信息准确传达给消费者。

中国营销传播网，2004-05-17，作者：林景新

—— **即问即答 5-14** ——

你对上述这些话有什么不同的看法？

（2）广告预算的内容

广告预算的内容，主要包括企业销售管理活动过程中所需的各种广告费用，包括市场调查费、广告设计制作费、广告媒体使用租金、广告工作人员工资及其他费用。依据其用途，可划分为五类广告预算：第一类是企业销售部门总广告预算、各种商品和各销售地区的广告预算，作为企业销售管理部门每计划年度都必须根据销售计划制定总体的广告预算、企业各种产品的广告预算、企业各销售区域的广告预算；第二类是长期广告预算和短期广告预算，

广告预算根据广告预算计划期限的长短,分成长期广告预算和短期广告预算,在这里长期和短期的区分一般是一年以上或两年的叫做长期预算,比这期限短的叫短期预算;第三类是商标、产品广告预算和企业广告预算,广告预算分成商标广告预算、各种产品的广告预算和企业广告预算,企业广告预算是为树立企业形象和提高企业知名度而做的广告预算;第四类是新产品广告预算和已有产品的广告预算,新产品刚上市与已经上市一段时间的老产品在对广告要求上有所不同,按产品的新旧之别分别制定广告预算,有的企业广告预算做得更细,根据不同产品所处的经济寿命周期阶段的不同,分别有针对性地进行广告预算;第五类是不同媒介的广告预算,在决定总体预算时划分不同类型的广告媒介如广播、电视、报纸、杂志等,再根据不同类型广告不同要求分配广告预算。

(3)做广告预算时应考虑的问题

广告预算是否合理,会影响广告宣传活动的效果,甚至影响产品销售,关系到企业在竞争中的成败。为了使广告预算尽量符合实际需要,在编制广告预算时,应考虑如下四个方面:第一,预测。通过对市场变化趋势的预测、消费者需求的预测、市场竞争性发展预测和市场环境的变化预测,对广告任务和目标提出具体的要求,制定相应的策略,从而较合理地确定广告预算总额。第二,协调。把广告活动和市场营销活动结合起来,以取得更好的广告效果,同时完善广告计划,实施媒体搭配组合,使各种广告活动紧密配合,有主有次合理地分配广告费用。第三,控制。根据广告计划的要求,合理地有控制地使用广告费用,及时检查广告活动的进度,发现问题及时调整广告计划。第四,效益。广告直接为产品销售服务,因此要讲究广告效益,及时研究广告费使用是否得当,有无浪费,以便及时调整广告预算。如果不能科学地及时调整广告预算的不合理情况,广告效益就得不到保障。

2.广告预算的分配

在匡定广告预算之后,要针对广告计划的各项细目,将广告预算总额分配到各个广告活动的项目,这是通过广告预算对广告活动进行组织、协调和控制的实施过程。

(1)影响广告费分配的因素

第一,产品生命周期。一般而言,处在引入期和成熟期的产品,其广告费应多于成长期、饱和期和衰退期的广告费。

第二,利润率。利润率高的产品,广告费投入一般较多;反之,低利润产品的广告费投入则较少。

第三,销售量。销售量大的产品,投入的广告费多;反之则少。

第四,市场范围。市场范围大的产品投入的广告费多;反之则少。

第五,市场竞争。市场竞争激烈,广告费投入多;反之则少。

第六,经济发展状况。经济发展形势好,市场兴旺,商品畅销,供不应求,则投入的广告费少;反之则多。

第七,各部门任务不同,所负担的工作性质和工作量不一样,广告费的分配份额也有所不同。但应保证媒体费用,媒体费用占广告预算总额一般控制在 70%～90%。

(2)广告预算分配的范围

第一,媒体间分配。根据媒体策略划块分配。

第二,媒体内分配。同种媒体的划块分配结果在不同媒体单位间的分配。

第三,地域分配。依据需要在各区域间摊分广告费,实行切块分配.

第四,时间分配。长期的广告计划,有年度广告费的分配;季度广告计划则有季度、月度广告费的分配。此外,还应留有一部分作为机动费用。

第五,商品分配。不同广告产品间的广告费用分配。此外,公益广告、企业形象广告和观念广告,也需要分摊一部分费用。

第六,广告对象分配。按广告计划中的不同广告对象,如团体用户和企业用户、最终消费者等分配广告费。

第七,部分分配。指企业内外的广告费分配,如自营广告费与他营广告费的分配。

(3)广告预算书

广告预算书的内容是对广告预算的列支、分配等进行详尽的说明。一般应以图表形式列明广告预算的项目列支和项目内费用的分配等内容。

第一是项目列支,包括市场调研费,广告设计费,广告制作费,广告媒体租金,广告机构办公费(或管理费)与人员工资(服务费),促销与公关活动费,其他杂费开支(如邮电、运输、差旅、劳务等费用)等。

第二是项目的费用分配,项目内费用的分配,主要指广告预算列支项目的细分项目的分配,或不同工作阶段的广告费分配。

第三,在广告预算书后,一般还附加说明文字,对预算书的内容进行解释。

第四是广告预算书的基本格式(如表 5-3、5-4 所示)。

表 5-3 方兴公司广告预算书

单位:方兴公司浙江市场部   期限:2000 年 1 月 1 日—2001 年 12 月 31 日

广告媒体	占广告费用的%	广告媒体	占广告费用的%
报纸	30	POP	2
杂志	9	户外广告	5
广播	6	邮寄广告	5
电视	15	其他广告	10
尝试品	8	、合计	100

负责人: 预算员: 日期:1999 年   月   日

表 5-4 广告费支出分类表

单位:方兴公司浙江市场部   期限:2000 年 1 月 1 日—2001 年 12 月 31 日

广告预算项目	开支内容	费用	执行时间	备注
市场调研费				
广告设计费				
广告制作费				
广告媒体租金				
促销和公关费				
管理费用				
期货杂费				
广告预算总额				

负责人: 预算员: 日期:1999 年   月   日

—— **即问即答 5-15** ——

请你结合实际写一份广告预算书。

5.4.6 销售人员的报酬预算管理

目前我国大中型企业中,不仅在不同行业间销售人员的报酬方案有很大的不同,即使是同一行业的各公司之间,报酬方案也千差万别。各公司为吸引足够数量素质较好的销售人员,在销售人员的报酬预算上均下了一番功夫,以便拟定一个对优秀销售人员具有吸引力的报酬方案。

一方面销售人员一般都希望公司能给予稳定的收入,并对超额完成任务给予比较优厚的奖励。另一方面企业管理部门则比较强调易于对销售人员控制、节约费用和操作简单方便。因此管理部门的目标与销售人员的目标相互之间常常会有矛盾。

企业管理部门对销售人员的报酬预算很大程度上受市场价格因素的制约,报酬水平必须与销售工作的工种和所需能力的"现行市场价格"相适应,否则付得少了就无法吸引足够的优秀销售人员,而多付了又会增加不必要开支。

企业必须对报酬的各个组成部分——固定报酬、可变报酬、费用补助和福利待遇做出预算。固定报酬(薪金)给销售人员稳定的基本收入,可变报酬(佣金、奖金或利润分成)激励销售人员更努力地工作,费用补助(差旅费、电话费)供销售人员支付旅行和食宿费用,福利待遇(休假期间工资、医药费、退休金和保险费)为销售人员安心工作提供一定保障。

—— **补充阅读材料** ——

方兴公司销售人员报酬预算管理制度

1. 基本工资。

初级销售人员基本工资每人每月预算为 400 元,见习期每人每月 300 元。见习期一般为三个月,月销售额 1 万元以上者提前转正,三个月未达到此目标者辞退。

2. 职务工资

共分十级,任职 6 个月以上的销售人员即可参加考核。

级别	10	9	8	7	6	5	4	3	2	1
薪金	800	750	700	650	600	550	500	460	420	400

3. 差旅费、电话费。

定额包干,出差在外的销售人员每人每天 60 元。

4. 成交奖金

成交奖金以成交金额的大小、货款回收时间的长短来确定。

货款回收时间	奖金比率(%)
即时	8.0
5 天	7.0
10 天	6.0
15 天	5.0
20 天	4.0
30 天	3.0
40 天	2.5
50 天	2.0
70 天	1.8
90 天	1.6
110 天	1.4
120 天	1.0

5. 业绩奖金

根据企业年终业绩状况和各位销售人员对公司的贡献大小发给。

6. 年终奖金

以本人的基本工资为基数,年终奖金额为一个月的基本工资。工作三个月以内者不发年终奖金,三个月至六个月者发四分之一年终奖金,满六个月者发二分之一年终奖金,满九个月者发四分之三年终奖金,满一年者发全额年终奖金。

5.4.7 公关费用预算

开展企业公共关系工作要花费人力、物力和财力。"巧妇难为无米之炊",在制定公共关系计划时,必须将费用开支进行大概的预算,进而察看企业是否具备足够的承担能力,并权衡对实现公共关系的目标来说是否值得。

编制预算可以估算全年的活动经费,以便进行考核。

企业公共关系预算的多少是由以下两个方面决定的:一是公共关系机能

的范围;二是企业承受的能力。编制公共关系预算的主要方法有:销售方法
的百分比和目标任务法。

—— **即问即答 5-16** ——

决定公关预算多少的因素是什么?

公共关系费用有基本费用和实际活动费用等两类。基本费用包括人工
报酬,以公共关系人员的工资为主,包括企业内部工作人员和企业从外部聘
用的顾问,大约 60%的预算用于此项开支,基本费用还包括办公、设备、宣传
等费用。实际活动费用包括招待费、庆典活动、商业广告、交际等费用。

随着科学技术的发展和市场竞争的日趋激烈,与此相适应的公共关系费
用也大幅增长。公共关系工作经费一般来说主要由企业拨款,或对公共关系
工作的每个阶段的所需费用进行预算,从企业销售总额中拨出一定比例作为
专项经费,如有的企业每年公关预算为销售总额的 2%~5%。

5.4.8 区域销售预算控制

销售管理有其特殊性,不同地区的费用开支是不同的,有的甚至差别很
大,为及时有效地控制费用的过度增长,同时也为了防止由于费用预算过低
导致销售人员工作积极性受到影响,因此很有必要进行区域销售费用控制。

表 5-5 方兴区域费用控制表

	浙江	上海	江苏	河南	广东
销售量预算					
广告费					
公关费					
样品费					
赠品费					
其他促销费					
住宿费					
电话费					
长途交通费					
市内交通费					

续表

	浙江	上海	江苏	河南	广东
餐饮费					
工资					
临时工工资					
娱乐费					
销售辅助费					
管理费					
办公费					
合计					
占公司销售总费用的比重(%)					
费用与销售量的比率(%)					

【本章小结】

销售预算管理是销售管理的重要组成部分,是销售管理过程有效的管理工具,提高企业有限的费用支出所产生的效益,激励销售人员提高企业经济效益。在企业中销售部门是惟一取得收入的部门,其收入的多少、效益的好坏直接影响着企业其他部门的活动和整个企业生产经营的正常进行,因此提高销售部门的管理水平就显得十分重要。

【案例分析】

推广费用不够怎么办?

相对于成熟企业、强势品牌来说,中小企业、尤其是中小企业的弱势品牌,常常遇到一个最头疼的问题:能用于市场推广的费用总是捉襟见肘。

的确如此,对于中小企业来说,支撑起一项新产品的开发需要大量的资金投入,形成规模生产又是一笔钱花了出去,往往产品生产出来了,钱也花得差不多了。攻占市场,弹药何在?

许多中小企业遇到最多的问题是:推广费用不足的情况下,如何进行市场开拓?

诚然,如果"军费"充足,战役相对好打。但如果认定"小米加步枪"就一定要败给"美式装备",那么,中小企业也就没有存在的必要了。以弱胜强的案例比比皆是,而且也是中小企业做强做大的一个必经之路,无须回避也无法回避。

在多年营销咨询的实践之中,针对不同的企业与市场情况,企业在营销实践中采用了不同的营销推广策略。

一、缩小你的战场——制定适中的市场布局

许多企业老总都有这样的心理:对于新开发的产品信心百倍,恨不能一夜之间红遍全国。因此,在制定营销策略时,都很自然地要开发全国市场,生怕晚了一步被别人占了先机。

由于市场布局定得太大,推广费用势必被摊得很薄,真正做下来,全国各地一片红,各地市场无收成,苦不堪言。

而如果根据企业的资金实力、人力资源状况、营销网络基础等诸多因素进行统筹考虑,把市场规模定小一点,完全可以循序渐进地开发市场,逐步扩大市场规模。

A 企业是江苏一家白酒企业,原以生产基酒为主业,曾数次开发自有品牌运作全国市场均告失败。企业于 2001 年向某知名白酒企业买断了一个副品牌。该公司前来咨询时,我们经过分析认为,前几次失败的原因虽有品牌创新不够、品位定位不准确的因素,但主要病症是由于盲目进行全国市场的运作,虽然全国有十几个省招到了经销商,厂家拿出的推广费用总额也不可谓不高,但分摊到每个省是少而又少。由于厂家无法进行足够的市场投入,经销商也没有投入的信心,导致各市场"只开不发",沦落到了自然销售的困境,最后不得不被迫撤货,该市场宣告"夹生",再行启动难上加难。

新品牌的运作是一个不容再错过的机会。经过对企业运作市场的诸多资源因素进行全面分析论证,咨询公司为该企业提交了新品牌的市场规划,核心内容是全国最多只做三个省级市场,并重新制定了推广费用预算,总额不到原来预算的一半,但算下来每个省的费用额度却让市场部与销售部主管欣喜万分。

按照这一规划,2001 年春季糖酒会,该企业最后与陕西、山东、天津三个省市的富有推广经验、网络基础与资金实力的经销商达成合作。由于推广费用到位,保证了足够的市场投入,经销商信心大增,始终保持了与厂家 1:1 的追加投入。加之由于市场规模缩小,使每个市场营销策略的针对性、可行性有了保证,结果三个省级市场销量均超额完成。

有了三个市场的成功经验与资金回笼为基础,经过 2001 秋季糖酒会与

2002 年两次糖酒会的三次"滚雪球"式的分步扩张,目前该品牌已经在 16 个省级市场成功启动并保证了良性运转。

二、选好先头部队——确定恰当的主推产品

许多企业注重产品的系列化,并且总想把系列产品迅速投向市场。

做为产品的开发策略,这样做是非常正确的。但在市场推广的过程中,这样做势必造成推广费用不足。

而如果从产品线中,选择一个既有价格竞争力、消费量又相对较大的品种作为主推品种,不仅使市场阻力减少,而且推广费用会大幅度降低,传播诉求更加准确到位。

同时,主推品种如果成功导入市场,也为新品牌打下了良好的基础。主推品种一旦被市场认可,就可以把其他获利高的品种水到渠成地铺进各个终端网点,并能迅速被消费者接受。

主推品种的选择要根据该区域市场主要竞争对手的主销品种、市场特点来确定,但要充分评估可能给竞争对手造成的影响,以及考虑应对竞争对手的反击措施。

三、打好地面战争——加强终端推广力度

在推广费用较少的情况下,以媒体作为主要阵地的"空战"不是中小企业的强项,因此,中小企业应当"以勤补贫",以销售终端和促销活动创新,来弥补"高空广告轰炸"的不足。

最直接的做法是采取市场跟进策略,抓住大部分厂家单纯依靠电视等媒体的广告推动,不重视终端销售和促销活动的空档,采取强占终端的策略,加强终端拦截。

苦甘冲剂是感冒药中的二线品牌,但连续两年在济南市场上把许多知名感冒药品牌远远地甩到了身后,依靠的就是这种策略。

2001 年,我们开始为苦甘冲剂进行营销咨询服务时,其推广预算与其他品牌相比差距非常大。为了达到销量提升的目标,我们为其提交了一套销量提升营销方案,在推广费用的规划方面的思路是:企业把昂贵的电视广告大幅度缩减,省下来的费用一部分用在了户外推广活动上,活动密集达到了每周两至三次,形成电视广告所达不到的短期轰动氛围;另一部分用在终端促销上,从高校招聘了 200 名医科女大学生,到各药店做终端拦截,她们的水平远远在其他品牌的促销员之上(而且绝大多数感冒药品牌根本没有终端上促销的习惯)。

最终出现的景象是：消费者看了其它大品牌感冒药的广告到药店买药，出药店时手里拿的却是几盒苦甘冲剂。

就是凭借这样的地面战争优势，苦甘冲剂的市场销量名列前茅，而推广费用总计却不到销售回款的 10%。

四、迂回作战避开强敌——注重广告投放的技巧

把广告的钱用在终端上是一种节省费用的方法，但不是说弱势品牌在推广费用不足时就不能做广告了。

"少花钱，多办事"要从两个途径解决：

一是广告形式避开强敌，与主要竞争对手采取差别的方法或手段，达到一种有效传播，从而节省推广费用。以前的三株、红桃 K，采用住家户投递小报和在墙上刷字等，都属于此类做法，虽然有些方式难以再效仿，但可以有所借鉴。2001 年，我们为美龄月饼及美龄桂花酒作山东市场营销策划时，针对某些强势品牌大量投放昂贵的电视及路牌广告的强大压力，独辟蹊径，不做一分钱的电视及路牌广告，因为即使做了，在密度上无法抗衡，被淹没掉等于白做，而是把大家没有看好的、价格十分便宜的广播媒体作为主要阵地，不仅有每天 24 次的高密度品牌宣传，还有每周三次每次半个小时的黄金时间专题节目，短时间内，消费者不仅认识了美龄品牌，而且对产品的了解程度也非常高。中秋节后看收成，美龄产品在山东上市第一年就跻身同类产品销量前三名。

二是策略寻求创新，要根据竞争对手的情况，通过整合策划，使自己脱颖而出，如脑白金启动市场初期的"软文攻势"，许多保健品常用的非黄金时段超长版本广告投放方式等，都是有效利用推广费用提高投入效果的有效手段。

五、出奇兵以小博大——巧妙策划事件营销

用一句话概括事件营销，就是企业利用时世、时事，找出与企业自身及企业产品相关的结合点，推出企业、产品或服务。

事件营销最大的好处是，能在短时间内迅速引发社会关注甚至形成公众话题，从而树立产品形象，提高知名度，并引导消费者主动了解产品，直到购买、试用产品。

将事件营销用于实践并获得成功的企业不在少数，海尔的张瑞敏在创业初期"砸冰箱"事件就是经典案例。

可许多企业会说：我怎么就碰不上这样的好机会？

一是有些机会出现了，但没有用好。相信当年冰箱会出问题的绝非海尔

一家,可海尔抓住了机会并用好了机会,而别的企业则没有做到这一点。

二是频频碰到可以造势的事件也不现实的,所以最常用的方法是自行策划造事造势,将其需要消费者认同的特性进行宣传,以博得媒体和消费者的关注,从而达到自身的目的。

如我们在为改善胃肠及睡眠功能的保健品——生命元做华北地区营销策划时,在产品上市阶段就制定了事件营销先行的思路。由于没有新闻事件可借用,便自行造势,在当地报纸媒体刊登了一封求助信,以消费者的名义诉说自己由于胃肠及睡眠问题长期得不到解决的苦恼,寻求读者的帮助。结果反响强烈,三天收到电话及信件数以千计,并引发了读者对于胃肠与睡眠健康的关注与讨论。之后,生命元顺势切入,以"求助信追踪:千万人关注吃睡排生命元送来及时雨"为主题,在当地最大的广场举办了答谢读者活动,使生命元的品牌、功能都得到了有效的传播。

事件营销并不需要一味求大,有时仅仅一个细节就能起到很好的效果。

如我们在为主治冠心病的中成药养心氏做营销推广策划时,聘请了当地有名的老年长跑队做宣传员,负责传单广告的发放与入户投递,不仅避免了人们对入户广告投递者的拒绝与防范心理,而且与产品的形象、功效都十分贴切,与老年消费者的沟通也十分顺畅。更为重要的是,通过媒体公关,当地报纸和电视以"省城出现银发促销"为题,纷纷予以报道,使人们对于产品的关注程度迅速提升,并直接带动了终端销量。

六、发挥同盟军的作用——让经销商替你"花钱"

经销商本来就应该是厂家的同盟军,双方并肩作战,共同开拓市场,共同投入,共同赢利。

由于经销商的营销网络优势,许多厂家为了能招到合适的经销商,主动许诺承担广告费、进场费、促销费等各项推广费用,以为这样的优厚条件一定会让经销商动心。

其实这是许多中小企业的误区。真正有实力的经销商,最看重的并不是这些投入上的许诺,因为他们自然清楚"羊毛出在羊身上",他们考虑最多的,是产品的销售力、营销方案的冲击力和市场的潜力,只要产品在这三方面有优势,加之厂家与经销商沟通到位,经销商愿意对市场作出必要的推广投入。

白元安眠枕是国内某公司进行全国代理的日本保健产品。由于该公司的主业是进出口贸易,对于直接面向市场的营销工作不熟悉,也拿不出足够的营销推广费用。为了能快速启动市场,要求我们提供营销咨询服务。经过调研后我们提出:利用该产品出自日本知名企业、技术领先的优势,对产品进行理论包装,塑造产品的核心竞争力;采取面向地级城市招代理商的方式,充分利用代理商的力量开拓市场。

为了提高招商的成功率,在我们的全程策划下,该公司没有举行常见的招商会,而是召开了健康产业的研讨会、产品营销策略的说明会,由营销专家进行行业分析及产品竞争力分析,并将我们用时五个月编制的区域市场推广策划方案提纲交到了这些"潜在经销商"手中。会议结束一周内,全国有 30 多家有实力的经销商马上要求代理该产品,对该公司的营销推广支持没有做过多要求,只是要求该公司随首批发货,将营销策略说明会上的营销策划方案完整稿一并提供。

目前,该产品已经在 50 多个地级城市成功上市,按照营销策划方案的指导,各经销商自行投入,多数市场运作良好,销量保持持续上升状态。

综上所述,解决中小企业推广费用不足的方法,其核心就是通过对企业现有资源的整合,使营销环节中尽可能地利用现有资源或借用外部资源,从而达到少花钱的目的;通过营销创新,使花出去的每一分推广费用都发挥出最大的作用。

资料来源:销售与市场,2003-05-09,作者:李炜

── **即问即答 5-17** ──

1. 请你谈谈看了本文后的感受。

2. 如果是你,你会如何操作?

【思考练习】

一、单选题

1. 销售条件费用属于 　　　　　　　　　　　　　　　　　　　　(　　)

　　A. 销售毛利预算　　　　　　　　B. 营业费用预算

　　C. 销售成本预算　　　　　　　　D. 销售人佣金提成

2. 下面哪个不是销售预算管理的作用 　　　　　　　　　　　　(　　)

　　A. 实现利润最大化　　　　　　　B. 计划指导

　　C. 控制评价　　　　　　　　　　D. 协调配合

3. 简便易行,有历史数据作为参考,从静态角度看还是比较合理的销售预算是 　　　　　　　　　　　　　　　　　　　　　　　(　　)

　　A. 目标任务法　　　　　　　　　B. 同等竞争法

　　C. 销售百分比法　　　　　　　　D. 边际收益法

4. 属于分配式的销售费用编制的方式是 　　　　　　　　　　　(　　)

A. 自下而上的方式　　　　　　B. 目标下达—计划上报方式

C. 自上而下的方式　　　　　　D. 都不对

5. 企业高层对销售第一线情况了如指掌,并且第一线销售人员深深信赖
上级的话应采用的销售费用编制的方式是　　　　　　　　(　　)

A. 自下而上的方式　　　　　　B. 自上而下的方式

C. 目标下达—计划上报方式　　D. 都不对

6. 只要加总所有实际发生的费用或可能发生的费用即可算出销售预算
的是　　　　　　　　　　　　　　　　　　　　　　　(　　)

A. 优惠券　　　　　　　　　　B. 采用免费样品费用

C. 竞赛　　　　　　　　　　　D. 抽奖的促销费用

7. 下面哪个不是影响广告费分配的因素　　　　　　　　　(　　)

A. 产品生命周期　　　　　　　B. 利润率

C. 销售量　　　　　　　　　　D. 高层主观因素

8. 激励销售人员更努力地工作的是　　　　　　　　　　　(　　)

A. 固定报酬　　　B. 可变报酬　　　C. 费用补助　　　D. 福利待遇

9. 下面哪个不是公共关系费用之一　　　　　　　　　　　(　　)

A. 庆典活动　　　B. 人工报酬　　　C. 办公费用　　　D. 宣传费用

10. 根据媒体策略划块分配属于　　　　　　　　　　　　(　　)

A. 媒体内分配　　　　　　　　B. 广告对象分配

C. 媒体间分配　　　　　　　　D. 商品分配

二、多选题:

1. 确定销售预算水平的方法有　　　　　　　　　　　　　(　　)

A. 销售百分比法　　　　　　　B. 同等竞争法

C. 边际收益法　　　　　　　　D. 目标任务法

2. 竞赛与抽奖的促销费用包括　　　　　　　　　　　　　(　　)

A. 员工奖金　　　　　　　　　B. 奖品支出费用

C. 媒体的广告宣传费用　　　　D. 评委费用和公证费用

3. 影响广告费分配的因素有　　　　　　　　　　　　　　(　　)

A. 产品生命周期　　　　　　　B. 高层主观因素

C. 销售量　　　　　　　　　　D. 经济发展状况

4. 企业报酬包括　　　　　　　　　　　　　　　　　　　(　　)

A. 固定报酬　　　B. 可变报酬　　　C. 费用补助　　　D. 福利待遇

5. 基本费用包括　　　　　　　　　　　　　　　　　　　(　　)

A. 人工报酬　　　B. 招待费　　　C. 宣传费用　　　D. 交际费用

三、简答题

1. 什么是销售预算？

2. 销售预算的作用有哪些？

3. 比较销售费用水平确定的几种方法。

4. 影响公关费用的因素有哪些？

【参考答案】

单选答案：BACCB　ADBAC

多选答案：(1) ABCD　(2) BCD　(3) ACD　(4) ABCD　(5) AC

简答题答案：

1. 销售预算是为完成公司销售计划的每个目标所需要的费用的估算

2. a. 计划指导　b. 协调配合　c. 控制评价　d. 激励

3. 目标任务法，同等竞争法，边际收益法，目标任务法

4. 一是公共关系机能的范围；二是企业承受的能力

第6章
销售区域管理

■ 销售区域概述
■ 销售区域设计
■ 区域销售业务管理

导入语

华晶电缆(苏州)有限公司于2002年3月成立,是法国 Nuoqiangli 公司在中国投资设立的惟一子公司。法国 Nuoqiangli 公司是欧洲一家具有百年历史、资金雄厚、技术先进的,以生产化工材料、电缆为主的集团公司。

华晶公司总经理苗光庆毕业于国外一所知名大学商学院,具有丰富的管理经验。根据华晶公司的发展前景要求,苗总制定了公司销售业绩考核方案,将公司的销售区域按省份划分,设立31个分公司。以上海、苏州、北京三个城市为中心城市,统筹管理各个分公司,按照公司销售业绩考核方案的要求,每个分公司必须完成年销售额1000万人民币方视为考核合格,公司对考核优秀者,将给予10%—20%不等的利润提成,并派其赴法国总部参加业务培训。公司规定,凡业绩在前三名的分公司的销售经理,公司将予以提职。对于考核不合格者,公司将扣除其奖金,并予以警告,直至开除。

方案实施以后,先后有3名分公司经理得以提职,10多名分公司经理自动离职,公司的整体销售额不但没有提升,反而日趋下降。

为什么公司的销售业绩考核方案在实践中遭受挫败,失败的症结出在什么地方?

从这个案例看,问题似乎不在于销售经理的个人能力,企业的管理者要明白销售区域的划分标准是什么,如何去划分,如何对销售区域的业务进行管理和考核。

—— 关 键 词 ——

销售区域　　　目标　　　业务管理

6.1 销售区域概述

简单地说,销售区域就是销售人员完成销售任务的"战场",是其销售活动的"势力范围"。区域的划分是根据企业经营战略和策略的需要,为了便于销售管理按一定标准把整体市场人为地分割开来。销售区域是由地理状况、中间商规模和市场需求潜力等因素决定的。

6.1.1 销售区域的内涵

销售区域指的是"顾客",就公司的销售部门、销售人员而言是指本公司商品的经销商和分销商,就批发商而言是向他进货的其他批发商和零售商,就零售商而言是指购买该商品的消费者。

销售区域就是在一定时期内分配给销售人员、销售部门、经销商、分销商的一组现有的和潜在的、愿意并能够购买该商品的顾客群。

—— 即问即答 6-1 ——

什么是销售区域?

6.1.2 销售区域的划分方法

销售区域划分一般有按地理区域划分或按经济贸易区域划分等划分方法。一般情况下,销售区域划分的大小由企业的经营规模决定的,较小的企业销售区域一般划分得比较粗、范围比较大;而经营规模较大的企业,则销售区域一般划分得比较细、范围比较小。从经营管理的角度看,销售区域设计以小面积、小单位为宜,小的销售控制单位在日常销售管理上比较有利,可获得较精确的销售潜力估计,对销售区域内的日常事务控制更加方便和容易。另外,如果市场环境改变的话,对销售区域的调整也会方便一些。

1. 以地理区域划分销售区域。很多企业是按地理区域(省、市、县为单位)来划分销售区域的,用这种方法划分销售区域优点有很多:第一,地理区域已经存在,买一张地图就可以了,不需要再花太多的人力、物力、财力和时间去研究。第二,消费者对很多产品的需求带有很明显的地域色彩,因此许多企业在产品的营销上往往以地理区域为基础。第三,很多产品需要生产厂商提供各种类型的服务,如技术服务、送货服务、促销服务等,按地理区域提供服务就可以减少企业派出技术人员的数量,可以分区设置中转仓库,减少不合理运输,及时为客户送货上门,因此按地理区域设置销售区域使企业能为客户提供更周到的服务。第四,在我国,区域性的中间商特别多,在某一区域内它们往往占有绝对的竞争优势,作为生产企业必须以区域为单位派出销售人员,以密切与中间商的关系。

(1)以省为单位划分销售区域。在大公司中以省为销售区域的比较少见,更多省(区)销售公司是以管理和协调为主,业务为辅;通常一些小公司由于客户分散、数量少,往往采用这种形式。

以省为单位划分销售区域有它的优点:第一,一些基础资料比较容易得到,如人口、购买力的统计资料(它们是以省为单位进行统计的),用这些资料来评估销售区域的销售潜力,比较可靠、容易把握。第二,由于省是行政区域,与市、县是上下级关系,有些事情处理起来比较方便,如卫生检验、质量监督等,费用也比较省;第三,区域边界明确,理论上不容易产生区域之间的业务磨擦。

以省为单位划分销售区域也存在着缺点:第一,省是行政区域,消费者的某些购买行为不会受省界的约束;第二,销售区域以省为单位划分,地域太大,人口众多,不利于识别和处理销售中存在的问题,不利于发现市场潜在的机会。

(2)以市为单位划分销售区域。目前很多大公司是以市(地区、州、盟)为单位划分销售区域,以市(地区、州、盟)为单位划分销售区域具有与以省为单位划分销售区域的众多优点,并且避免了很多以省为单位划分销售区域的缺点。因为市级单位相对比较小,比较容易展开销售业务,会更重视销售量较少区域;另外,大量的统计资料也是以市为单位统计的,所以计算销售潜力也比较容易,这种划分方法已被很多大公司广泛采用。

(3)以邮政编码划分销售区域。在一些特大型城市(如北京、上海、广州等),如果把它们也作为一个销售区域,由于范围太大、人口太多,显然是不合适的,因为在日常销售管理中不好控制,销售业务也很难开展。

在特大城市销售区域管理中,以邮政编码划分销售区域,就体现出它的优势。第一,以邮政编码划分销售区域比较方便,简单易行。第二,相同邮政编码的区域,往往具有类似的经济特征。如杭州,邮政编码310012,基本涵盖了杭州市的高科技、高校区域,是一个知识分子的聚集区域。第三,一些市场调查以邮政编码为基础来组织进行,其调查结果更正确可信。第四,一些促销活动以邮政编码为基础来组织进行,更为有效。

2. 以经济贸易区域划分销售区域。一些企业在划分销售区域时,往往喜欢采用以经济贸易区域为划分销售区域的直接标准。用这种方法划分销售区域有很多优点:第一,企业可以将消费习惯、消费能力等因素相同地区予以整合,成立销售分公司,以此来降低企业的销售成本,同时使企业的销售更具有针对性和实效性。第二,企业可以利用经济贸易区域核心城市的辐射作用,带动周边区域的其他城市联动消费,形成统一的消费习性,建立同质的消费倾向。

(1)以区域性经济中心来设置销售区域。以区域性经济中心来设置销售区域,是一种经济区域和地理区域兼顾的销售区域设置方式,以考虑经济区域为主。在我国由于历史和经济的原因,形成了很多以大城市为主体的地域性的经济中心,对周围地区形成经济辐射(如武汉、西安、成都、郑州等城市)。每个这样的销售区域都由一个中心城市和一些市县组成,由于这个区域人口相对集中,消费习惯和消费方式相近,对企业极具诱惑力。在长江三角洲,上海是一个经济中心,对附近地区辐射能力极强,从行政区域上看,嘉兴、舟山属于浙江省,但从经济上、文化风俗上、消费习惯、消费方式上更接近于上海,因此在设置销售区域时必须考虑这些因素。

(2)以贸易区域划分销售区域。以贸易区域来划分销售区域是一种为很多企业采用的销售区域划分方式,特别那些依赖大批发商进行销售的生产企业(如小商品、副食品、饮料等等很多商品的生产企业)都或多或少采用这种销售区域划分方式。

贸易区域反映了商品的自然流向,没有地理上的限制,惟一的制约就是经济因素,即费用最省、收益最大。如一些大城市百货商店其辐射能力能达到几百公里以外偏远地区的消费者。在批发业务中就更为明显了,如萧山是一个县级市,但其部分副食品的批发把绍兴(地级市)也作为它的贸易区域,如嘉善也同样。

用贸易区域划分销售区域,是基于经济上的原因,而不是地理上的原因,贸易区域的设计是考虑批发商及零售商和消费者的行为而设计的。

用贸易区域划分销售区域,一个最大的缺点在于缺乏可以利用的统计资料。不同的商品只有充分了解市场之后,才能正确设置销售区域。

销售区域划分的主要方法是什么？

6.2 销售区域设计

如果公司规模较小，那么在日常经营活动中，可能体会不到设置销售区域的优点。但就一家规模较大的公司而言就完全不同了，由于市场范围较大、销售人员众多，如果对销售没有计划、组织、指挥、协调与控制，那么企业整个销售工作就会混乱不堪。就大公司而言，设置销售区域、对销售区域进行设计是企业加强销售管理的十分重要的一环，公司规模越大销售区域管理就会变得越重要。

6.2.1　销售区域设计的客观必要性

在国外，高新技术产业最先采用销售区域策略。因为他们的产品技术含量较高，如果没有技术人员的帮助和指导，销售工作无法进行，而公司的技术人员的数量却是非常有限的，不可能完全深入到销售第一线。因而按一定条件(如交通条件等)划分不同的销售片区，以使公司每个销售片区都有技术人员来帮助和协助销售人员开展销售工作，销售人员一旦遇到技术上的问题，能就近迅速请教技术人员，或由技术人员亲自到客户那里解决技术问题，效果非常明显。由于划分销售区域明确了各销售区域工作的职责，销售人员对本区域的情况又比较熟悉，解决问题迅速及时，客户比较满意。后来这种方法逐步被一些生产规模较大、生产产品种类较多的大中型企业广泛使用。在销售管理中逐渐成为一个比较重要的研究课题。

销售区域的设计是公司销售管理工作的重要组成部分。大中型企业如果没有设立销售区域或销售区域设计规划得不好，会对公司的销售工作产生很多负作用，如会增加销售费用(最典型的是销售人员的差旅费和商品运输费会增加)；如果销售区域设计得不理想，会使同一类产品竞争对手有可乘之机，乘虚而入。在消费品市场中更能体现出销售区域设计的重要性。因此如何科学合理地设计销售区域的数量、范围以及对销售区域怎样进行有效的管理成为摆在公司销售经理面前亟待解决的重大课题。

6.2.2　科学合理地设计销售区域的主要目的

1. 企业总体销售目标的具体化

每一个企业都有其整体的销售管理目标。整体的销售管理目标的实现，有赖于整个企业销售系统的正常运作，有赖于各个子目标的完成。通过销售区域的设置，可以把企业的整体销售目标(销售量、市场开拓、货款回收等等)层层分解，以使整个销售系统任务明确、责任到人。

2. 对销售人员的激励

根据赫茨伯格双因素论，对员工最大的激励来自工作本身。对销售人员也同样，最大的激励来自其销售工作的本身，也就是销售工作的业绩，即工作本身的成就感和由此带来的经济收入的增加。一方面公司的目标是提高市场占有率，另一方面，销售人员的目标是增加经济收入及实现个人目标。要使企业目标和个人目标有机地结合起来，科学合理公平的销售区域的设计是必不可少的。由于销售区域对销售人员的个人成功有很大的影响，分配给销售人员的销售区域直接影响到销售人员的利益和士气。销售区域设置不公平是销售人员士气低迷、不思进取的主要原因。

科学合理公平的销售区域的设计有着积极的意义。相对于制造部门的员工而言，销售人员基本上都是独立作战。明确销售人员各自的销售区域，明确他们的职责、权利和义务，销售人员更容易理解分配给他们的任务，弄清楚自己应付出多大的努力才能实现这些目标。从某种程度上说，就是使他们明白他们在销售区域的所有工作都是在为自己而工作。他们有权处理在销售业务开展过程中面临的各种问题，当销售区域明确时，销售人员之间的矛盾相对会减少。一旦业绩显著，他们就很有成就感。

3. 提高销售服务质量

合理的设计销售区域，把整体市场划分为较小的区域，可以改变企业销售管理上粗放式经营管理方式，促使销售人员对市场精耕细作。设计合理的销售区域可以缩小销售人员活动的地理范围，提高销售人员在其工作区域内的活动质量。

第一，销售人员可以更快地熟悉区域内的环境，发掘更多的顾客，发现更多的销售机会。有规律高质量的对客户的销售访问和销售活动可以熟悉区域的环境，密切销售人员与客户关系，建立良好的工作关系和私人关系。他们除密切注意销售量较大的中间商以外，也会十分注意对一些小客户的市场开拓，这些小客户今后可能会变为企业的大客户。第二，可以更快地熟悉区域内的顾客，了解顾客的情况(如采购的决策者及喜好、哪些是好的客户、哪些是危险的客户等)。定期较高频率地访问区域内的客户,与之保持良好的关系,这样就有机会进一步深入了解客户的需要和本公司销售中存在的问题,如哪些产品对客户有吸引力,对某些产品应作哪些改进,谁是购买的关键人物等。当企业推出新产品时,由于销售人员长期负责某个区域,对分销商、代理商非常熟悉,新产品推广工作能够迅速铺开,使之成功上市。第三,可以更有效地改善区域内的市场服务,及时处理销售过程中的各种问题,提供优质的服务,使销售工作更加顺利地进行。如在销售潜力较小的市场,减少销售人员对客户的上门访问,增加电话联系;而在销售潜力较大的市场区域,则增加销售人员对中间商的上门访问频率。

4.业绩评价和业务控制

合理的销售区域设计使企业对销售人员的业绩评价和业务控制简便易行。企业在不同的区域市场中竞争地位是不一样的,如果对不同的区域市场用同一种标准来评估销售业绩,对销售人员来说是不公正的,从销售管理上来说是不科学、不严肃的。根据企业在不同销售区域的竞争现状,应分别制定相应的评估标准。如在原有的市场,由于企业产品市场知名度比较高,销售比较顺利,促销费用比较省,销售量也比较高,销售人员工作相对比较轻松;而在新开拓的市场由于企业产品知名度比较低,销售就比较困难,促销费用比较高,促销人员工作比较辛苦,销售量也比较少。但从销售增加幅度上看,成熟的市场增幅小,新开拓的市场增幅大。按不同的销售区域来分析评价销售状况和费用水平,在此基础上进行不同市场之间的比较,这样比较科学,而且销售人员也比较容易接受。

在业务控制上,企业通过比较区域市场之间的市场占有率等数据了解不同区域的竞争状况。企业在参与竞争中对不同区域更有针对性,采用不同的竞争策略。1999年6月方兴公司产品在某大城市销售业绩比较不理想,经过调查发现问题不在广告和产品知名度上,而主要是原有的中间商把精力集中在销售竞争对手的产品上,而对本公司的产品敷衍了事。作为方兴公司而言,在这种情况下,最为有效的办法是调集更多的人力财力物力资源,促使分销商重点来销售自己的产品,问题马上就解决了。

评价和控制的主要目的在于发现问题、及时解决问题,科学合理的销售区域的设置使评价和控制更切实可行,销售管理更行之有效。

5.销售费用控制

科学合理设计销售区域的一个重要目的是合理控制销售费用。应该明确的是:合理的销售区域的设计完成并不意味着销售费用会自动地下降。但是销售区域的合理设计可以为减少不合理的销售费用提供一定的条件。这里合理控制销售费用是指那些不必要的完全可以避免的不合理费用支出。作为企业单纯地降低费用不应成为管理的目的,在销售费用上,既要考虑眼前的费用问题,又要考虑费用长期效果。企业一般要提供很多的附加服务和价格优惠,才会争取到较大规模的中间商的订单,从短期看费用水平很高,但从长期来看,随着销售的增加和市场占有率的上升,费用水平会降下来的。

由于区域范围相对较小,因此在广告费用、促销费用的安排上更加合理,更加有针对性,运用更加有效;能更加合理地设计对客户的访问路线,更加有效地分配对客户的访问时间,可以避免对客户的重复访问,减少销售人员在访问途中的时间、减少旅行和住宿费用等等。这对开拓新的客户,提高销售量十分有益。

企业设置销售区域的目的很简单:提高企业产品的竞争能力,提高企业产品的市场占有率。

—— **即问即答 6-3** ——

为什么说科学合理地划分销售区域对企业至关重要?

6.2.3 设计销售区域主要内容

最理想的销售区域设计是公司内所有销售人员都应有一个公平的市场潜力和工作量,使每个销售人员有足够的销售潜力取得合理的收入,使销售人员认识到销售区域的分配是合理的,使销售人员有足够的工作量。

销售区域的市场涵盖:销售经理一定要明确与客户联系的方式,与每位客户联系的频率。但由于消费者集中度、旅行条件甚至地理条件的不同,这样的设计很难达到。

销售区域的设计应该给每位销售人员同样的销售潜力和工作量,不平等的区域是造成士气低下的基本原因。但是在实际的管理工作中,完全使公司的区域设计合理是不可能的。但是,至少销售经理应使销售人员意识到销售区域的合理性是销售区域设计过程中一贯坚持的原则。

1. 分析销售人员的工作量

销售区域设计必须考虑销售人员的工作量,它是指为了涵盖整个市场,销售人员必须做的工作。它包括为取得销售潜力所必须做的所有工作。

(1)决定销售人员工作量的主要问题

在销售区域内

a. 多少客户需要访问

b. 平均访问多少个客户,才可以接受一个订单。

c. 为涵盖整个区域,一年内销售访问的总次数。

d. 一年内,需要的销售访问时间。

e. 一年内需要旅行的时间。

f. 每一客访问间隔有多长。

g. 访问间隔有多长。

h. 每天花在非销售活动上的时间

i. 花在等待顾客上的时间。

(2)决定每个销售人员工作量必须考虑以下因素

a. 销售工作的性质。销售工作的性质影响销售人员销售访问的形式,例如,仅负责销售的人员比那些既负责销售又负责寻找准客户的销售人员进行销售访问的次数要多,因此,它们的销售区域往往比较大。

b. 产品特性。不同的产品赋予销售访问形式不同的意义,如工业资料供给商通常拥有很多客户,它们通常进行销售访问,而一些大型设备供给商的销售访问就要少一些。

c. 市场开拓阶段。企业进入一个新的市场时,市场还未充分开拓、消费者还不是很多的情况下,设计较大的销售区域,以保证足够的销售潜力,满足销售人员的需要。

d. 市场涵盖的强度。有大量分销商的公司,要求小的销售区域,以增加市场占有率。

e. 竞争性。如果一家公司决定与另一家公司竞争,一般都采取减少销售区域策略,同时增加销售人员的访问频率和对每一个顾客的访问时间。另一方面,如果竞争加强,公司将采取有选择性的竞争,销售人员只访问某几个关键客户。

另外,销售区域的设计,还要考虑企业的情况,如生产线、产品的种类及数量等。所有这些因素都会影响销售人员的时间分配。一旦这些因素确定下来,我们就可以用几种方法来确定工作,从而确定销售人员的数量。

2. 区域销售目标合理确定

(1)确定销售区域目标的原则

明确销售区域管理目标是销售区域设计的一项重要工作。销售区域管理目标的明确,一方面有利于企业高层管理人员对企业销售活动进行管理和监督,另一方面也有利于第一线销售人员明确自己的工作职责,为完成本职工作打下良好的基础。

明确销售区域管理的目标,应从以下三个方面入手:

a. 确立的目标必须具体、明确。

既定性目标尽量具体细致,定量目标尽量数字化,这既有利于日常管理,又能使销售人员比较容易理解和把握。

b. 目标应切实可行。

这就要求目标的设计必须科学合理,使销售员通过一定的努力能够完成工作目标,而不是高不可攀,从而导致销售人员失去信心。

c. 目标应具有激励性。

要实现工作目标,每一个销售人员必须充分发挥自己的聪明才智,具备不屈不挠的精神并为之付出艰苦的努力。

(2)销售区域的具体目标

a. 市场调研目标。

在销售区域的划分过程中,销售人员通过市场调研来了解销售区域的消费潜力、消费习性,使销售人员更有针对性、实效性地开展销售活动。

b. 销售业绩目标。

在销售管理中要科学合理地评估销售人员的业绩,往往非常困难。而合理的销售区域的设计,为科学合理地评估销售人员的业绩提供了一定的条件。由于在相对较小的销售区域内,收集市场及客户的信息比较容易而且完整,对区域的市场状况、潜力可以有比较清楚的认识,因此对销售人员的销售预算分配更加合理、更加可行,对销售人员的业绩的评估就会客观公正全面得多,对日常销售工作中存在问题的改进也会更加有的放矢。

c. 市场责任目标。

合理的销售区域的设置使销售人员负责有限的区域市场和客户,这样可以明确销售人员的市场职责,有助于加强企业对市场的控制能力,促使销售人员集中精力管理好自己的市场,防止竞争对手侵入。

d. 客户管理目标。

客户管理是销售区域管理的一项重要工作,对于销售区域的销售人员来说,客户管理目标主要有以下四个方面:客户发展目标,客户巩固目标,客户判别目标,客户服务目标。

e. 费用控制目标。

费用的控制有助于销售人员规范自己的销售活动,减少销售的偶然性,防止销售量大起大落;有助于避免销售人员由于客户太多、工作量太大而只关心大客户,忽视有潜力的小客户或潜在的客户。

3. 决定基本的销售区域

决定基本的销售区域通常也有两种方法,即自上而下的方法和自下而上的方法。自下而上的方法是由小的地理单位合并为大的地理区域,自上而下的方法,是把整个市场分隔为若干个小的销售区域。

自下而上的方法

（1）分析目标客户

首先,确定客户及准客户的位置、数量、规模,然后进行销售潜力预测。

其次,依据客户不同的需要和特点,对客户进行分类,每一类客户采用不同的销售策略。一般采用的方法是用客户 ABC 分析法,如:

A. 大客户:这类客户一旦失掉,对公司销售业绩影响很大。

B. 中客户:大多数的客户都属于这一类。

C. 小客户:通常购买量很小。

另外,有些公司采用多种方法对消费者分类,依据不同的产品、不同的市场,对每一类型客户再进行分类,采用不同的销售策略,表 6-1 说明了客户分类方法。

但在一些工业商品销售中,或直复营销的销售形式中,一般不对客户分类,而假设客户都是相同的,对所有客户采取相同的营销策略。

（2）设计合理的访问形式,主要考虑销售人员在一年内销售访问的次数和每位客户的访问频率。

依据访问的数量和频率,计算出销售人员的客户访问次数。假设一个销售人员一天访问 5 个客户,这意味着销售人员一个时期要进行 25 次访问,或一年进行 1250 次访问。大客户需要 1 个月访问 1 次,中客户需要 2 个月访问 1 次,小客户需要 1 年访问 2 次。表 6-1 说明 3 个区域的客户数量及销售人员需要的访问数量。

表 6-1　销售区域分类表

贸易区域	A		B		C	
	年访问次数	客户数量	年访问次数	客户数量	年访问次数	客户数量
大客户 （1次/1月）	10	120	8	96	12	144
中客户 （1次/2月）	30	180	30	180	25	150
小客户 （2次/1年）	20	40/340	15	30/306	20	40/334

A、B、C 三个贸易区域需 990 次访问与销售人员能够进行的访问次数 1250 次数相比较,可以看出销售人员可以涵盖这三个贸易区域。

（3）划定销售区域界线。

合并足够的小销售区域以保证每个区域有足够销售潜力。设计销售区域不可能完全公平，一般情况下，总是让最好的销售人员分配到最好的销售区域内，依据不同区域的销售潜力，调整销售配额和佣金水平，以激励销售人员完成区域目标。

自上而下的方法

这种方法被销售工业产品的公司广泛使用，因为他们一般采用有选择的分销策略。

自上而下的方法，要求销售经理首先估计出销售量，然后再分解为销售人员配额。自上而下的方法一般包括以下 4 步：

a. 确定公司总的销售量。

b. 确定每个销售人员的平均销售量。

c. 确定销售区域的数量。总销售量除以销售人员的平均销售量可以得到销售区域的数量。

d. 按照销售人员都具有平等销售潜力的原则，划分销售区域。

4. 安排访问路线

销售人员花在旅行上的时间很多，大多 1/4 的时间用在旅行上。旅行时间一般是无效的，而销售人员的时间是宝贵的，所以应该采取措施尽量减少无效时间的使用。

访问路线的设计实际上是一个时间分配问题，合理的访问路线，可以最大限度地利用销售人员的时间。有效的访问路线设计程序如下：

（1）直线式：采用这种形式，销售人员从公司出发，沿途拜访所有顾客，然后按原路或其他路线直接返回公司。

（2）跳跃式：采用这种形式，销售人员从离公司最远的顾客开始访问，然后在回公司的途中对客户进行访问。下一次访问可以从相反的方向进行。

（3）循环式：采用这种形式的销售人员从公司开始，按圆周形式访问一圈，结束访问时正好回到公司。销售人员可以设计规模不同的圆圈式路线。

（4）三叶式：采用这种形式，与圆圈式相似，只是把销售区域细分成一系列叶片形式，销售人员每次访问一个叶片区域。

（5）区域式：区域式不是真正的路线设计技术，而是时间管理技术，可以避免重复访问，以节约时间。

销售访问的规划需考虑预计的销售量，应提供的销售服务及非销售活动等因素的影响。另外，路线形式对指导销售人员路线设计是很有用的。但是市场的变化，总是使计划产生偏差，当一个路线形式使用一段时间后，就需要重新检查,这些周期性的检查,可以真正揭示区域的状况以便调整目标,重新对客户分类,重新设计路线,更有效地利用时间。

5. 路线销售的设计与管理

(1)路线销售的意义:

路线销售是指每天或每月按照一定区域内的路线上的客户,加以巡回拜访,以便完成每天或每月所订的销售目标。

所谓路线推销员,是指定期在某一区域内、对某一路线上的客户,进行访问、订货、下货、收款、促销、广告物张贴、陈列以及市场调查等销售活动的人员。

而所谓定期、定时访问的客户,有些是自己苦心开发出来的或接收前任业务员所耕耘过的市场。

(2)路线销售的功能:

a. 对客户提供定期、定点、定时的服务。

b. 掌握每一零售店的销售态势与销货量的变化,进而作为设定未来(下一周、下一个月、下一季或下一年)销售目标的基础。

c. 作为新产品上市实施促销活动的路线及零售点选定基础。

d. 能彻底了解零售店的存货周转及其消化速度。

e. 作为店铺调查的依据。

f. 管理技术储存在企业,使接任者马上进入状况。

(3)路线的规划与设计:

路线销售目的在于提高销售效率和节省营销成本,所以在实务的操作上应尽可能以最少的时间,完成每天的销售目标。因此,在路程的安排上,不要有交叉的路线出现。至于如何规划与设计呢?下列方式可供参考:

1)根据营销地图事先规划出商圈或区域范围:

a. 根据行政区域,例如街道、村庄。

b. 根据山川地理、自然环境。

c. 根据商业习惯。

d. 根据推销的效率。

2)建立区域内每客户的基本档案资料(地址、负责人、电话、零售类型、销售内容):

a. 通过市场调查方式(店铺调查)。

b. 通过业务员市场开拓,以逐店访问方式建立起客户资料。

c. 汇集竞争品牌或相关品牌现有路线的客户资料。

d. 上一任业务员留下的资料。

3)整理区域内各业态或业种客户的资料、位置,以便决定路线数目和访问周期。

表 6-2　销售路线基本资料记录表

区域:　　　　路线:　　　　姓名:　　　　时间:

企业名称	地址	经理	具体负责人	电话	本企业广告			竞争对手广告			备注
					货架广告	招牌广告	其他	货架广告	招牌广告	其他	

表 6-3　区域日常访问路线安排表

区域:　　　　时间:　　　　姓名:

路线及名称	时间及周期	中间商名称及地址

表 6-4　访问路线广告物统计表

地址	本公司广告					主要竞争对手广告				
	路广告牌	招贴广告	灯箱广告	货架广告	其他	路广告牌	招贴广告	灯箱广告	货架广告	其他
合计										

6. 销售区域的重新设计

有时销售区域需要重新设计,这是检查销售区域,发现问题后所做的调整工作。

调整销售区域是一件很困难的工作,也不应经常进行。但有时也不得不做,这里有几种情况需要考虑:

(1)公司规模的扩大,需要大量的销售人员来占有市场;某区域的市场需求快速增长,大量的潜在顾客涌入市场,公司不得不重新分配销售力量。

(2)区域销售人员也在增多,但无法与销售区域的变化同步,销售人员倾向于利润大户而忽略了其他的工作,如宣传工作、寻找新客户工作等。甚至,最优秀的销售人员,努力工作也不能为区域的每位客户提供服务。或许由于销售人员没有能力涵盖市场而失去一些利润大户。

(3)如果销售区域过小,或许是原来设计的问题,也可能是市场状况的变化或主要客户的重新定位、新市场的出现、竞争的加强等,都需要对销售区域进行调整。

无论怎样调整区域,销售经理应坚持区域设计的合理性原则,在区域重新设计时,既要考虑公司利益,又要注意销售人员的意见,两者结合起来,才能达到区域调整的目的。

另外,销售经理应意识到,销售区域有好、中、差之分,销售人员也有好、中、差之分;同时销售区域及销售人员都有各自的特点,如何把两者结合起来,使销售人员发挥最大的作用,这也是销售区域重新设计要解决的问题。

(1)对于那些有经验有开拓精神的销售人员,如果被困在一个市场潜力差的销售区域内,他们会因缺乏机会而无法施展才能。为什么不换个新人来代替他呢? 新销售人员在这里可以得到一个极好的学习机会,而有经验的销售人员可以派往最需要开拓的设计区域。

(2)市场需求仍在增长的销售区域,如果配置一个满足现状的销售人员,他可能不再会积极地利用市场给予的好机会。最好把他派往成熟的低增长的销售区域,即满足他的需要,又符合公司利益,同时分配一个积极进取寻求发展机会的销售人员到这样的区域工作。

(3)对于面积小、市场需求密集、占有率高、潜力有限的区域,比较适合年龄较大的销售人员工作。

总之,分析销售人员和销售区域的特点,可以发现一些不合理的工作配置。例如,优秀的销售人员被分配到一个没有发展潜力的销售区域,尽管对公司的安排不满意,但也可以完成自己的任务,但不能长期忍受这种无法让自己施展才能的工作,他们有可能辞职,公司也会因此受极大的损失。

重新设计销售区域时,如果打算减少销售区域,应考虑到对销售人员士气的影响。销售人员会认为自己的经济收入受到了影响,士气低落,工作积极性降低,甚至放弃能够争取的机会。因此减少销售区域时,应对销售人员有所补偿,以保持士气。一般情况下,如果原来销售区域机会增长太快,需要加强市场涵盖时,采用缩小销售区域的方法。

重新设计销售区域的弊病之一,是对客户的影响。客户会认为公司政策不稳定,而不愿保持长期联系,有可能寻找新合作伙伴。公司失去了消费者的支持,业绩必然受到损失。因此,在重新设计销售区域时,要全面考虑各方面的因素,权衡利弊,再作决定。

—— 即问即答6-4 ——

设计销售区域时需注意哪些因素?

6.3 销售区域业务管理

6.3.1 销售区域市场潜力

销售区域市场潜力:销售经理一定要了解市场潜力在哪里,有多大,如何利用才能使市场潜力变成销售市场,实现销售收入。

重新设计销售区域的方法比较多,这里我们仅介绍一种比较实用的方法:

销售潜力法

这一方法主要解决销售区域之间销售潜力不平衡的问题。表6-5说明销售潜力的使用方法。首先要理解销售潜力和销售渗透的关系。销售渗透指销售区域的销售量与销售潜力的百分比，一般销售潜力小的区域的销售渗透比销售潜力大的区域的销售渗透大。销售量不断增长的公司用这种方法来增加新的销售潜力，因此，都有一个较高的销售渗透。

看表6-5销售经理认为需要增加1个销售人员，从表中可以看出销售区域的状况，注意到五个销售区域的销售潜力是不平衡的。销售经理把五个区域分成六个区域，并且再雇佣1名销售人员。

假设五个销售区域潜力相当，那么他们各占销售潜力的16.7%，目前来看只有A地区与之接近，占有15%的销售潜力。如果在这个地区建立六个销售区域，那么每个销售区域大约为3 417 000元的销售潜力(20 500 000÷6)，销售渗透大约为28%，总的销售量为3 423 500(=20 500 000×16.7%)，共增加300 00元。

这些只能说明销售量的分析，那么增加一个销售人员的费用是多少呢？利润是否增加？

表6-6表示五个销售人员费用与六个销售人员费用及利润分析。(假设每个销售人员费用为50 000元)。从表中可以看出把五个销售区域划分为六个销售区域从经济上看是可行的。

表6-5　用销售潜力方法调整销售区域

区域	销售量	销售潜力金额	%	销售渗透
A	940 000	3 000 000	15%	31%
B	700 000	2 700 000	13%	26%
C	460 000	2 200 000	11%	21%
D	600 000	6 200 000	30%	9%
E	400 000	6 400 000	31%	6%
合计	3 100 000	20 500 000	100%	

表6-6　增加销售人员对销售量及利润的贡献

	5个销售区域	6个销售区域
销售量	3 100 000	3 423 500
可变成本	1 240 000	1 396 400

	5 个销售区域	6 个销售区域
	1 860 000	2 027 100
销售人员	250 000	300 000
费用利润	1 610 000	1 727 100

6.3.2　销售区域的作战方略

地区市场的攻略作战,在很多场合总是成为决定地区销售分配的主要因素。

在做地区市场攻略作战决策时,必须把下面几点当作重点来考察,这些重点还会形成战略的处理方向。

1. 从现状分析到目标设定

在设定目标之前,要先把你所负责的地区的现状予以确实地把握。

首先要了解的是在这个地区的占据率、占有率、占有度等本公司的市场地位,与竞争同业间的竞争关系也必须确实地把握。这就是对市场占有率模式的把握,到底是属于分散型呢? 相对寡占呢? 还是二大寡占型? 或是绝对寡占型? 必须先认识清楚。

再如本公司到底是强者还是弱者,也必须自己先加以确定,因为强者与弱者的作战方法截然不同。同时也得根据本公司的资料做销售分析,例如所有产品销售额、产品毛利、顾客销售金额及毛利率等,也都要确实分析,掌握其动态。其他如销售金额、销售人事费用、运输距离、毛利金额等,也都要作相关分析。

2. 设定攻击目标

使销售部队开始行动的正是攻击目标。具体而言,攻击目标就是把客户做区别,行业、性别、年龄的分层隔离,对这些客户,分别设定销售量及毛利目标,这一点非常重要。

目标如果没有具体地分配至每一个推销员,就不可能发挥应有的战斗力,因此目标的分配务必清楚、具体,使推销员们都能随时铭记在心,随时展开攻击行动。同时还要设法扩大销售、提高毛利、节约销售费用、减少不利的买卖,以使整个攻击行动获得最大的成果。

这不只是一种空洞的口号,而是要全体人员自动自发地拿出智慧与行动来进行攻击的实际行动,这些行动。要有不达目标推销行动绝不停止的决心,这一点非常重要。目标必须以数量的、货币价值的计数方式来表示。

3. 使用销售地图把作战视觉化

要巧妙地管理某一对象物,适当的管制方法是不可或缺的。所谓适当的管制方法是可以运用自如、控制得宜的一种工具。美国人把情报具体化的技巧很高明;日本人用眼睛看,进而管理的意识似乎略有不足。建议设置一间可以用眼睛来管理的作战室,只要踏进这屋子,虽没有闭路电视,经营的各种情况即可了如指掌,在作战室里,重要的管制方法之一就是销售地图。

因地区不同,有的需要地图,有的则不需要。制作全国营销地图时,市面出售的地图就够用,普通的地图因为有彩色,不容易看,可用复印机把地图复印过,先做成黑白地图,当然市面也有黑白地图出售。如果需要大型地图,可以把派出所或消防队制作的地图借来复印成黑白地图。有了地图,先依地区调查市场占有率的状况,以区为单位,用线条划分清楚,各销售地区就可一目了然;还可根据市场占据率,把各地区涂上各种不同的颜色,例如最冷的用蓝色,最热的则用红色,也可根据销售阶段涂色,例如最热的用红色,其次有橙色,再次是共同色,再来是绿色、蓝色等,这样就可以排成一系列的颜色;还可将百分比分别用不同的颜色表示,例如 40% 以上用红色,35% 用橙色,30% 用黄色,25% 用绿色,20% 以下用蓝色,还可以把 10% 以下的用白色,分成这些阶段,分别配以不同的颜色。

又如销售据点可分别用大头针插在地图上,就因为要插针,可以把地图摊开贴在厚纸上,不过厚纸板至少要半寸厚,把地图放在上面,周围用胶带贴牢。把公司的销售据点一个个指出来,再把顾客分成若干层,现在顾客用红色大头针,潜在顾客用黄色大头针钉在上面。竞争同行也可依其性质使用绿色或蓝色针来表示。这样全部战略的位置关系就展开在地图上了。

活用销售地图时,可把人口(消费人口与劳动人口)、地区面积、人口密度等都写上去。以县市来看时,如汽车拥有数、电话装设数,以及其他资料也应尽可能地搜集。此外,研读地图的训练也很重要。把地区市场攻略展开在地图上时,全军都集中到一点上,这是展开战略的要诀。

把力量做地区性的分散,总比不上全军在某一时候都集中在一点上做机动性的地区攻略作战来得有效。把桥头堡一个个建立起来,在某地区占有率达 40% 时,就把该地区涂上红色,如此制成销售地图后,如果因此而自满,就没有多大意义了。在哪个地区,派哪个地区举行什么样的展览会或技术讲习会等,在制订具体计划时,最好以此地图为蓝图。这样你所管辖的市场状况,就可确实把握。为了把实际作战的感觉多少带进你的作战室里去,以上所说的努力是不应该少的。

现将上面所述扼要归纳如下：

(1)销售地图

在黑白地图上填上顾客层次分布情形、竞争者的据点分布情形、交通不便点、重点地区的设定、访问路线、人口、普及率、市场占有率等，就成为销售地图。

(2)销售地图制作程序

a. 把五张厚纸板重叠起来。

b. 摆上黑白地图。

c. 切除地图外围的厚纸板。

d. 用胶带把地图固定起来。

e. 要大头针。

f. 针头上的颜色使之各具不同的意义。

例如，红色表示大客户

橙色表示次要客户

白色表示无关系的客户

蓝色表示冷淡的客户

g. 把大头针剪成 2 厘米长。

h. 把客户的种类用大头针插在地图上。

i. 向蓝－白－橙－红的方向努力，开拓再开拓，使所有针都变成红色。

4. 市场区隔化

一般市场区隔化的原则，大多数下列的分类，每项都要有深刻、清楚的认识，以利销售作战的进行。

a. 客户为何购买？这是购买动机区隔原则。

b. 客户在什么时候需要哪种产品而购买？这是购买时机区隔原则。

c. 哪些客户在购买？这是交易主体区隔原则。

d. 客户购买哪些产品？这是交易客体区隔原则。

e. 客户在哪里购买？这是交易地点区隔原则。

f. 客户用什么方法购买？这是交易方法区隔原则。

常见的现象之一是把自己的区域当作单一市场，笼统地一把抓，结果市场的任何一处都无法打入，一无所获，这是今天我们所遇到的实际情况。

把单一市场依上述原则分为六个层面，把它当作各个不同的单独市场来处理，这样你就具备了成为智勇双全的销售经理的基本条件。

交易地点间隔原则，务请时时刻刻记在心里，把你的地区区隔化，并仔细研究。具体地说，在你的区域内的某一处，谁对应你的产品中的哪几项，需要多少,事实上已经买了多少,在这一认识的基础上,详细拟定作战计划。

5. 对付竞争者的战略不容迟缓

高度成长时期,如前所述,因为需求总数量继续在成长,所以各公司的并行竞争是必然的现象,即使是后来加入的厂商,也一样有生意可做。

但在需求总数量有了限量以后的缓慢成长经济下,是不能共存共荣的,取而代之的是强存强荣的时代,是有企业差异的时代,是弱肉强食比较显著的时代。因此,你必须要做的就是去占据比自己脆弱的企业所占得的那一部分。

要占据竞争者的市场必须先找出竞争者的弱点。要知道对方的弱点,就得去跟踪他的推销员,或把竞争者的产品彻底分解检查,了解其产品的构造与功能。同时要把竞争者的产品或竞争同行的弱点,转变成自己的公司的长处,不断努力地改进自己的公司和产品,改善后就把那长处积极地推销出去,特别是要推销给竞争同行的客户。

6. 开拓新顾客的努力不能松懈

不去开拓新市场而任其自然松懈下去,一年内就会损失 20％的客户;每年开拓 20％的新顾客,才仅够维持现状;因此开拓新客户是维系企业生存的一项永无休止的活动。

无论是路线销售或是直接销售,上述原则皆可适用。因此,对潜在客户的开拓作战,必须继续不断地展开。

7. 用价格以外的要素来竞争

对销售经理来说,卷进过度竞争的漩涡里,以价格来决定胜负会造成妨碍繁荣的结果,这是很不聪明的做法。

以接近成本的价格来竞争,即使市场占有率提高了,又有什么好处可言呢? 以价格以外的要素来决胜负,这才有资格晋身于智勇双全的营销名将之列。价格以外的竞争要素有:

a. 推销员的人格与知识性的情报服务。

b. 指导及协助客户,使其销售倍增。

c. 完整的技术服务体制。

d. 送货服务的正确时机与迅速性。

e. 产品的稳定供给。

—— 即问即答 6-5 ——

销售区域的作战方略如何运作?

6.3.3 销售区域的监督

1. 越区销售管制办法

(1)营业人员须查明使用地点,若使用地点非本分公司的辖区,应婉转建议客户向使用地点所在分公司采购。

(2)万一无法避免越区时,作业方式如下:

a. 出货的分公司应先填写"越区销售管制表",将使用地点、工程名称、品名、数量、单价、交期、使用者等资料填写完整,传真给使用地点所属分公司经理签名同意后,再由使用地点所属分公司传真一份回总公司作为交货凭证;另传真一份给出货的分公司存档。

b. "代销佣金"分配:使用地点所属分公司占 1/3,出货的分公司占 2/3。

c. 由出货的分公司负责收款及全部风险。若发生呆滞时则出货地点所属分公司无"代销佣金"。

(3)若未按上列规定而擅自越区销售被查获时,其业绩与"代销佣金"均划归使用地点所属分公司;且风险由出货的分公司负担。

2. 销售区域评价规程

销售经理不仅要对销售区域的业绩负责,而且负责比较不同市场状况的销售区域的业绩。同时,能够及时地检查出计划实际执行过程中的偏差。但是销售经理不可能每天和销售人员一起工作,所以,一定要制定一些评价规程,以便管理。通常,评价规程由以下 3 个因素组成。

(1)检查的频率

一般分经常性检查和周期性(一般为 1 年)检查。

(2)发现问题,寻找机会

利用填写周期性销售业绩报告、比较销售量/配额比率,或用趋式分析等方法可以达到这个目的。

(3)调整活动

将销售咨询、区域培训、销售会议等活动与销售结果联系起来。

这个过程与区域设计的过程一样。其根本的区别在于把销售中的困难视为销售人员工作量的一部分,进行调整。如果销售人员工作努力,方法得当,销售业绩仍然不理想,它就可能是区域设计不合理的结果。销售经理应对区域进行调整。

—— 即问即答 6-6 ——

销售区域的监督的主要着力点是什么?

【本章小结】

销售区域就是销售人员完成销售任务的"战场",是其销售活动的"势力范围"。所谓的销售区域就是在一定时期内分配给销售人员、销售部门、经销商、分销商的一组现有的和潜在的愿意并能够购买该商品的顾客群。销售区域的划分方法主要有两种,第一是以地理区域划分销售区域,主要包括以省份、以市、以邮政编码来进行细分;第二是以经济贸易区域划分销售区域。销售区域的设计对企业的发展极为重要,是员工积极性能否得到有效发挥的核心驱动力,因此,分析销售人员的工作量,确定区域的销售目标,决定基本的销售区域,安排访问路线成为销售区域设计的主要内容。企业在现实的运营过程中,应主动分析销售市场的销售潜力,加强对销售区域的监控;在做地区市场攻略作战决策时,首先应针对所负责的区域进行分析,选定进攻目标,使用销售地图把作战视觉化,用价格以外的要素来竞争。

【案例分析】

深圳科王

深圳科王公司是一家生产电脑 VCD 的高科技民营企业,产品销售实行区域化管理。按行政区域划分,全国共设 A 类区四个:东北区(黑、吉、辽三省)、华北区(京、津、晋、冀、蒙)、山东区(鲁、苏北)、河南区(豫)。B 类区五个:湖北、湖南、安徽、陕西、甘肃。其余为 C 类区。

科王河南营销中心是深圳科王公司在郑州设立的一个销售机构,全权负责科王电脑 VCD 在河南区域的销售管理工作。目前,该中心共有员工 20人,其中业务人员 16人,除区域经理为公司派遣外,其余员工均由当地招聘。

在网络及终端网点建设方面,河南营销中心在河南 17个地市设立二级代理 14个,县级特约经销商 110个,终端网点总数 260个,网点遍布全省各县并进入部分大的集镇。而且,90％以上的终端网点能做到科王电脑 VCD 位置摆放最佳,单独陈列,可即时给顾客开机演示;80％以上的营业员能按照厂家要求进行讲解、演示及电脑打字;绝大多数终端网点为当地最优秀的网点。

科王河南营销中心以"三看三不看"的标准物色科王销售商,即:不看重资金实力、丰富经验,而看重其经销学生电子用品的信心和推广能力;不看重其优越的地理位置,而看重其能否把科王摆在最佳的位置;不看重其是否懂电脑,能否学会打字。具备了这些基本条件,才能成为科王的经销商。至于保持开机画面,如何随时给顾客演示,以及营业员怎样讲解,如何推荐等终端建设细则,均有严格的标准。做了科王特约经销商,自有经过封闭培训的市场推广员深入到每个终端,对当地营业员进行三至一周的一对一的培训;若有必要,科王推广员会通过在当地举办一两天产品展销活动,帮新经销商卖出几台科王电脑 VCD,以树立起经销信心。

科王河南营销中心在产品定价上首先限定市场最低零售价,保证产品利差,这个利差要足以让经销商养店,利差太小,经销商就无法生存;其次限定销售区域,严禁相互窜货,布点要科学,网点太多,僧多粥少,谁也吃不饱;再次是为其设计、发布广告,以广告拉动需求;最后是大奖,奖现金,奖汽车。

科王河南营销中心对业务员的培训大多以每周"销售经验交流会"的形式进行,出差归来的业务员要人人述职,汇报出差经过:做了哪些实事,解决了什么问题,遇到了什么新问题,从中得出什么好经验、好主意。对于营销过程中所遇到的疑难杂症,进行现场解剖,将成功案例、鲜活招数,拿出来相互分享。

对于网点建设较好的经销商,科王河南营销中心主动送货下乡,上门服务,免费培训等等。只要发现其"闪光点",营销中心就会在报纸口头表扬,大会小会表扬,变着法子表扬,并且在自编自印的《科王导航报》期期开辟《科王状元榜》栏目,把代理商的业绩一一张榜公布。"最后一名自然换",为保持代理商队伍攻城掠地的战斗力,科王河南营销中心对当月任务完成最差的代理商将给予黄牌警告,若第二个月在营销中心的扶持下仍是最后一名,该代理商必须无条件"下课",原代理商合同即行作废。

自 1998 年科王电脑 VCD 上市,河南营销中心全年回款 1698 万元,占公司总回款额的 21.2%,在全国排名第一位;1999 年上半年,河南区域销售额 3186 万元,占公司总回款额的 26.1%,排名位居全国各省之首。其中,1999 年第三季度,河南区域销售曾达到 1120 万元,占公司总回款额的 30%。河南区域一个省的回款超过东北三省之和,同时也超过华北五省市回款之总和,至今仍保持全国回款第一。

—— **即问即答 6-7** ——

1. 科王河南营销中心区域划分的基本标准是什么?
2. 科王河南营销中心为什么会取得成功?

【思考练习】

一、单选题：

1. 下面哪个不是以省为单位划分销售区域的优点 （　　）

　　A. 一些基础资料比较容易得到

　　B. 调查结果更正确可信

　　C. 区域边界明确，理论上不容易产生区域之间的业务磨擦

　　D. 事情处理起来比较方便

2. 下面哪个不是决定每个销售人员工作量必须考虑的因素

　　A. 销售工作的性质　　　　　　B. 市场开拓阶段

　　C. 公司的规定　　　　　　　　D. 市场涵盖的强度

3. 销售人员从离公司最远的顾客开始访问属于 （　　）

　　A. 跳跃式　　　B. 循环式　　　C. 直线式　　　D. 区域式

4. 路线销售目的在于提高 （　　）

　　A. 销售效率　　　　　　　　　B. 节省营销成本

　　C. 节约时间　　　　　　　　　D. 销售效率和节省营销成本

5. 下面哪个不是在做地区市场攻略作战决策时当作重点来考察的

（　　）

　　A. 从现状分析到目标设定　　　B. 设定攻击目标

　　C. 设定顾客范围　　　　　　　D. 使用销售地图把作战视觉化

6. 切除地图外围的厚纸板属于销售地图制作程序的第几个步骤 （　　）

　　A. 一　　　　　B. 二　　　　　C. 三　　　　　D. 四

7. 把顾客做区别，行业别、性别、年龄别的分层隔离的是 （　　）

　　A. 目标设定　　　B. 目标实现　　　C. 目标确定　　　D. 攻击目标

8. 下面哪个不是路线销售的功能 （　　）

　　A. 节约时间

　　B. 对客户提供定期、定点、定时的服务

　　C. 作为店铺调查的依据

　　D. 能彻底了解零售店的存货周转及其消化速度

9. 客户 ABC 分析法中大多数的客户都属于 （　　）

　　A. 小客户　　　B. 中客户　　　C. 大客户　　　D. 特约客户

10. 下面哪个不是销售区域的具体目标 （　　）

　　A. 目标应切实可行　　　　　　B. 销售业绩目标

　　C. 市场责任目标　　　　　　　D. 客户管理目标

二、多选题：

1. 销售区域的具体目标包括 （　　）

　　A. 销售业绩目标　　　　　　B. 客户分析目标

　　C. 市场责任目标　　　　　　D. 客户管理目标

2. 以经济贸易区域划分销售区域的优点是 （　　）

　　A. 企业的销售更具有针对性和实效性

　　B. 形成统一的消费习性，建立同质的消费倾向

　　C. 企业在产品的营销上往往以地理区域为基础

　　D. 密切与中间商的关系

3. 科学合理地设计销售区域的主要目的是 （　　）

　　A. 企业总体销售目标的具体化

　　B. 对销售人员的激励

　　C. 提高销售服务质量

　　D. 业绩评价和业务控制

4. 企业设置销售区域的简单目的是 （　　）

　　A. 增加利润　　　　　　　　B. 参与竞争

　　C. 提高企业产品的竞争能力　D. 提高企业产品的市场占有率

5. 决定每个销售人员工作量必须考虑哪些因素 （　　）

　　A. 销售工作的性质　　　　　B. 市场开拓阶段

　　C. 市场涵盖的强度　　　　　D. 竞争性

三、简答题：

1. 销售区域的基本内涵是什么？

2. 如何针对企业的区域市场进行科学、合理的划分？

3. 销售区域的目标确定的原则有哪些？如何确定？

4. 销售区域作战方略的基本流程是什么？

【参考答案】

单选答案：BCADC　CDABA

多选答案：(1)ACD　(2)AB　(3)ABCD　(4)CD　(5)ABCD

问答答案：1. 销售区域指的是"顾客"，就公司的销售部门、销售人员而言是指本公司商品的经销商和分销商，就批发商而言是向他进货的其他批发商和零售商，就零售商而言是指购买该商品的消费者。销售区域就是在一定时期内分配给销售人员、销售部门、经销商、分销商的一组现有的和潜在的愿意

并能够购买该商品的顾客群。2. 销售区域设计以小面积、小单位为宜,小的销售控制单位在日常销售管理上比较有利,可获得较精确的销售潜力估计,对销售区域内的日常事务控制更加方便和容易,另外,如果市场环境改变的话,对销售区域的调整也会方便一些。一些小公司由于客户分散、数量少,往往采用以省为单位划分销售区域;大公司是以市(地区、州、盟)为单位划分销售区域;在特大城市销售区域管理中,以邮政编码划分销售区域;3. 市场调研目标,销售业绩目标,市场责任目标,客户管理目标,费用控制目标(自下而上的方法,客户 ABC 分析法)4. (1)从现状分析到目标设定(2)设定攻击目标(3)使用销售地图把作战视觉化(4)市场区隔化(5)对付竞争者的战略不容迟缓(6)开拓新顾客的努力不能松懈(7)用价格以外的要素来竞争

第7章
客户管理

- ■ 客户管理概述
- ■ 客户资料卡
- ■ 客户的信用调查及等级管理
- ■ 客户投诉的处理
- ■ 应收账款的处理

导入语

2001年10月10日,海尔客户关系管理系统联网研讨会在海尔国际培训中心召开。60家经销商代表海尔在全国各地的1万多个营销网点出席研讨会。在这次别开生面的研讨会上,一直以创新营销引领国内企业营销潮流的海尔集团率先推出并演示了具有海尔管理特色的管理系统(又称"海尔客户关系管理系统")。海尔通过与商家的联网,提高对客户需求的响应速度,共享数据信息资源,实现企业与客户的零距离,进一步提升海尔的核心竞争力。海尔集团首席执行官张瑞敏在讲话中指出,中国即将加入WTO的新形势使商家和企业都面临新的挑战,在这种新形势下,机遇不是和挑战并存的,只有主动迎接挑战才能赢得机遇,商家和企业不变成国际化的公司就不能获得机遇;同时在新的挑战下应采取新的策略,海尔以国际化的策略应对国际化大企业的挑战,应对WTO,创世界名牌。在新的策略下,海尔与商家不变的是情感,变的是策略,追求的是双赢。提高企业竞争力的途径就是满足用户需求,获取有价值订单,除此之外别无它法。

客户管理做为企业管理的重要一部分,在发展中越来越引起了众多企业的关注。管理者,特别是销售管理人员如何进行有效的客户管理,是企业进一步扩大与发展的关键所在,本章就客户管理的知识进行一定的论述。

客户管理　　客户资料卡　　信用调查　　客户投诉　　应收账款

7.1　客户管理概述

客户是企业利润的源泉。在现代市场经济条件下,客户及其需要是企业建立和发展的基础。如何更好地满足客户的需求,是企业成功的关键。如今,"使顾客满意"已成为现代企业的经营哲学,以客户为中心的新的经营方式正在得到广泛的认同。在现代激烈竞争的环境下,适应客户的需求,给客户自己选择产品的权利,让客户得到自己真正想要的东西,是竞争的关键需要。

7.1.1　客户管理的定义

客户管理是指对与你有业务往来的客户进行系统的辅导与激励,从而创造新的业绩。要想加强你的服务与促销,您必须对"产品使用者"(包括中间商和最终消费者)加以有效管理,不仅仅是提升客户的满意度,还要做到提升他们的忠诚度,这样才能增加销售机会,提高经营绩效。正确地理解客户管理的概念,应注意以下几点:

(1)客户管理的目的是为了获得更大利润。在进行客户管理的过程中,应注意其客户管理成本。当企业进行客户管理而所得的收益小于其管理所付出的成本时,则应重新考虑其客户管理的方法及必要性。

(2)客户管理的对象是企业有业务往来的客户。在这里有业务往来包括过去客户、当前客户和潜在客户三个部分。

(3)客户管理在不同的企业所进行的管理方法是不同的,企业由于所面对的客户群的收入、喜好及对产品的认知度各有不同,在进行客户管理时应区别对待。

(4)客户管理在相同企业的不同时期应有不同的侧重点,应根据企业的不同时期的不同情况有针对性地进行重点客户管理。

—— **即问即答 7-1** ——

如何理解客户管理的定义?

7.1.2 客户关系管理的内容

客户管理的对象无疑是你的客户。这里我们要清楚客户到底包括哪些，为了科学地管理客户，我们首先要按不同的方法对客户进行分类，常用的主要有以下几种：

(1)按客户的性质分：政府机构、特殊公司(如与本公司有特殊业务等)、普通公司、顾客个人等。

(2)按交易过程分：曾经有过交易的客户、正在进行交易的客户和即将进行交易的客户。

(3)按时间序列分：老客户、新客户和未来客户。

(4)按交易数量和市场地位分：主力客户(交易时间长、交易量大等)、一般客户和零散客户。

按照不同的方法划分出的不同类型的客户，因其需求特点、需求量等不同，所以对其管理也要采取不同的方法。

就像客户本身是复杂多样的一样，客户管理的内容也应尽量地完整。归纳起来主要有以下几项：

(1)基础资料：主要包括客户的名称、地址、电话、所有者、经营管理者、法人代表及他们个人的性格、兴趣、爱好、家庭、学历、年龄、能力、创业时间、与本公司交易时间、企业组织形式、业种、资产等。

(2)客户特征：主要包括服务区域、发展潜力、经营观念、经营方向、经营政策、企业规模、经营特点。

(3)业务状况：主要包括销售实绩、经营管理者和业务人员的素质、与其它竞争者的关系、与本公司的业务关系及合作态度等。

(4)经营现状：主要包括客户的销售活动现状、存在的问题、保持的优势、未来的对策、企业形象、声誉、信用状况、交易条件以及出现的信用问题等方面。

7.1.3 客户关系管理的原则

客户的管理有其本身的特点，在进行客户管理的过程中，需要注意以下原则：

(1)动态管理。客户资料卡建立后置之不顾，就会失去它的意义。因为客户的情况是会不断地发生变化的，所以客户的资料也要不断地加以调整。剔除过去旧的或已经变化了的资料，及时补充新的资料，使客户的管理保持动态性。

（2）突出重点。有关不同类型的客户资料很多,我们要通过这些资料找出重点客户。重点客户不仅要包括现有客户,而且还要包括未来客户。这样为企业选择新客户、开拓新市场提供资料,为企业进一步发展创造良机。

（3）灵活运用。客户资料的收集管理目的,是在销售过程中加以运用。所以,在建立客户资料卡或客户管理卡后不能束之高阁,应以灵活的方式及时全面地提供给销售人员及其他有关人员,使他们能进行更详细的分析,使死资料变成活材料,提高客户管理效率。

（4）专人负责。由于许多客户的资料是不宜流出企业的,只能供内部使用,所以客户管理应确定具体的规定和办法,应由专人负责管理,严格客户情报资料的利用和借阅制度。

—— **即问即答 7-2** ——

如何正确理解客户管理原则?

7.2 客户资料卡

7.2.1 客户资料卡的内容和样式

不断开拓新客户巩固老客户的过程,也是销售管理部门不断收集客户资料、建立和调整客户资料卡的过程。

1.确定新客户范围

新客户范围可来自于政府材料、银行资料、专业咨询公司提供的材料或企业自己的市场调查报告。来源是灵活多样化的,可以从某次专业展销会(年会)上获取信息,甚至也能从电话簿上查找到有用的资料。新客户范围一经确认,就可以选择新客户开拓计划的主攻方向。

2.选定具体的新客户

搜集资料,制作"潜在客户基本情况表"。与客户接触前的基本资料收集编绘非常重要,对于个人客户,建议从兴趣、职业、薪金等方面掌握材料。(见表 7-1)

表 7-1 个人客户资料卡

顾客编号		客户主管：
姓 名		
出生日期		具体负责人
籍 贯		
文 凭		
毕业学校		个人简历：
住 址		
家庭成员		
家庭状况		备 注：
职 务		
薪 金		
兴 趣		建档日期：
专 长		

对于公司客户需着重于该公司的法人代表、经理、业务、资产、售货员等各方面情况。（见表 7-2）

表 7-2 公司客户资料卡

公司编号		客户主管：
公司名称		具体负责人：
注册日期		
注册资金		主要业务：
法人代表	爱好	
执行经理		业绩分析：
个人简	专长	
		人员分析：
采购经理		信用情况：
个人简		
		备 注：
采购部概况		建档日期：
开户银行		
往来银行		

对潜在客户情况,在掌握基本情况的前提下,对客户进一步调查分析,深入到具体方面。(见表 7-3)

表 7-3　潜在客户情况分析表

(1)负责人

姓　名		气　　质	
学　历		名　　誉	
性　格		领导方式	
经　历	稳健(　　)保守(　　)革新(　　)	领导才干	
优　点		嗜　　好	
思　想		特　　长	
优　点		专业知识	
弱　点		备　　注	

(2)业绩

经营范围		其他业务	
主　业		资金情况	
市场占有率		新产品情况	
利　润		投资情况	
资产比例		证券分析	
竞争对手情况		备　注	

(3)信用

开户银行		银行信用:很好(　　)好(　　)普通(　　　)
往来银行		差(　　)很差(　　)
账簿组织　完备(　　)不完备(　　　)		
		负债情况:很好(　　)好(　　)普通(　　　)
经营组织　股份公司(　　)个人经营(　　　)		差(　　)很差(　　)
有限公司(　　)合资公司(　　)		同业者评判:
		近邻评价:
资　本　额		付款态度:
营业执照号码		备　　注:

3.竞争对手调查

对于竞争对手的调查是不可疏忽的一个环节,这是企业争夺新客户的重要依据。此部分调查应侧重于竞争对手的优势和劣势,并对此进行战略分析,讨论深入市场的可能性。(见表7-4)

表 7-4　竞争对手情况调查表

公司编号 公司名称 注册资金 法人代表		建档日期 负责人员 备　　注	
经营者评核	工作能力 生活作风 专职程度 领导方式		
经营面评核	市场占有率 与客户往来业务 产品线情况 营销情况 定价 重要客户 新产品情况 其他产品		
其他方面	设备投资 信用等级 员工情况 人事变动		

4.客户开发

销售部门根据已掌握的材料,分配客户开发任务,由业务员具体操作。(见表7-5)

表 7-5　访问客户情况表

姓名	电话	访问动机	交涉经过(尽量记下要领)	业务情况	希望度	访问				备注
						区分	开始日	次数	预定次数	打听情况请求援助指示等
1										
2										
3										
4										
5										
6										
7										
8										
9										
10										
交涉经过	①无法面谈 ②不表兴趣 ③商谈进展 ④出现预料外障碍		希望度	①有商谈成功的希望 ②本月中有商妥希望 ③展示商品再议 ④再进一步 ⑤契约成立						

7.2.2　客户资料卡的处理制度

1. 无论买或卖,对于开始有交易往来的公司,各负责者要在"交易开始调查书"里,记入必要事项,并且取得单位主管的认可并禀报董事长。取得董事长的承认后,依照调查书,在财务科里将交易往来客户原簿制成,并在交易往来客户一览表里记入。

2. 财务科应与有关科室一起定期对交易往来客户作调查,如有变化应及时记入、修订。

3. 对于有关交易往来客户的记入事项的变化,或有其他新的事项时,随时记入。

4. 交易往来客户如果解散或者是与本公司的交易关系解除的时候,财务科应该将其从交易往来客户原簿及交易往来客户一览表中除去,并将其交易往来客户原始资料分别保管。

客户资料卡制成后,可以在很多情况下使用,主要包括:寄发广告信函时;订立收付款计划时(由于各公司的收款、付款日期都不一样,利用资料卡可以安排收款、付款顺序与计划);订立访问计划时(有了资料卡,可以订立较节省时间、有高效率的、具体的访问计划);对信用度分类时(根据客户资料卡,对信用度低的客户缩小交易额,对信用度高的客户增大交易额,这样可以定具体的销售政策);决定佣金折扣时;区别现有客户与潜在客户等。

—— **即问即答 7-3** ——

你认为,在客户资料卡中最重要内容是什么?

7.3　客户的信用调查及等级管理

在掌握了客户资料的收集、管理和运用之后,我们就应重点把握如何开展客户的信用调查,以及如何对客户划分等级并采取相应的管理措施,以便更好地应用客户资料。

7.3.1　客户信用调查

1.客户信用调查的途径

(1)通过金融机构(银行)进行调查。一般由业务经理提出委托申请,由业务员协助调查。通过金融机构调查,可信度比较高,所需费用少;但很难掌握其全部资产情况及具体细节,因客户的业务银行不同,所花调查时间会较长。

(2)利用专业资信调查机构进行调查。这种方式能够在短期内完成调查,经费支出较大,能满足本方的需求。调查人员的素质和能力对调查结果影响很大,所以应选择声誉高、能力强的资信调查机构。

(3)通过客户或行业组织进行调查。这种方式可以进行深入具体的调查,但会受地域限制,难以把握整体信息,并且难辨真伪。

(4)内部调查。询问同事或委托同事了解客户的信用状况,或从本公司派生机构、新闻报道中获取客户的有关信用情况。

2.调查时应注意的事项。调查是一种理论与实践结合的过程,对不同的客户主体及不同情况,应采用不同的策略。

对客户经营者进行调查时,应注意以下几点:其家庭气氛和店铺内气氛是否冷淡、灰暗;其夫妇关系是否紧张;其所作所为是否有悖于公司的理念;是否有赌博、酗酒等不良嗜好;是否对工作放任自流;是否三心二意;是否有明确的经营方针;经营者之间是否存在争权夺利的情况;是否高高在上,只管发号施令;是否颠三倒四,朝令夕改;行踪是否飘忽不定;是否经常窃窃私语,神秘兮兮等。

对客户企业内状况进行调查时,应注意以下几点:职工是否团结一致;职工是否能做到令行禁止;职工能否按时、按质完成工作任务;职工流动率是否居高不下;职工纪律是否松懈;职工是否向企业外部人员倾诉牢骚;办公场地是否杂乱无章;职工是否整天与报纸和茶水为伍;职工是否有化公为私之举;职工是否违反规定,低价出售,中饱私囊;库存量是否急剧增减;与主要客户的关系是否稳固;领导不在时,职工是否兴高采烈等。

在调查客户资金状况时,应注意是否有下列行为:手持现金不足,提前收回货款;持票据贴现;延期支付债务;出现预收款融资票据和借入性融通票据;为筹资而低价抛售;提前回收赊销款;开始利用高息贷款;开始躲债;与业务银行关系紧张;经营者经常奔走于各类金融机构;听说其他债权者无法索回货款;其票据被银行拒付;银行账户被冻结等。

对客户支付情况进行调查时,应注意是否有下列行为:不能如约付款;推迟现金支付日;推迟签发票据;要求票据延期;托辞本公司的付款通知书未到;开始进行小额融资;对催付货款搪塞应付;小额货款都不能支付;票据被银行拒付;要求延长全部票据的支付期限等。

3. 调查结果的处理

(1)调查完成后,应编写客户信用调查报告

因为对客户的管理是一个动态的过程,所以要定期写成书面的客户信用调查报告,及时报告给主管领导。平时还要进行口头的日常报告和紧急报告。

定期报告的时间要求依不同类型的客户而有所区别:

对于 A 类客户每半年一次即可。A 类客户是指规模大、信誉高、资金雄厚、属超一流公司的客户。

调查报告须在指定月份的 10 日前提交给主管领导,应用公司统一规定的格式和要求编写。调查报告应力戒主观臆断,要以资料事实说话,但又不能罗列过多数字,调查项目应保证明确全面。

(2)信用状况突变情况下的处理

业务员如发现自己所负责的客户信用状况发生变化,应直接向上司报告,按"紧急报告"处理。采取对策必须有上司的明确指示,不得擅自处理。

对于信用状况恶化的客户,原则上可采取如下对策:要求客户提供担保人和连带担保人;增加信用保证金;交易合同取得公证;减少供货量或实行发货限制;接受代位偿债和代物偿债。有担保人,向担保人追债;有抵押物担保

的,接受抵押物还债。

—— **即问即答 7-4** ——

　　对客户进行信用调查的目的是什么?

7.3.2　客户等级管理

1. 划分客户等级

依据客户的销售额,可以将客户分为 A、B、C 三级。具体方法是:

(1)将客户连续三个月(或四至六个月)的每月销售额累计后平均计算,求出客户平均销售额。(见表 7-6)

表 7-6　客户月平均销售额

月份	销售额	累计	平均销售额
六	500		
七	250	750	1200÷3＝400
八	450	1200	

(2)将日平均销售额按大小排序。(见表 7-7)

表 7-7　客户日平均销售额

序号	客户代码	日平均销售额	备注
1			
2			
3			
4			
5			
6			
7			
8			
9			
10			
11			
12			

(3)依据某日平均销售额为"等级标准额",再将全部客户划分为若干等级(见图 7-1)。

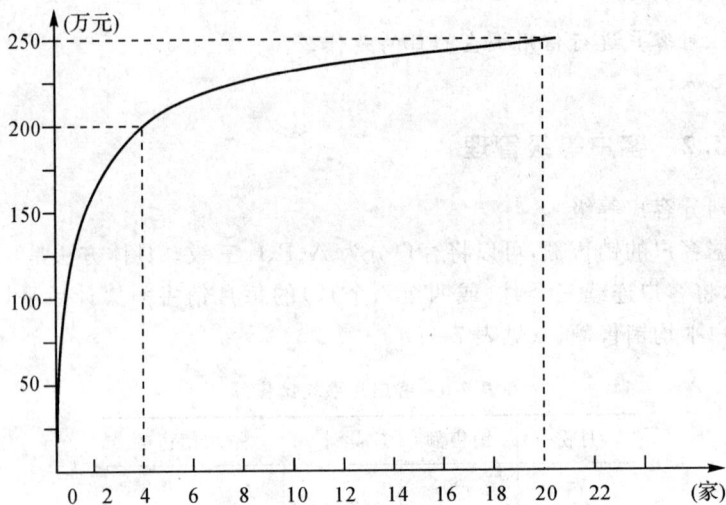

图 7-1　等级划分图

如以排位第四的客户的日平均销售额作为 A 级标准额,在此标准额以上的客户均为 A 级客户。依此类推,确定 B 级、C 级客户。

2.客户名册登记

将全部客户分级后应分列成册。其中:

(1)可按客户开拓的顺序先后,排出"客户名册"(见表 7-8)。

表 7-8　客户名册表

次序 \ 项目	客户名称	业种	负责人	地址	电话	拜访日期记录

(2)按客户的资信或规模等状况,排出"客户等级分类表"(见表 7-9)。

表 7-9 客户等级分类表

客户等级分类表	A级	业种			
		客户			
		代码			
	B级	业种			
		客户			
		代码			
	C级	业种			
		客户			
		代码			

3. 客户等级管理

(1)根据不同等级的客户确定不同的访问次数(见表 7-10)。

表 7-10 客户访问计划表

项目 级别	经办人		组长	科长	经理	总经理 副总经理
A级	访问每 月 3 次	电话每 月 2—3 次	1—2 月 1 次	1—2 月 1 次	半年 1 次	1 年 1 次
B级	每月 2 次	每月 1—2 次	1—2 月 1 次	2—3 月 1 次	6—12 月 1 次	有必要时
C级	每月 1 次	每月 1 次	有必要时	有必要时		

(2)根据不同等级的客户确定不同的信用额度。对于 A 类客户,其信用额度可以不受限制;对于 B 类客户,可先确定一个信用额度基数,以后再逐渐放宽限制;对于 C 类客户,则应仔细审核,适当地给予少量的信用额度。

7.4 客户投诉的处理

企业在销售过程中,难免会碰到客户的投诉。关键是我们要正视问题,妥善地处理。下面就来介绍处理客户投诉的有关内容。

7.4.1 客户投诉的内容

因为销售的各个环节均有可能出现问题,所以客户投诉也可能包括产品及服务等各个方面,主要可以归纳为以下几个方面:

1. 商品质量投诉。主要包括产品在质量上有缺陷、产品规格不符、产品技术规格超出允许误差、产品故障等。

2. 购销合同投诉。主要包括产品数量、等级、规格、交货时间、交货地点、结算方式、交易条件等与原购销合同规定不符。

3. 货物运输投诉。主要包括货物在运输途中发生损坏、丢失和变质或因包装或装卸不当造成的损失等。

4. 服务投诉。主要包括对企业各类人员的服务质量、服务态度、服务方式、服务技巧等提出的批评与抱怨。

7.4.2 客户投诉处理应注意的问题

1. 建立健全各种规章制度。要有专门的制度和人员管理客户投诉问题。另外要做好各种预防工作,防患于未然。因此需要经常不断地提高全体员工的素质和业务能力,树立全心全意为客户服务的思想,加强企业内外部的信息交流。

2. 一旦出现客户投诉,应及时处理。对于客户投诉,各部门应通力合作,迅速作出反应,力争在最短的时间里全面解决问题,给客户一个圆满的答复。否则,拖延或推卸责任会进一步激怒投诉者,使事情进一步复杂化。

3. 处理问题时应分清责任,确保问题的妥善解决。不仅需要分清造成客户投诉的责任部门和责任人,而且需要明确处理投诉的各部门、各类人员具体责任与权限以及客户投诉得不到及时圆满解决的责任。

4. 对每一起客户投诉及其处理都要做出详细的记录,包括投诉内容、处理过程、处理结果、客户满意程度等。吸取教训,总结经验,为以后更好地处理好客户投诉提供参考。

7.4.3 客户投诉处理流程

客户投诉处理流程一般说来,包括以下几个步骤(如图7-2所示)。

1.记录投诉内容。利用客户投诉登记表详细地记录客户投诉的全部内容,如投诉人、投诉时间、投诉对象、投诉要求等。

2.判定投诉是否成立。了解客户投诉的内容后,要判定客户投诉的理由是否充分,投诉要求是否合理。如果投诉不能成立,即可以婉转的方式答复客户,取得客户的谅解,消除误会。

3.确定投诉处理责任部门。根据客户投诉的内容,确定相关的具体受理单位和受理负责人。如属运输问题,交储运部处理;属质量问题,则交质量管理部处理。

4.责任部门分析投诉原因。要查明客户投诉具体原因及具体造成客户投诉的责任人。

5.公平提出处理方案。根据实际情况,参照客户的投诉要求,提出解决投诉的具体方案,如退货、换货、维修、折价、赔偿等。

6.提交主管领导批示。对于客户投诉问题,领导应予以高度重视,主管领导应对投诉的处理方案一一过目,及时作出批示。根据实际情况,采取一切可能的措施,挽回已经出现的损失。

7.实施处理方案。处罚直接责任者,通知客户,并尽快地收集客户的反馈意见。对直接责任者和部门主管要按照有关规定进行处罚,依照投诉所造成的损失大小,扣罚责任人一定比例的绩效工资或奖金。同时对不及时处理问题造成延误的责任人也要进行追究。

8.总结评价。对投诉处理过程进行总结与综合评价,吸取经验教训,提出改善对策,不断完善企业的经营管理和业务运作,以提高客户服务质量和服务水平,降低投诉率。

7.4.4 客户投诉管理表格

在客户投诉处理过程中,需要设计、填制、整理一系列的投诉管理表格,以帮助问题的有序处理。表7-12至表7-16是一些有关客户投诉的管理表格,供参考。

```
                        ┌──────────────────┐
                        │     客户投诉      │
                        └──────────────────┘
                                 │
        ┌────────────────────────┼──────────────────────────────────┐
        │                        ▼                                   │
        │              ┌──────────────────┐      ┌──────────────────┐
        │              │   记录投诉内容    │─────▶│  客户投诉记录表   │
        │              └──────────────────┘      └──────────────────┘
        │                        │
        │              ┌──────────────────┐      ┌──────────────────┐
        │              │  判定投诉是否成立  │─────▶│    答复客户       │
        │              └──────────────────┘      └──────────────────┘
        │                        │
        │              ┌──────────────────┐
        │              │ 确定投诉处理责任部门│
        │              └──────────────────┘
        │                        │
        │              ┌──────────────────┐      ┌──────────────────┐
        │              │ 责任部门分析投诉原因│─────▶│  判定具体责任人   │
        │              └──────────────────┘      └──────────────────┘
        │                        │
        │              ┌──────────────────┐
        │              │   提出处理方案    │
        │              └──────────────────┘
        │                        │
        │              ┌──────────────────┐
        │              │  提交主管领导批示  │
        │              └──────────────────┘
```

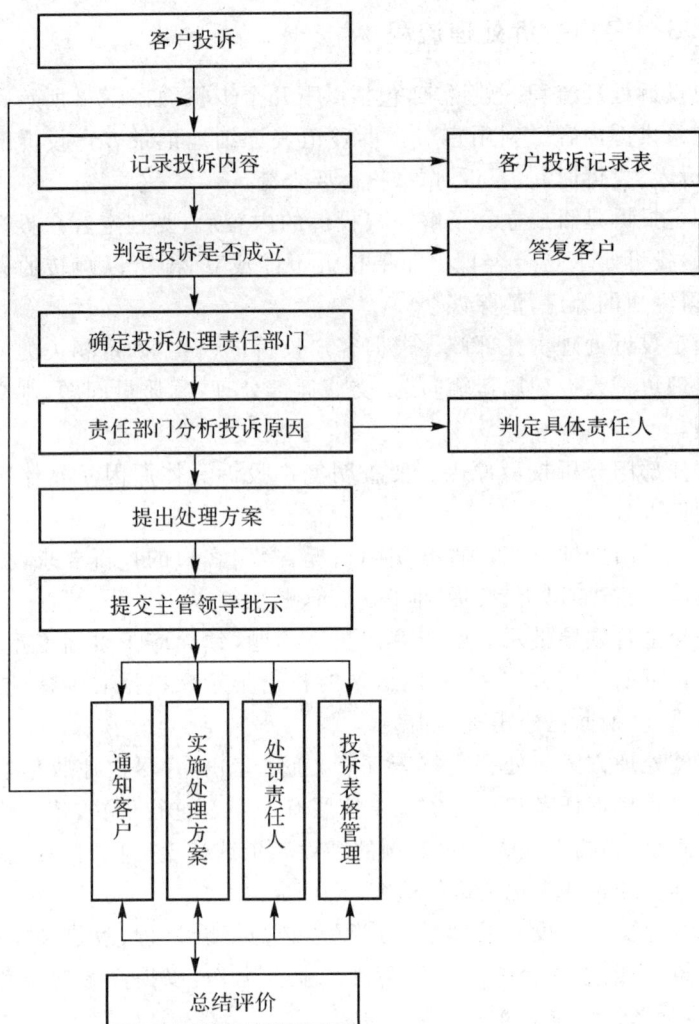

图 7-2　客户投诉处理流程图

表 7-11 客户投诉登记表

投诉客户名称：		地址：	
受理日期：		受理编号：	
客户要求：			
受理单位意见	质量管理单位	受理单位	营业单位

主管：　　　　　　　科长：　　　　　　　制表：

表 7-13 客户投诉调查表

年　月　日

受理案件		发生原因	处理经过	建议	
编号	内容			对策	改进

营业单位：　　　　　　质量管理科：　　　　　　受理单位：

表 7-14 客户投诉处理表

年　月　日

客户		订单编号		制造部门		交运日期及编号	
品名及规格	单位		交货数量		金额		
投诉理由							
客户要求	赔　款	折　价		退　货		其　他	
	元	％元		数量：　金额：			
经办人意见：							
销售部意见：				采购部意见：			

续表

| 制造部门意见： |
| 研究开发部意见： |
| 财务部意见： |
| 副总经理批示： |
| 总经理批示： |

表 7-15　客户投诉处理通知书

发文号：　　　　　　　　　　　　　　　发文日：　　年　　月　　日

客户名称			
订单编号		问题发生单位	
订购日期		制造日期	
索赔数量		制单号码	
索赔金额		订购数量	
		处理期限	
发生原因及调查结果		客户希望 1.退货 2.退换 3.打折扣 4.至客户处更换 5.其他	
		营业部观察结果	
		公司对策实施要领	
		对策实施确认	

表 7-16　客户投诉统计表

投拆		客户	品名规格	交运		不良品数量	投诉内容	责任单位	处理方式			损失
日期	编号			日期	数量				赔款	退货	折价	

投拆		客户	品名	交运		不良品	投诉	责任	处理方式			损失
日期	编号		规格	日期	数量	数量	内容	单位	赔款	退货	折价	

7.5 应收账款的管理

企业在销售过程中,经常采取赊销、分期付款等销售方式,从而产生大量的应收账款。为了在充分发挥应收账款功能的基础上,降低应收账款投资的成本,使提供商业信用、扩大销售所增加的收益大于有关的各项费用,必须加强应收账款的管理。

7.5.1 应收账款的功能与成本

1.应收账款的含义

应收账款是指企业对外销售商品、产品,提供劳务等而应向客户收取的款项。作为企业的一种短期债权,应收账款在资产负债表上应列为流动资产。

2.应收账款的功能

(1)增加销售的功能。在市场竞争比较激烈的情况下,赊销是促进销售的一种重要方式。进行赊销的企业,实际上是向客户提供了两项交易:①向客户销售产品;②在一个有限的时期内向客户提供资金。虽然赊销仅仅是影响销售量的因素之一,但在银根紧缩、市场疲软、资金匮乏的情况下,赊销的促销作用是十分明显的。特别是在企业销售新产品、开拓新市场时,赊销更具有重要的意义。

(2)减少存货的功能。企业持有产成品存货,要追加管理费、仓储费和保险费等支出;相反,企业持有应收账款,则无需上述支出。因此,无论是季节性企业还是非季节性企业,当产成品存货较多时,一般都可采用较为优惠的信用条件进行赊销,把存货转化为应收账款,减少产成品存货,节约各种支出。

3.应收账款的成本

持有的应收账款的成本一般由以下三部分组成:

(1)应收账款的机会成本。企业资金如果不投入于应收账款,便可用于其他投资并获得收益,如投资于有价证券便会有利息收入。这种因投放于应收账款而放弃的其他收入,即应收账款的机会成本,这种成本一般按有价证券的利息率计算。

(2)应收账款的管理成本。应收账款的管理成本主要包括:①调查客户信用情况的费用;②收集各种信息的费用;③账簿的记录费用;④收账费用;⑤其他费用。

(3)应收账款的坏账成本。应收账款因故不能收回而发生的损失,就是坏账成本。此项成本一般与应收账款发生的数量成正比。

7.5.2 应收账款政策的制定

应收款赊销的效果好坏,依赖于企业所实行的信用政策。企业的信用政策包括:信用标准、信用条件和收账政策三部分。

1.信用标准

信用标准是指客户获得企业的交易信用所应具备的条件,或者从企业的角度来看,也可以说成是企业同意向客户提供商业信用而提出的基本要求。最简单的一种信用标准是以预期的坏账损失率作为判别标准。如果企业的信用标准较严,则只对信誉很好、坏账损失率很低的客户给予赊销,就会减少坏账损失,相应地也会减少应收账款的机会成本,但这可能不利于扩大销售量,甚至会使销售量减少。反之,如果信用标准较宽,虽然会增加销售,但也会相应增加坏账损失和应收账款的机会成本。企业应根据具体情况进行权衡。

企业在设定某一客户的信用标准时,该如何才能较准确地预期此客户的坏账损失率呢?这就需要事先对客户进行信用调查以及信用评价。

2.信用条件

信用条件是指企业要求客户支付赊销款项的条件,它包括信用期间和现金折扣政策两个方面。

(1)信用期间,是企业允许客户从购货到付款之间的时间,或者说是企业给予客户的付款期限。例如,若某企业允许客户在购货后的50天内付款,则信用期间为50天。信用期限过短,不足以吸引客户,会使企业在竞争中销售额下降;信用期限放长,对销售额增加固然有利,但只顾及销售增长而盲目放宽信用期,所得的利益有时会被增长的费用抵销,甚至造成利润减少。因此,企业必须慎重研究,规定出恰当的信用期限。

信用期的确定,主要是分析改变现行信用期间对收入和成本的影响。延长信用期限,会使销售额增加,产生有利影响;与此同时应收账款、收款费用和坏账损失增加,会产生不利的影响。当前者大于后者时,可以延长信用期限,否则不宜延长。缩短信用期限情况与此相反。

(2)现金折扣政策。现金折扣是在客户提前付款的条件下,企业对客户在商品价格上的优惠,其主要目的在于吸引客户为享受优惠而提前付款,从而达到缩短企业的平均收款期的目的。另外,现金折扣也能招揽一些视折扣减价出售的客户前来购货,借此扩大销售额。

现金折扣的表示常采用如 5/10,3/20,N/30 这样一些符号形式。这三种符号的含义为:5/10 表示如果在发票开出后 10 天内付款,就可享受 5% 的价格优惠,即只需支付原价的 95%;3/20 表示若在 20 天内付款,顾客可享受 3% 的价格优惠,即只需支付原价的 97% 即可;N/30 表示付款的最后期限为 30 天,此时付款无优惠。

因为现金折扣政策与信用期间是结合采用的,所以确定折扣程度的方法与过程实际上与前述信用期间的确定一致,只不过要把所提供的延期付款时间和折扣综合起来,看各方案的延期与折扣能取得多大的收益增加,再计算各方案带来的成本变化,最终确定最佳方案。

3.收账政策

收账是企业应收账款管理中的一项重要工作。收账政策包括以下两方面的内容:

(1)确定合理的收账程序。催收账款的程序一般是:信函通知、电话催收、派员面谈、法律行动。当客户拖欠账款时,要先给客户一封有礼貌的通知信件;接着,可寄出一封措词较直率的信件;进一步则可通过电话催收;如再无效,企业的收账员可直接与客户面谈,协商解决;如果谈判不成功,就只好交给企业的律师采取法律手段。

(2)确定合理的计债方法。客户拖欠货款的原因可能比较多,但总的可概括为两大类:无力偿付和故意拖欠。

无力偿付是指客户因经营管理不善,财务出现困难,没有资金偿付到期债券。对这种情况要进行具体分析,如果客户确实遇到暂时困难,且与企业有长期稳定的合作关系时,企业应当帮助客户度过难关,以便收回较多的账款。

故意拖欠是指客户虽有能力付款,但为了本身利润,想方设法不付款。

遇到这种情况,则需要确定合理的讨债方法,以达到收回账款的目的。常见的讨债方法有如下几种:

①讲理法。讨债人要有礼貌地说明理由。坚持说理,以理服人,无故拖欠货款是不应该的,已对债权人产生消极影响,造成经济损失。若不及时付款,引起法律纠纷,对双方都不利。

②恻隐法。讨债人应讲清自己的困难,说明本身的危险处境,以打动债务人的恻隐之心,使债务人良心发现,按时付款。

③疲劳战法。抓住欠债企业的一两个领导人(如厂长、总会计师、财务科长)长期软磨硬泡,坚持打持久战,不达目的决不罢休,总有一天,该领导人意志瓦解,终于同意付款。

④激将法。用语言刺激债务人,使其懂得若不及时付款将会损害他的形象和尊严,对方为了面子,不得不及时付款。

⑤软硬术法。软硬兼施,由两个人讨债,一人态度强硬,寸步不让;另一人态度和蔼,以理服人,如果二人配合得好,会收到较好效果。

—— **即问即答 7-5** ——

如何正确理解信用条件?

【本章小结】

生产商在向客户提供商品或劳务的同时,应充分了解客户的自身情况,分析其所处地位及需求特点,通过制定更好的销售策略向客户提供更好的服务,使客户得到最大限度的满足,从而使其成为本公司最忠实和最长久的主顾,这就是客户管理的最重要任务。围绕这个任务,本章介绍了客户资料的收集内容及管理要求,特别重点分析了如何调查客户的信用情况;如何把客户分成不同的等级采取相应的管理措施;如何正确合理地处理客户投诉;如何加强应收账款的管理,既发挥应收账款的功能又降低应收账款的成本。书中所列表格格式和内容仅供参考。

【案例分析】

深万科的万客会

"深万科"是深圳老牌上市公司,也是在深圳乃至全国拥有较高知名度和较大影响力的地产开发商。其开发的以"城市公园"为品牌的商品住宅小区在上海、北京、天津、沈阳等地都引起轰动,并得到当地政府的赞赏。在深圳,其不同时期开发的天景花园、荔景大厦、景田城市花园、万科桂苑、俊园、福景花园等也都是明星级楼盘。可以说,万科是国内地产界为数不多的品牌化经营的公司之一,其客户管理也独树一帜。

1998 年 8 月 15 日和 9 月 1 日,深万科的"万客会"(万科地产客户俱乐部)招募会员广告于《深圳特区报》刊出两期,规定只需年满18周岁,无论性别国籍,均可入会。入会并不收取任何费用,条件是必须填写一份精心设计的包括有职业、年薪等情况的个人资料和现居住状况、购房置业理想的问卷。

招募广告称,万客会的宗旨为,通过与会员的沟通,致力于达成以下目标:会员可以仔细地了解如何更好地购买万科地产开发的房产;会员可以仔细地了解做万科地产业主的权利和待遇;会员可以将意见和有关问题进行愉快投诉和细致反映;诚恳顺畅地与会员展开有关房产业务的沟通和交流;向会员及时提供万科地产最新推出的楼盘情况与资料;更贴近地了解会员对万科房产的需求或建议,从而改善小区规划和住宅设计;加强和促进深圳万科地产作为发展商与社会各界的密切联系。

万客会规定,会员享有下列优惠:可以提前收到深圳万科地产最新推出的楼盘资料和售楼全套资料;可以在正式推出之前,得到优先安排参观深圳万科地产的销售示范单位;可以得到优先安排选购房产、选择朝向、挑选楼层;可以参加由万客会组织的、对万科地产现有房产物业浏览和参观活动;可以由本会特别安排参观万科集团在内地的优良房产及物业;可以自由选择参加万客会举办的各类公众社会活动,享用万客会精选商号所提供的购物折扣和优惠价格;可以了解购买万科房产的基本常识,和得到采用标准交易程序实惠购房的帮助;可以免费收到由万科集团总部出版的《万科周刊》。而入会一年以上或曾经购买过万科房产的资深会员,除享有以上优惠外,还可以再享受 1~5% 的购房优惠。

由此可见,万客会的成立就是为了"与万科老客户、或想成为万科客户、或不想成为万科客户但想了解万科的消费者交流沟通",就是为了使万科地产公司能深入客户和潜在客户并倾听他们的声音,让客户了解万科地产并直接感受万科地产,使发展商与客户进行长期有效的接触,就是为了使万科能更详尽地把控市场,更深刻了解客户的现实需求,使万科能协助客户进行审慎的地产投资,从而建立一种长期的关系以便"更好地卖房子",其终极目标则是"如果万客会有一定规模、一定历史,它的影响将会超过公众媒介的效果。它最好的效果是,让万科物业永远不用在媒介上做广告,改变靠广告卖房子的命运"。

两次广告后,万科有意识地降低了宣传力度,目的在于落实服务。据介绍,万客会成立半年多来,已完成了管理软件开发、会员资料录入整理、会员卡制作与发放、精选商家的选择等工作,并组织了"万科城市花园开放日"和参与深圳电视台"周末大赢家"节目等大型活动。1999年,计划还将定期举办会员恳谈会、万科物业参观、项目讲座会、公司历史介绍、购房置业讲座及会员球类友谊赛、看电影、听音乐会等文娱活动。

万科称万客会是一个非常复杂的产品,是体现万科实力、经营观念、服务精神的产品,因此将以100%的热情为会员服务,预计到1999年10月将会有专业人员、专门场所和专门发展计划来做万客会。

据介绍,万客会现已接收会员2700多名,其中近90%为非万科物业现业主,只是潜在消费者,在改为网上入会登记后,正以每天10~20人的速度递增,与万客会结盟的以家具、床上用品、装璜材料、灯饰为主的精选商家达20家。而最令人惊羡的是万客会已成功地促销了近100套房,并让精选商家大得其利。

【思考练习】

一、简答题:

1.简要说明客户管理的内容和原则。

客户管理是指对与你有业务往来的客户进行系统的辅导与激励,从而创造新的业绩。

原则动态管理;突出重点;灵活运用;专人负责。

2.如何收集、管理、运用客户资料?

1.确定新客户范围 2.选定具体的新客户 3.竞争对手调查 4.客户开发

1)无论买或卖,对于开始有交易往来的公司,各负责者要在"交易开始调查书"里,记入必要事项,并且取得单位主管的认可并禀报董事长。取得董事长的承认后,依照调查书,在财务科里将交易往来客户原簿作成,并在交易往来客户一览表里记入。

(2)财务科应与有关科室一起定期对交易往来客户作调查,如有变化应及时记入、修订。

(3)对于有关交易往来客户的记入事项的变化,或有其他新的事项时,随时记入。

(4)交易往来客户如果解散或者是与本公司的交易关系解除的时候,财务科应该将其从交易往来客户原簿及交易往来客户一览表中除去,并将其交易往来客户原始资料分别保管。

客户资料卡制成后,可以在很多情况下使用,主要包括:寄发广告信函时;订立收付款计划时。

3. 如何对客户开展信用调查？

(1)通过金融机构(银行)进行调查。

(2)利用专业资信调查机构进行调查。

(3)通过客户或行业组织进行调查。

(4)内部调查。询问同事或委托同事了解客户的信用状况,或从本公司派生机构、新闻报道中获取客户的有关信用情况。

4. 如何对客户划分等级，并采取相应的管理措施？

依据客户的销售额,可以将客户分为 A、B、C 三级。具体方法是：

(1)将客户连续三个月(或四至六个月)的每月销售额累计后平均计算,求出客户平均销售额。

(2)将日平均销售额按大小排序。

(3)依据某日平均销售额为"等级标准额",再将全部客户划分为若干等级。

如以排位第四的客户的日平均销售额作为 A 级标准额,在此标准额以上的客户均为 A 级客户。依此类推,确定 B 级、C 级客户。

根据不同等级的客户确定不同的信用额度。对于 A 类客户,其信用额度可以不受限制；对于 B 类客户,可先确定一个信用额度基数,以后再逐渐放宽限制；对于 C 类客户,则应仔细审核,适当地给予少量的信用额度。

5. 如何正确处理客户的投诉？

1. 建立健全各种规章制度。

2. 一旦出现客户投诉,应及时处理。

3. 处理问题时应分清责任,确保问题的妥善解决。不仅需要分清造成客户投诉的责任部门和责任人,而且需要明确处理投诉的各部门、各类人员具体责任与权限以及客户投诉得不到及时圆满解决的责任。

4. 对每一起客户投诉及其处理都要作出详细的记录,包括投诉内容、处理过程、处理结果、客户满意程度等。通过记录、吸取教训、总结经验,为以后更好地处理好客户投诉提供参考。

5. 应收账款的功能和成本有哪些？如何制定正确的应收账款政策？

(1)增加销售的功能。(2)减少存货的功能。

(1)应收账款的机会成本。(2)应收账款的管理成本。(3)应收账款的坏账成本。

二、单选题

1. 应收款赊销的效果好坏,依赖于企业所实行的信用政策。企业的信用政策不包括：

A. 信用标准　　B. 收账政策　　C. 信用评价　　D. 收账政策

2. 下列不属于客户管理常用分类的是：

　A. 按客户的性质分　　　　　　B. 按交易过程分

　C. 按交易数量和市场地位分　　D. 按交易历史分

3. 客户信用调查的途径有：

　A. 通过金融机构（银行）进行调查

　B. 通过亲戚朋友打听

　C. 通过侦探调查

　D. 通过对其历史调查

4. 客户投诉处理应注意的问题不包括：

　A. 建立健全各种规章制度

　B. 一旦出现客户投诉，应及时处理

　C. 应由法律手段公正处理问题

　D. 对每一起客户投诉及其处理都要作出详细的记录，包括投诉内容、处理过程、处理结果、客户满意程度等

5. 常见的讨债方法有如下几种：

　A. 讲理法　　　B. 暴力法　　　C. 恻隐法　　　D. 疲劳战法

6. "信用标准"也可以说成是企业同意向顾客提供商业信用而提出的：

　A. 重要要求　　　　　　　　B. 基本要求

　C. 重点要求　　　　　　　　D. 惟一要求

7. 应收款赊销的效果好坏，依赖于企业所实行的信用政策。企业的信用政策不包括：

　A. 信用标准　　　　　　　　B. 信用条件

　C. 收账政策　　　　　　　　D. 营销历史调查

8. 应收账款的功能有：

　A. 增加员工工资的功能　　　B. 增加销售的功能

　C. 扩建生产规模的成本　　　D. 增加慈善支出

9. 客户投诉处理流程一般说来，不包括以下哪个步骤：

　A. 记录投诉内容　　　　　　B. 判定投诉是否成立

　C. 公平提出处理方案　　　　D. 向投诉人进行报复

10. 业务员如发现自己所负责的客户信用状况发生变化，应直接向上司报告，按：（　　）处理

　A. "紧急报告"　　　　　　　B. "一般报告"

　C. 重点报告　　　　　　　　D. 非重要报告

三、多选题

1. 催收账款的程序一般是：

    A. 信函通知   B. 电话催收

    C. 派员面谈   D. 申诉控告

    E. 法律行动

2. 正确地理解客户管理的概念，应注意以下几点：

    A. 客户管理的目的是为了获得更大利润。

    B. 客户管理的对象是企业有业务往来的客户。

    C. 客户管理在不同的企业所进行的管理方法是不同的，企业由于所面对的客户群的收入、喜好及对产品的认识度各有不同，在进行客户管理时应区别对待。

    D. 客户管理在相同企业的不同时期应有不同的侧重点，应根据企业的不同时期的不同情况有针对性地进行重点客户管理。

    E. 客户管理的目标是系统地管理现有客户或者潜在客户。

3. 在进行客户管理的过程中，需要注意以下原则：

    A. 动态管理   B. 突出重点

    C. 注意人情   D. 专人负责

    E. 灵活运用

4. 对客户经营者进行调查时，应注意以下几点：

    A. 其家庭气氛和店铺内气氛是否冷淡、灰暗；

    B. 其夫妇关系是否紧张；其所作所为是否有悖于公司的理念；

    C. 是否有赌博、酗酒等不良嗜好；

    D. 是否对工作放任自流；

    E. 是否有明确的经营方针。

5. 客户投诉的内容，主要可以归纳为以下几个方面：

    A. 购买产品时间   B. 购销合同投诉

    C. 货物运输投诉   D. 商品质量投诉

    E. 服务投诉

【参考答案】

单选题：CDACB　BDBDA

多选题：1. ABCE　2. ABCD　3. ABDE　4. ABCDE　5. BCDE

第8章
销售网络成员管理

- 经销商管理实务
- 代理商管理实务
- 特许经营管理实务

—— 导入语 ——

销售网络成员是企业产品销售过程中所涉及的一系列相互联系、相互依赖的组织和个人。如何慎重地选择网络成员，明确网络成员的权利和义务，调动网络成员的积极性，直接关系到企业产品销售的成败，进而关系到企业的生存和发展。因此，销售网络成员的管理就成为销售管理的重要环节。本章在众多的销售网络成员中有选择地介绍经销商、代理商和特许经营的管理。通过本章学习了解三种经销方式的特点及其选择；了解生产商与经销商之间的责权划分；懂得生产商激励经销商的常用方法；了解不同代理商的特点及学会选择代理商；理解特许经营的类型，并能根据企业的发展需要和产品特点选择最佳的特许经营方式。

—— 关 键 词 ——

中间商　　经销商　　代理商　　特许经营

8.1　经销商管理实务

经销商是生产商重要的销售网络成员。生产商对经销商的管理所涉及

的内容主要有经销方式的选择,经销商的选择和信用调查,明确经销商的权
利和义务,以及如何激励经销商等。

8.1.1 经销商与经销方式

1.中间商的含义

中间商是指处于生产者和消费者之间,参与商品交易活动,促进买卖行
为发生和实现,具有法人资格的经济组织和个人。在商品流通的过程中,中
间商起到了生产者和消费者之间的桥梁和纽带作用(见图 8-1)。

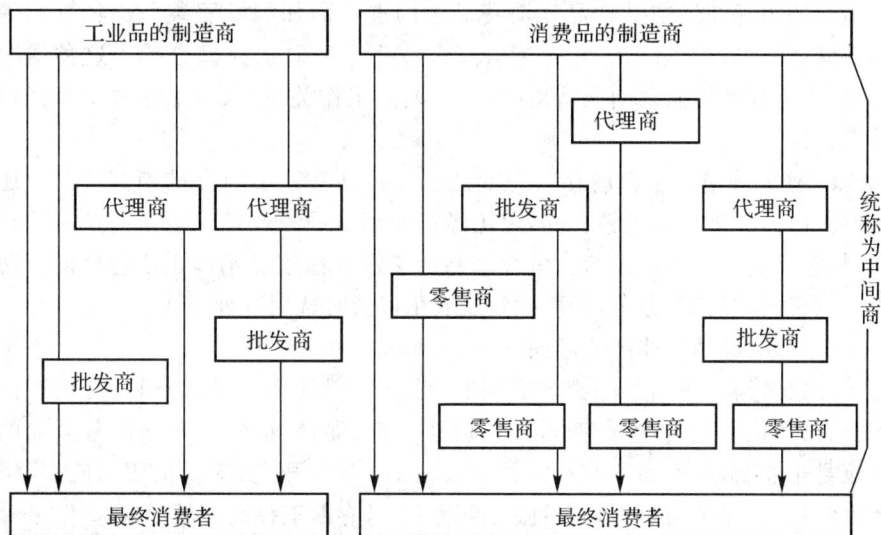

图 8-1 销售通路图

中间商一般可分为经销商和代理商,而经销商一般又可分为批发商和零
售商。从图 8-1 不难看出,经销商的确是生产商非常重要的销售网络成员。

—— **即问即答 8-1** ——

从图 8-1 看销售网络成员有哪些? 请联系实际举例谈谈。

2.经销商的含义

经销商是指从事商品交易,在商品买卖过程中拥有商品所有权的中间
商。经销商用自己的资金和信誉进行买卖业务,是为卖而买,承担经营过程
中的全部风险。在产品比较成熟、销量比较大、市场成熟稳定的情况下,可以
通过经销商来分销产品。

3.经销方式的选择

(1)生产商对产品的分销方式

生产商对产品的分销方式一般有三种:

a.密集型分销。指出售某种产品或品牌的经销商越多越好。消费品中的便利食品及一些日常用品通常采用密集型分销,如烟草制品、软饮料、肥皂、报纸、口香糖、汽油等。这种情况下,生产商与经销商之间是简单的买卖关系,双方不需签订经销协议。

b.选择型分销。指生产商在某一市场仅通过少数几家经过精心挑选的、最适合的中间商经销其产品。消费品中的选购品如妇女服装、衣料、鞋帽等和特殊商品如电冰箱、照相机、手表等,最适宜采取选择型分销。这种情况下,生产商与经销商之间保持良好的、长期的工作关系,双方通常要签订经销协议。

c.独家分销。生产商在某一地区仅选择某一家中间商推销其产品。通常双方协商签订独家经销合同,规定经销商享有独家经销该生产商产品的权利,规定经销商有不得经营竞争性产品的义务。独家经销商也叫包销商。通常在销售新式汽车、办公用具、建筑及农用机械时选用这种方式。

(2)独家经销与非独家经销

独家经销与非独家经销各有利弊,独家经销的优点是:经销商与生产商积极合作,推销积极;生产商对经销商在售价、促销、信贷和其他服务方面的政策易于控制;生产商不直接与顾客接触,可节省开支,降低信用风险;经销商做宣传、广告更为努力,售后服务更为专心,有助于提高产品形象。

非独家经销的优点是:经销商数目较多,销售力量随之加强,可望获得足够的市场覆盖面;生产商有较多的自主权,不易被一个经销商控制其销售;经销商之间存在竞争,对经销商有促进作用。而独家经销条件下,如经销商销售不力,生产商的生产经营就会十分被动。

—— **即问即答 8-2** ——

联系实际,举例说说独家经销与非独家经销的具体经营形式。

8.1.2 经销商的选择

在选择经销商时,首先要派员按公司所设计的调查表上各项目进行调查,据以评定经销商的信用等级,以决定是否由某经销商销售产品,及其信用额度为多少。调查表主要分成经销商一般状况、营业状况与财务信用三大

类,每类再分成许多项目,每一项目按情形分成甲、乙、丙三级。现分述如下:

1.一般状况调查。一般状况主要是针对经销商个人及家庭状况加以调查,可分成三部分:①第一部分是经销商是否专心经营事业,包括有无从事房地产与股票的投机买卖,是否兼营其他事业及担任名誉职务等三项。②第二部分是经销商个人的背景资料与生活习惯,包括有无赌博、进出舞厅、酒家的习惯,邻居与店员的评语,是否曾经制销伪造品与逃税品,曾否有过刑事案件及在现居地居住的年数等六项。③第三部分是经销商的家庭状况如何,包括家庭设备情形,如有无冷气机、汽车、房地产变动情形、家庭是否美满等三项。

表 8-1　对经销商的一般状况调查项目

调查项目	甲	乙	丙
1.过去一年内有无从事房地产或股票的投机买卖	没有		有
2.最近一年内有无兼营其他事业	没有	有	
3.最近一年内有无担任名誉职务	没有	有	
4.是否经常赌博	没有	偶尔有	常有
5.是否经常进出舞厅、酒家等场所	没有	偶尔有	常有
6.在现居地居住年数	十年以上	三年以上	未满三年
7.邻居们的评语	很高	普通	不好
8.店员是否常感不满或抱怨	没有	偶尔有	常有
9.过去有无制销逃税品或伪造品	没有		有
10.过去是否有过刑事案件	没有		有
11.过去一年内是否出售过房地产(非投机性)	没有	一种	有
12.有无汽车、冷气机、彩色电视等设备	两种以上	普通	没有
13.家庭是否美满	美满		不美满

2.营业状况调查。在营业状况方面,主要的调查内容是经销商的经营设备、人手及能力。可分为两部分:一是经销商的设备与人手,如店铺的所有权、规模与位置、装潢、照明、有无电话及店员人数等七项;一是经销商的经营能力,如店铺内商品陈列情形、店员的教育及工作态度、经营者的经营技术、推销能力、经营年数、同业的评语以及营业实权握在何人之手等六项。

表 8-2　对经销商的营业状况调查项目

调查项目	甲	乙	丙
1.店铺的所有权是属于	自有	家庭共有	租赁
2.店铺的规模与建筑	大、钢筋水泥	普通	小、木造
3.店铺的位置	市场附近	马路旁	巷内
4.店铺的装潢、照明	很好	普通	不好
5.店铺内有无电话	两部以上	一部	没有
6.店员人数	三人以上	二人	一人
7.店铺内商品陈列	整齐	普通	零乱
8.店员教育及工作态度	很好	普通	不好
9.经营者的经营技术	内行	普通	不好
10.经营者的推销能力	很好	普通	不好
11.经营者的经营年数	十年以上	三年	未满三年
12.营业实权握在	店主	夫人	店员
13.同业的评语	很好	普通	不好

3.财务信用调查

在财务信用方面,主要是调查经销商的财务状况与财务知识。其内容包括:财务结构如何,是否经常向他人借款,有无向银行等金额机构贷款,银行信用状况,经营者的财务知识及财务实权握在何人之手等七项(见表 8-3)。

表 8-3　对经销商的财务信用调查项目

调查项目	甲	乙	丙
1.财务结构	健全	高利贷	买空卖空
2.是否经常向他人借款	没有	偶尔有	有
3.有无向银行等金融机构借款	没有		有
4.过去是否要求过期票延期	没有	一次	一次以上
5.银行信用状况	很好	普通	不好
6.经营者有无财务知识	内行	懂	不懂
7.财务实权握在	店主	夫人	店员

4.信用等级与信用额度的评定

根据以上调查项目的调查结果,分别算出各类甲、乙、丙三等级所占的比率,再将三类甲、乙、丙三等级的比率合计,算出平均数,以计算信用点数,据以评定信用等级,并决定信用额度。

类别 \ 等级	甲	乙	丙
一般状况	％	％	％
营业状况	％	％	％
财务信用	％	％	％
平　均	％	％	％

计算方法:

(1)甲、乙、丙三级分别按 10、5、1 的权数乘以平均百分比算出信用点数,即:信用点数＝10×甲％＋5×乙％＋1×丙％

(2)信用等级、信用点数与信用额度表:

信用等级	信用点数	信用额度
优良	8 分以上～10 分	40 000
普通	5 分以上～8 分以下	20 000
尚可	2 分以上～5 分以下	12 000
恶劣	2 分以下	不得经销

注:信用额度是指每月未收款及未兑现票据合计数的最高限额,具体数额仅供参考。

例如对某经销商调查后,所得资料如下:

类别 \ 等级	甲	乙	丙
一般状况	45％	30％	25％
营业状况	50％	30％	20％
财务信用	30％	40％	30％
平　均	42％	33％	25％

则信用点数＝10×0.42＋5×0.33＋1×0.25＝6.1

信用等级属于普通,其信用额度为两万元。

5.评估

以上调查项目除了当作选择经销商时评定信用等级及信用额度之用外,

也可供该公司不定期评估经销商及决定是否放宽经销商信用额度之用。当经销商或推销员觉得信用额度不足以实现需要而要求放宽信用额度,或推销员及分区主任察觉经销商的近况不甚良好时,均可依上述调查项目再做一次信用调查,评定信用等级与信用额度,然后再参考:

(1)至本月末对该经销商未收之账款金额。

(2)该经销商所开未到期之支票金额总数。

8.1.3　生产商与经销商间的权责关系

1.生产商的主要权利和义务

(1)生产商有权限制经销商向最终顾客销售时的最高价与最低价格。这实际上能够维护大多数网员的利益与防止不公平及恶性竞争。

(2)生产商应给予经销商产品宣传、促销上的支援。在合同中可以明确细节内容,比如经销商可以通过为产品作广告的形式来促销,而促销支出可以按一定比例从货款中扣除。生产商还应该向经销商提供产品简介、资料、宣传材料等。

(3)生产商依分销方式的情况,有权控制范围。

(4)生产商有义务制止不公平竞争。生产商有权限制经销商不得将产品卖与未经授权的中间商。对于假冒产品,生产商应进行打击。

(5)生产商对其专利、商标、设计等等拥有主权,可以限定其专利、徽记等的使用范围。

(6)生产商有权监督合同商定的经销商对产品的售后服务及维修等事项。

在产品购销活动中,作为供方的生产商的主要责任在于:按合同约定,保证产品的技术标准;保证其类别、品种、型号、规格、等级;保证数量;对产品进行适当或约定的包装;在供方提供运输的情况下,按约定运输路线和运输工具运送货物;保证按规定期限到达指定地点;在供方专用线自装的产品,因装载技术不善造成产品损失、质量下降、包装损坏或者其他质量事故的,由供方承担责任。

2.经销商的主要权利和义务

(1)经销商在规定浮动范围内,可以自行决定商品售价。

(2)经销商不得越过自己的销售范围,在其他地域销售。

(3)经销商只能将产品卖给最终顾客或经过授权的中间商。

(4)经销商只能在授权范围内使用生产商的专利、标记、商标,不得滥用。

(5)经销商应配合生产商进行促销,如厂家与经销商在进行让利销售时,"利"一定要让到消费者头上,经销商不得将利让到自己腰包中。

（6）按合同约定，经销商应作好自己负责的售前、售后服务。

（7）经销商对合作中的一些商务机密应该保密。

在产品购销活动中，作为需方的经销商的主要责任是：按合同规定提供应交的技术资料或包装物；对产品的要求进行规定说明；在自提产品按供方通知的日期或合同规定的日期提货；按合同规定按时付款。

—— 小思考 8-1 ——

> 1998 年 3 月，济南七家商场联合拒售长虹彩电。业内人士称，真正的起因是长虹对济南地区的各个经销商政策不同，其销售政策使这七家商场只能享受到微利。事实上，即使厂家与商家有较明确的权责划分，但仍然狼烟四起。请分析一下厂家与经销商产生矛盾的根本原因是什么？

8.1.4　生产商对经销商的激励方法

在与经销商的合作过程中，应多给经销商以激励和嘉奖。因为经销商在实现产品销售的即得利益后，最终也使企业获得了目标利益的实现。

1. 了解经销商的经营目标和需要，若有可能，可以作出一些让步来满足经销商的要求。

2. 提供顾客需要的优质产品。为使双方合作朝着健康方向不断发展，生产厂商应不断提高产品质量，扩大生产规模，不断满足经销商的要求。惟其如此，双方之间的关系才会长久，才会取得良好的效益。可以说，企业的产品在市场上畅销，是对经销商的一个最好激励。

3. 给予经销商适当的赚头。为进入市场，扩大市场份额和争取经销商，往往需要给经销商一个具有竞争力的销售量边际利润。这是一种最简单而直接的手段。如果经销商经销产品的利润不高，他就会缺少积极性。

4. 给予经销商独家经销和有价值的特许地位。这样在某一地区只选择一家大的经销商来推广产品，有利于充分调动起经销商的积极性。

5. 共同进行广告宣传。生产商需要不断进行广告宣传来增强或维持产品的知名度，否则经销商可能拒绝经销。当然，世界著名企业的产品如飞利浦的电器产品、IBM 的电脑，情况则不同。这是由于他们的产品有较高的商业信誉，对于经销商有较大的选择权。一般来说，生产商宣传一种新产品的费用常常是很高的，他希望经销商也承担一部分广告宣传工作。从商业惯例来看，日用品的广告费用一般要由生产商全部负担。其他产品，如半耐用品或耐用品的广告费用,经销商也要分担一部分。

6.进行人员培训。生产厂商要经常向经销商提供培训销售和维修人员、商业咨询服务和帮助。随着产品科学技术含量越来越加重,这一培训要求也越来越强烈。

7.协助经销商完成好其他各项销售促进工作。例如,生产商可以经常派人协助经销商搞好产品陈列、主持产品的操作表演,向经销商提供优惠的信用条件、技术援助等。这样做可以树立经销商经营本公司产品的信心,有助于增加产品的销售量。

8.协助经销商搞好市场调查和市场分析。任何经销商都希望得到充分的商业情报。因此,生产商应不断地向经销商分发信件、业务通讯及期刊等,以保持良好的沟通状态。尤其在销售困难的情况下,经销商很希望生产商能协助进行市场分析,以利推销。实践证明,生产厂家只有与经销商保持经常的密切的联系,才能减少彼此的矛盾,密切彼此的关系。

9.给成绩突出的经销商一定的奖励。除了销售利润外,生产商还应给予成绩突出的经销商一定的奖励。奖励可以采取奖金的形式,也可以采取奖品的形式,如小汽车、住房等;还可以采取精神鼓励的方式,如将该经销商的事迹在本公司的刊物或当地报纸上公布于众。美国的一些企业常常采取经销商竞赛的方式,获胜者可获得免费旅游等。我国企业也可采取这一做法。

10.提供其他服务,密切双方联系,建立友好合作关系。生产厂商可提供其他力所能及的服务,如提供产品目录、产品说明书和其他宣传小册子;协助经销商检查和管理好存货,当存货降到一定水平时,应及时按需供应产品;协助经销商搞好企业管理,并指导其业务工作。生产商必须设法与经销商保持一种和谐的友好合作关系。一旦遇到冲突或矛盾,生产商应通过友好协商的办法去解决,力求避免诉诸法律,否则,很容易把关系弄僵。

—— 补充阅读材料 ——

经销商激励

河南某酒厂在98年度抢滩山西市场时,共选择了98家中间商分布在全省各地。为调动中间商的积极性,该酒厂规定完成300吨销售任务者奖励带有广告宣传厢体的送货车一部,另外厂家还赞助中间商2.5万元的促销费用,从而大大调动了中间商的积极性,使这一名不见经传的小酒厂在名酒云集的山西市场占有一席之地。但是,对于中间商的不合理要求,要坚决回绝,不留余地。格力空调的副总经理董明珠,在处理中间商的问题上显得很果断,"应该控制中间商而不是被中间商控制,所有的中间商都应该平等"。一次,有一个年销售额达 1.5 亿元的中间商,要求厂家给其特殊优待,而且语气很傲慢。董明珠当机立断,下令开除他的格力空调经销资格。那位中间商连忙认错,并保证和其他中间商享受一样的待遇。由此可见,对待中间商一定要纪律严明,否则,如果纵容中间商,会给厂家的管理带来一定的困难。实际上,一些中间商提出不合理的要求时,也是半真半假,不无试探之意,坚定地坚持原则回绝之,不但不会影响厂商关系,有时反而令中间商对我们更加佩服。

问题:针对以上情况,你对经销商的激励管理是如何理解的?

——补充阅读材料——

娃哈哈的"联销体"网络模式

娃哈哈集团的营销网络经历了几个阶段、几种模式。第一阶段:主要通过国营糖酒系统分销。第二阶段:利用新兴批发市场个体户分销。个体户受利益驱动,可在短期内快速渗透市场,但最大的弊端是无序化,个体户做产品而不是做市场,企业对市场的掌控力较差。第三阶段:建立联销体,操作市场。娃哈哈的联销体是其核心竞争力。联销体基本构架为:总部—各省区分公司—特约一级批发商—特约二级批发商—二级批发商—三级批发商—零售终端。与集团直接发展业务关系的为一级经销商,目前有 1000 多个。做娃哈哈的一级批发商,必须先给娃哈哈打进年销售额 10% 的预付款,业务发生后,每月须分两次补足,娃哈哈支付银行利息。同时,规定销货指标,年终返利,完不成任务者动态淘汰。这一做法在业内独此一家,有的经销商感觉这一做法多少有点强势品牌的霸气,但这一做法降低了娃哈哈的经营风险,销货人员无须在讨债上费心费力。缺乏资金实力、市场开拓能力差的经销商难以进入娃哈哈联销体,娃哈哈得以与优秀的经销商打交道并将其"套牢"。娃哈哈集团尚阳先生认为,这样可促使经销商快速分销,回笼资金,此外,还可将经销商做其他品牌的资金无形中调配到娃哈哈品牌上来,同时其他企业又无法模仿这一做法。这是联销体的威力所在。目前,饮料企业销售网络主要有以下三种典型模式:一是可口可乐、百事可乐的直营体系,主要做终端,属于"绣花针模式"。娃哈哈集团销售公司副总经理陈煜先生认为,这种模式适合欧美,不适合中国,虽然市场基础扎实、控制力强,但成本太高,难以辐射到广大农村地区。"人最怕距离,网络不怕距离。"统一和康师傅基本也属于这一模式,比如在郑州,统一有120人的训练有素的业务队伍,市内终端控制得好,但巩义(郑州下辖市)就不行。二是健力宝的批发市场模式。三是娃哈哈的联销体模式。与两乐相比,娃哈哈更好地整合了社会资源,企业成本低,可以转化为价格优势(如其非常系列比可口可乐价格低),再者市场推广速度快,另外较易实施"农村路线",形成局部优势。陈煜先生对娃哈哈的战略有一个形象比喻:高举高打。就是通过广告强力拉动,强力冲开市场,造成销售预期,再通过网络强力推动,完成市场推进。最近,娃哈哈集团推进营销网络建设工程,他们称之为"蜘蛛战役",意为掌蜘蛛织网,计划在三年内构筑一个全封闭的全国营销网络,并且将重心下移,将最具实力的县级饮料销售商聚集到自己旗下,变自然性流向为控制性流向,对销售人员考核也由过去的"一条——业绩"改变为"业绩加过程"。娃哈哈还拟对网络实施量化管理:5万人口一个二批商,30平方公里一个一级批发商。针对销售终端的广告伞、路牌、店牌、POP等促销工具大部分被两乐占领,自动饮料机、体育场、网球场、食堂、商场等休闲与购物场所本土品牌信息极少,非常可乐城市终端尤其是超市进入不力的现象,集团要求经销商"精耕细作"加大终端促销力度。娃哈哈这一"短木板"的加大,将会大大提高娃哈哈的"盛水量"。

问题:你认为娃哈哈的"联销体"网络模式厂商合作的成功经验是什么?

8.2　代理商管理实务

生产商在考虑产品的销售方式时,除了通过经销商销售外,另外比较常见的选择就是通过代理商销售。为此,我们有必要知道代理商的含义、种类和作用,并需掌握如何选择代理方式和代理商,怎样签订代理合同,以及如何调动代理商的工作积极性。

8.2.1　代理商的种类和作用

1.销售代理的含义

销售代理是指生产商与销售代理商签订代理合同,委托他在一定地域内以生产商的名义销售生产商的产品,并提供售后服务等,同时,付给销售代理商一定的酬金。生产商在新产品上市、对市场不了解、顾客群较分散、出口等情况下,可以考虑使用代理方式销售产品。

2.销售代理的特点

(1)销售代理商是独立的法人组织,并与委托方有长期稳定的关系。

(2)代理商只拥有销售代理权,不拥有对代理商品的所有权。

(3)销售代理商按委托方的意志,在代理权限内行事。

(4)销售代理商行为的法律效果应由委托方承担。

(5)销售代理商的收入是佣金而不是购销差价。

3.代理与经销的区别

(1)代理的双方是委托代理关系,经销的双方是买卖关系;

(2)代理商以委托人的名义从事销售活动,签订销售合同,而经销商以自己的名义从事销售活动;

(3)代理商的收入是佣金收入,而经销商的收入是买卖差价收入。

生产商应根据实际情况,灵活决定使用代理商还是经销商,或者是混合使用。

── **即问即答 8-3** ──

经销商与代理商的主要区别是什么?

4.代理商的种类

根据授权的大小不同,可将代理商分为独家代理、总代理、一般代理和特约代理。

(1)独家代理。即有专营权的代理,是指委托人(一般是生产商)授予代理商在某一市场(以区域、产品或消费者群来划分)的专营权。独家代理关系发生后,厂商就不得将该项商品直接或间接销售给指定代理区域内的其他买主。而独家代理商不得在该代理区域内再经营或代理其他国家或其他厂商生产的与代理商品同类的或有竞争性的商品,非经同意,不得越区代理。

厂家依地域划分独家代理区域,是由于厂家销售的产品面临的市场太广泛,不可能由一家代理商独揽所有的业务。福建绿得饮料有限公司生产的绿得八宝粥就分香港、澳门与日本三个独家代理区域。生产厂商也可以在同一地区,依产品性质不同,设立市场互不侵犯的几家独家代理商。如日本 NEC 在台湾的资讯产品由太子资讯独家代理,但电子交换机则由台湾通讯独家代理,从而起到各代理商分工负责的效果。厂商也可以依消费者群来划分代理区域,但是消费者群往往是不易划分的,因此这类方法实际中运用得很少。

采用独家代理的主要优点是:厂家可获得代理商的充分合作,立场一致,彼此间意见容易沟通;而且独家代理商更乐于承担在代理区域内的广告与售后服务工作。

缺点在于在该代理区域内,厂家将过分依赖于独家代理商。代理商若销售能力不足,则厂家无计可施,厂家不能插手独家销售区域的销售事务,且要等到合同期满才能解除不称职的独家代理商。

有的国家与地区认为,独家代理有违货物自由流通的原则,因而有瓜分市场之嫌疑。如欧共体就曾对在该地区采用独家代理的日本东芝公司处以250万美元的罚款。

(2)总代理商。总代理,是指代理商在指定地区不仅有权代表委托人签订销售合同,代表委托人进行全面业务活动,而且有权指定分代理商,甚至可以代表委托人参加一些非业务性的、非商业性质的活动。总代理可以说是委托人在指定地区的全权代表。

总代理商必定是独家代理商。但独家代理商不一定是总代理商,独家代理商不一定有选定分代理的权利。总代理商方式下,总代理商有可能根据业务需要选定分代理商。有时也有原委托人直接指定分代理商,但大多数分代理商由总代理商选定,报经原委托人批准。分代理商接受总代理商的管理与指挥,而不是原委托人。

在各种代理方式中,总代理的权限最大,其行为更直接、更密切地关系委托人的切身利益。总代理商的选择一定要慎重,必须是精通业务、知识全面、确认有十分可信赖的商业信誉。

总代理制的缺点是可能由于代理层次的增多造成管理不善。这个缺陷可设法通过增强总代理商的管理能力和适当控制代理层次来解决。

采用总代理方式的厂商非常多。如东芝笔记本电脑在中国的总代理是联想,ZBM 的总代理是高伟达。

(3)一般代理商。一般代理,又称多家代理,是指不享有专营权的代理。委托人可以在同一市场上同时选定一家或多家作为他的代理商,为其服务,也可以超过代理商直接向该地区或该市场销售。委托人在该市场直接销售成交的金额,不向代理商支付佣金。

采用一般代理方式,委托人处于较为主动的位置。委托人可以根据自己的意图,操纵自己的商品在目标市场上的销售。利用这种方式,委托人不需什么投资就可以利用多个代理商的营销渠道和网络,见效很快。而采用这种方式代理商处于不利地位。只有厂家名声较高、产品畅销时,代理商才肯采用这种代理方式。如卡西欧电子计算机的生产厂家实行的就是一般代理。

(4)特约代理商。生产商在推销技术性较高的产品时,为了有效提供技术和维修服务,常指派特约代理商。例如三菱、丰田等日本汽车生产经销商,在他们的销售地区,并不一定自行设置售后服务机构,而是有特约代理的维修和技术服务网点。在这些特约代理网点,既有维修、零部件供应,又有技术咨询服务,从而为买方解除了维修服务的后顾之忧,并且大大减少了售后服务的费用。

5.代理商的作用

具体来说,生产商采用销售代理商可获得以下好处:

(1)降低交易反复程度,节省劳动力,降低流通费用

销售代理商可作为销售流通渠道中的"蓄水池",起到集中、平衡与扩散产品的作用,可节省各生产厂的重复劳动。另外,代理人还能为企业的产品在新市场中的储存和销售提供近乎负责的可能性。如果企业在当地市场自己销售的话,单雇佣职工、租用办公用地和添置设备等起码的事项就是一笔不小的开支,这只在企业有实力、交易额相当大、能获得一定数量的盈利时才值得这么做。而由代理商代理后,这些费用便可由其来支付,由此生产企业就能把这部分节省下来,用于生产或技术改造中去。同时,由于代理商专门从事商品销售,可以缩短流通时间,节约运费和其他销售费用,因而能够降低成本,乃至降低销售价格。

(2)有利于开拓新市场

随着运输和通信的发展,产品的销售范围已走出产区走向全国乃至世界,因此,开拓市场已成为扩大生产的重要内容。一般说来,制造商在开发新市场时将会遇到两个难题:其一,对当地市场情况不熟悉,无法确知产品在当地的销售情况;其二,在当地建立新的营销渠道,费用高、风险大,而这些问题对于熟悉市场且有着较完善销售系统的代理公司来说是较容易解决的。

(3)有利于增强产品竞争力

随着商品种类的增多、销售距离的扩大以及商品的竞争越来越激烈,商品的相对销售费用也越来越高。为了取得竞争优势,生产企业可以挑选优秀的代理公司为其产品的销售进行竞争,而自己则可专心于研制新产品,提高产品质量,降低生产成本,从而在生产和流通上取得双重竞争优势。

(4)有利于扩大产品销售,保持市场占有率

现代西方营销学强调,市场占有率的多少是显示一企业生产力的重要标志。即便让利也要保持市场的占有率,为此,不少企业经营者绞尽脑汁,不断翻新花样,如有奖销售、降低折扣、送货上门等,来竭力扩大产品的市场占有率。这些做法虽然会带来一些效果,但需要牵扯经营者的许多精力,而且所费不菲,有时甚至会得不偿失。而销售代理商则是专门从事销售的专家,他们对所经营的目标市场、需求变化、储运、销售等情况了如指掌;另外,他们同消费者有着密切联系,能够了解消费者的现实需求和潜在需求,从而促进产品的销售,扩大产品销量。对于某些已经定型的产品,采用销售代理往往可以较好地保持市场占有率。

(5)有利于减少生产企业的资金占用,提供资本来源

由代理商代理销售产品时,生产企业不必再投资建设销售服务设施,从而减少了资金占用。另外,对于一家全球性营销公司的经营来说,海外代理商还有提供资金来源的好处。因为代理商自有资金,同时它又有企业在当地不具备的销售能力,代理商进行这类活动时,与长期性机构不同,可以避免引起令人不快的税收问题。

—— **即问即答 8-4** ——

代理商的主要作用是什么?要使这些作用有效发挥须注意哪些方面?

8.2.2 代理方式的选择

厂商要正确地选择代理方式,首先要对不同的代理方式的利弊进行分析,然后结合产品市场等情况作出决定。下面以独家代理与多家代理的选择为例进行说明。

1.独家代理利弊分析

(1)独家代理下,厂家可以获得代理商的充分合作,立场统一,双方都易获得对方的支持。因为厂家在某一市场区域上只有一家代理商,因此对代理商的业务状况与要求更为重视;而于代理商而言,本市场上的全部销售由其代理,若代理不成功,责任无可推卸。因此双方都相互支持,力求将销售工作做好。

(2)独家销售代理商更乐意做广告宣传与售后服务工作。多家销售代理下,一家代理商在某商场区域作广告,其他代理商都受益,因此代理商都不愿做广告,售后服务也是相互推诿。而独家销售代理下,由于某市场的销售全

部由一家代理商代理,因此在该市场进行广告的促销效果就全部归自己所有,售后服务工作也是责无旁贷。

(3)独家销售代理下,厂家对销售代理商更易于管理。因为一个市场区域只有一家代理商,因此从发货到费用、租金控制,视察代理商的工作都较为方便。

(4)独家销售代理下,厂家易受代理商要挟。由于厂家在各市场区域都只有一家代理商,因此颇有点"鸡蛋放在一个篮子里"的味道,某家代理商的业绩的好坏直接影响厂家的效益的高低。正因为独家销售代理商有此特点,他们常以此要挟厂家,给予广告资助、费用补贴,厂家亦无可奈何,甚至会因此而发生厂家与代理商"火并"的事件。因此如何协调与独家代理商的关系是厂家实行独家代理方式面临的重大问题之一。

2. 多家代理商方式利弊分析

(1)与独家代理相比,多家代理的优点有:

a. 多家代理方式下,代理商之间相互牵制,厂家居于主动地位。在独家代理下,独家代理商若不配合厂家的行动,或是独家代理商的促销能力不足,则厂家无计可施,销售失败无疑;而多家代理方式下,厂家不会依赖某一代理商,若一家代理商没达到厂家的要求,尚有其他代理商作为依靠,因而厂家左右逢源。况且,多家代理下,往往是各代理商的相互竞争,更有利于厂家打开市场。

b. 多家代理方式下,厂家所拥有的销售网络更为宽广。因为多一家代理商,厂家就多一条市场通路,多家代理商的销售网络自然比一家代理商的销售网络更宽广。

(2)与独家代理相比,多家代理的缺陷有:

a. 多家代理方式容易造成代理商之间的恶性竞争。代理商恶性竞争的后果表现为代理商利润微薄,缺乏销售兴趣;或者因降价而将产品品质降低;或者为节省成本而不进行售后服务使产品形象下降,这不但对代理商不利,对于厂家而言也是致命的打击。

b. 多家代理方式下,代理商的士气,不如独家代理商的士气那么高。由于代理商恶性竞争,利润微薄,加上权责不明,各代理商在广告售后服务上往往推卸责任。

3. 如何选择代理方式

从以上分析,我们可以看出,不能绝对地说是独家代理好还是多家代理好。事实上厂家依产品不同的寿命周期、市场潜力及现有代理商的能力而灵活地运用独家代理方式与多家代理方式。主要策略如下:

(1)依产品所处的寿命周期而改变代理方式。新上市的产品也就是处于投入期与成长期的产品,由于厂家要求代理商能对顾客提供使用指导、技术服务、售后维修等服务,因此,代理商必然会要求在某一市场区域拥有独家代理权。当产品处于成熟期或衰退期的前期时,产品也就越来越规格化、大众化,消费者所需的特殊知识就越来越少,交货时间与价格的重要性相对的增加。到此时,厂家便可以考虑增加代理商的数目。

(2)依据市场潜力而采用不同代理方式。采取多家代理方式的前提是市场潜力较大,需要多家代理商共同开发市场,市场潜力过小,多家代理商同时代理,反而有一些代理商无业务可做,有僧多粥少之嫌。这时一般就采用独家代理方式,不但节省了厂家的佣金支出,而且代理的效率比多家代理更高。这是因为市场容量小时,多家代理商的同时存在容易造成恶性竞争,相互削价的缘故。

(3)依据厂家产品差异大小而采用不同的代理方式。厂家产品类型的区分十分明显时,譬如高级品与低级品顾客区域十分清楚,厂家便可作更细的市场区分,对不同的市场授予各家代理商独家代理权,以掌握不同特性的顾客。若厂家的产品之间并无明显的区分,而市场容量较大时,还是采用多家代理的方式为宜。若这时厂家还采取依产品授予独家代理的方式,则各家代理商会陷入争夺顾客的泥潭,独家代理权也就名存实亡。

(4)依现有代理商的能力而定。独家代理商应当有较强的销售能力、较宽的销售网络并且应当有较为雄厚的实力。否则,便会阻碍厂家营销目标的实现,厂家便得考虑采用多家代理方式。

由此可见,在实际代理中,是采取独家代理还是采用多家代理应当根据具体情况具体分析。比如日本理光公司打入台湾市场时是先采用独家代理方式再改为多家代理方式;而通用汽车公司则是先采用多家代理方式,后改为独家代理方式,这是因为厂家面临的情形不同。

8.2.3　代理商的选择

选择什么样的人作为代理商,必须异常慎重,详细调查。因为对生产企业来说,挑选代理商的好坏,直接关系到整个企业市场经营活动的成败。

寻找潜在代理商的工作开始于研究市场和确定评价代理商的标准。由于代理商的类型不同,他们与生产厂商关系的性质不同,因而用来评价代理商的标准也不同。但一般说来,评价标准应包括以下八个方面:

(1)要考察所挑选的代理商销售对象(顾客),是否与企业产品所要达到的市场面相一致。也就是说,销售对象是否与本企业产品所要达到的细分市场相一致。即所挑选的代理商,一定要与本企业产品的销路相对口,这是一个最基本的条件。

(2)要考虑代理商所处的地理位置是否与本企业产品的顾客相接近。代理商所处的位置一般来说应是购买这种商品的顾客经常到达的地点。另外,同时也应考虑该代理商所处的地理位置是否能发挥其运输、储存货物的功能,并且要节省各种费用,以降低产品的销售成本。

(3)考虑代理商的经营规模和产品的策略。遴选代理商时,企业还应考虑代理商经营规模的大小,经营效率的高低,以及他代理多少种产品系列或品种。也就是说,要考察代理商的"产品线",是否在代理你的产品的同时又代理竞争者的产品,或是否那些可以与你的商品起相互促进作用的商品。这些情况对生产企业委托代理的商品都会发生影响,须慎重考虑。一般来说,生产企业不要挑选直接出卖竞争者产品的代理商作为自己的代理,但是,在本企业产品的质量确实好于竞争者的产品,其价格又不高于竞争者产品的价格的情况下,也就是本企业产品具有较强竞争能力的情况下,这些代理竞争者产品的代理商也可列入候选对象。

(4)考虑代理商的社会关系、市场经验及市场反馈能力。要想获得经营良好的代理商,就应当选择那些具有良好社会关系的代理商。一方面,这些人被各有关方面认为是值得尊敬的商人,人们都自觉地愿意与他们打交道,这也就无形中扩大了交易机会;另一方面,这些人由于有广泛的社会联系,对政治气候、经济动向较为敏感,也较容易把握,这些信息对于注重大批量生产的生产企业来说无疑是十分宝贵的,它可以避免盲目大批量生产。代理商的市场经验和市场反馈能力对生产企业商品的销售有着重大的影响。好的代理商必须能够及时地向企业反馈有关商品的市场信息,为企业不断改进营销策略,更好地满足用户需要创造有利条件。

(5)考虑所选择的代理商提供服务的能力。现代产品的销售工作往往需要有各种服务相配合。有些产品需要通过代理商向顾客提供售前、售中、售后服务;有些产品的销售过程中,还要提供技术指导或财务帮助(赊销或分期付款)。所以,这些产品的生产者在选择代理商的时候,就要考虑他们是否具备这些销售服务的各种条件。另外,还要考虑所选择的代理商是否愿意承担部分广告及其他销售促进活动的费用,以及有没有做这方面事情的设备和人才。

(6)考察代理商所雇佣的人员数量、装备和设施。雇员不仅应当具有熟练的贸易技术和素质,还应当具备良好的公共关系意识,以及有所代理产品的丰富的知识。另外,代理商的设施和装备也应当置备,如果缺少某一设备,代理商应愿意增设。为了确保代理商兑现他们的承诺,设备条款应详细写入协议。这里的设施和装备包括办公室的地带是否适中,是否拥有现代化的运输工具和储存设施,有无样品陈列设施等等。这些条件可以标示出代理商的规模和地位,也可以说明他的推销条件的好坏,切不可忽视。比如代理商的运输和储存条件,对某些产品的生产者是非常重要的。例如对于保鲜食品,有没有专用运输设备,仓库的大小及温度能否控制等,就成为选择代理商的一个决定条件。

(7)考虑所选择的代理商的融资能力的强弱、财务力量的大小和财务状况的好坏。待选代理商必须有良好的融资能力和具备承受风险的能力,同时也要求这个代理商有远见、有魄力、敢于投资、善于投资。代理商财务力量的大小和财力状况的好坏,对生产企业经营目标的实现也有至关重要的影响。因此,财务力量大和财务状况好的代理商不仅能按期付款,而且还可能对生产企业提供某些财务帮助;反之,财务状况不好的代理商会发生拖欠货款,以致给生产企业带来某些不应有的损失。

(8)考虑所选择的代理商的管理水平和管理能力。如果所选择的代理商的领导人员很有才干,企业的各种政策、计划、人事安排得井井有条,说明他们可以信赖,并有条件把产品的销售工作搞好。如果所选择的代理商在管理上很混乱,说明他们没有能力把产品的销售工作做好,这样的代理商还是敬而远之为好。

—— **即问即答 8-5** ——

选择经销商与代理商主要考虑哪几个因素?

8.2.4　代理合同的签订

签订一份无可挑剔的代理合同,对于合作双方来说,其作用是不言而喻的。下面将比较详细地告诉你怎样拟定一份代理合同。

(1)合同的当事人

很明确地指出代理各方的当事人,对于保持良好的代理关系是至关重要的。

(2)合同生效日期与正常终止日期

一份合法的合同,必然要明确规定合同生效日期以及终止日期。所以如果代理合同是维持一段固定的时间,则应记载其正常终止日期。当然,如果一项代理业务没有时间上的限制,那么最好还是清楚地标明在碰到或发生什么情况的前提下,合同应予以终止,并说明是否需要任何一方的通知或其他表示。这会为你在将来的代理商选择与更换工作上留下很大的回旋余地,使你受益无穷。

(3)合同拟定的产品

在代理合同拟定的产品这一栏目中,主要包括两个内容:第一个内容是合同应对代理商代理销售产品的范围予以规定;第二个内容是应载明对于代理商在合同期间代理的各产品,你是否有权收回其中一种或几种产品的代理权。

(4)合同授权地区

在代理合同中,一般都要明确地记载你允许代理商开展经营活动的授权地区。对此必须慎重地加以考虑。因为缺乏明确的地区定义将造成代理商与你或其他代理商之间的争执与冲突,而且地区授权的定义不明确,还会造成佣金给付上的矛盾。为此你有可能付出很大的经济代价。

(5)垄断及独家代理

如果有的代理商希望在某一区域内拥有垄断的独家代理权,那么你应告诉他在什么样的范围内允许他进行独家代理。为什么允许代理商进行独家代理还要划分一定的范围呢? 这是因为无论怎样,你还是可以由本人或假借雇员之手在该区域内实现你自己的业务活动及业务目标。为此,你应在代理区域内保留一定的权利。此外,代理区域内的客户有些喜欢跟你直接进行交易,而不愿意与该区域的代理商打交道。此类的客户主要有政府部门、国有企业以及一些大主顾等。所以,你更应该对独家代理权利加以定义。

(6)顾客确定

一般情况下,代理商一旦被授权就可以根据他自己的理解,在代理地区内选择那些他打算招徕的顾客们。有时候为了避免发生争端,还是应该在合同里确定哪一类顾客是代理商可以去招徕生意的,而除此以外,代理商无权接受他们的订单。

(7)委托人的权利和义务

a. 订单接受与拒绝。合同应该记载究竟代理可不可以就他替你吸引订单方面成立约束性的协议。通常情况下,委托人应保留接受订单或拒绝订单的权力。代理人必须知道,只有在委托人接受了订单,发运货物和收齐钱款后,他才能得到佣金,这要在合同上载明。习惯上,假如委托人不接受代理人转达来的订单,他应该利用适当的通讯手段通知代理人。

当委托人对于一件订单接受与否,不能准时地通知代理人或保持沉默时,当事人对此类情况的处理应该有明确规定,并就这种拖延沉默多久以后被视为接受或拒绝的表示，要有明确记载。

有时针对供求双方的矛盾，代理人会提出，他已经负责拿到了订单，是委托人无法交货所致，所以不是他的过失，这样代理双方便会产生争议，为此在合同中应予以载明处理方法。

b. 资料与信息。代理商在推销及与之有关的活动上，通常应配合委托人的生产经营计划。所以合同应该记载代理商接受委托人销售政策资料的方式以及委托人在怎样的限度内，应将有关委托人与代理地区客户（包括潜在客户）之间交换的通讯、文件和单据等通知代理商。

假如委托人对价格、交货或收货条件、支付条件、正常销售的情形上有任何改变，代理商应该随即在适当的时间内得到委托人明确的通知。这一点在代理合同上应该有一个交待。

c. 不公平竞争。在代理合同中，委托方与代理方应明确载明，如果市场上出现不公平竞争或出现破坏商标、徽记、设计及其他同类的工商专利权等情况，委托人有责任采取某些适当措施，制止这种不公平的侵权行为。一旦发生这种不公平竞争的情况，代理方理应立即通知委托人。

d. 保障独家代理权。为了保证代理方的合法权益，也为了维护委托方的正当利益，委托方应对代理方在代理区域内的所有代理活动予以各种帮助和保护。委托方尤其应该帮助代理方排斥来自第三者的干涉和竞争。

e. 营销上的支持。为了帮助代理方开展正常的营销活动，委托方要考虑在哪些领域支持代理方。通常，在代理合同上应该记载委托方是否要提供样品，也要弄清楚归谁负责。还要考虑到样品和其他有永久性价值的宣传品是否算作委托方的财产。

假如委托方同意加入代理地区产品的宣传，并与代理方共同分担这笔费用，这应该在合同中清楚地记载。如果委托方同意根据实际情况需要给代理方以指导书籍、传单、小册子、目录、图表和其他宣传用品，或收费或不收费，这也应该明白地记入合同。

（8）代理商的权利与义务

a. 保证委托人的权益。代理合同常以明文叙述代理商应于代理关系履行的时候，尽其努力保证委托人的财产、权利不受损害。

b. 禁止竞争。在合同拟定的过程中，如果认为有必要明确地禁止代理人不得经营某一类与合同拟定之产品相竞争或可能引起相互竞争的货物，那么这项条款可以包括在合同的整个有效期内。

c. 售后服务。假如某一笔代理业务需要代理商向客户提供售后服务，那么这些服务范围应在合同中予以注明，代理商的这种售后服务所应得的报酬应在佣金计提之外予以规定。

d. 信息资料。如果需要代理方向委托人提供一些商业现状、市场变化以及与委托人有生意关系的现实客户或潜在客户的财务状况等信息资料,在合同上应予以记载。

e. 没有偿付能力的客户。在合约中必须载明,代理商不得接受已知为没有偿付能力的客户的订单。为此在合约中可以约定代理商在接受订单之前,应对客户的资信状况作适当的调查,获得他清偿能力比较满意的资料后才可签约。

f. 到期应收账款。在业务结束中,有时客户并不直接付钱给委托人,因此代理商就有责任代收到期应收账款。那么代理商在这方面的权利以及有关的报酬(假如有的话)应予以明确记载。

g. 最低销售额。代理合同可以规定:对于某一时期的业务,代理商将担保某一最低销售额,如不能完成这个销售额时对代理商应该怎样处理。当然,有时还要考虑某些偶然事件的发生,比如委托人不能履行按期交货,对订单不予接受等。诚然,有些代理商接到的订单金额会超过最低销售额,所以有时还要在合同中规定佣金的变化情况。

h. 最低利润保障。比如代理商为了专门或主要致力于合同订定的代理事务或其他事务而放弃了别的代理时,委托人也许要同意保障他的最低利润。

(9)佣金

关于代理商佣金的计算,或根据毛额计提,或根据净额计提,也许还有其他方法,视情况而定。

假如这是一个独家代理合同,合约应规定:代理商有权对一切直接或间接从代理地区得来的订单收取佣金。假如不是独家代理,合同应规定在什么范围内,当他不参加或仅仅部分地参加交易的时候,他有权拿佣金。

(10)合约终止或中止对代理商损失的补偿

代理合同既可以是有限期的,也可以是无限期的。对于无限期合同的终止应约定以当事人一方的通知为基准。

可以约定某些情形,譬如破产、自愿性清算,法庭裁定结束、重组、合并、客户的转让等这些将构成自动终止或给予当事人的任何一方以终止权。

合约还应载明当事人任何一方改行或死亡,是否构成合同的自动终止,或者是恰恰相反,这种转变是否只给予合同的一方以终止合同的权力。按照合同上的有关条文,有些效力在合同终止后仍然有效,比如说,合同未终止以前收到但还没有履行的订单,可以构成佣金的支付。

在委托方促成合同终止,而又不是因为代理人方面造成失误的情况下,合同可以规定代理商应该有权得到经济上的补偿，并确定补偿金的计算基础和计算方法。

—— 补充阅读材料 ——

独家代理合同

本合同订立于＿＿＿＿＿＿（日期）

合同双方：

ABC有限公司，依照中国法律组建并运行，主要业务所在地：
（以下称之为销售商）。

XYZ有限公司，依照法律组建并运行，主要业务所在地：
（以下称之为代理商）。

兹因销售商希望出口第4条规定产品到第三条规定地域内，而且代理商希望帮助销售商获取上述地域内的客户对上述产品的订单。

所以，为使双方契约被真诚履行，特此达成以下共识：

第1条　约定

合同有效期内，销售商特指定代理商为其独家代理商，以获取第3条规定地域内的客户对第4条规定产品的订单。代理商接受并执行此约定。

第2条　代理商义务

代理商应随时严格遵照销售商发出的任何指示，而不能以任何形式的表示、担保、合同、协议或其他行动来约束销售商，代理商超越或违背销售商指示而造成的任何后果，销售商不负责任。

第3条　地域

本合同明确规定地域范围为　　　　　　　　（以下简称约定地域）。

第4条　产品

本合同明确规定产品范围为　　　　　　　　（以下简称约定产品）。

第5条　独家代理权利

由于授予代理商独家代理权利，销售商除代理商外不得通过其他渠道直接或间接销售或出口约定产品到约定地域内，代理商在约定地域内不得出售、分销或促销与约定产品相竞争或相似的产品，代理商不得以销售约定产品为由，而请示或接受约定地域之外的约定产品的订单。销售商需向代理商提供对约定产品订单的任何咨询。

本合同有效期内,销售商在约定地域内可以接受其他产品的订单。

第6条 最小交易量

在合同有效期内,一年(十二个月)中,销售商通过本合同经代理商取得约定产品订单而获取的总收入不得低于　　　　　　　。销售商有权在递交给代理商书面解除合同通知六十天后终止本合同。

第7条 订单

申请订单时,代理商需充分告之客户销售商的销售事宜以及合同的一般条款和条件,并告之客户任何合同需经销售商确认方可成交,代理商取得订单后应立即送交销售商,由销售商决定成交或拒绝。

第8条 费用

发生与约定产品销售有关的所有费用和支出,诸如电报、旅行和其他一些费用,除特别安排外,均应计入代理商账户。进一步讲,为配合销售商发出的任何指示,代理商需自理办公、销售人员和其他的费用以足够履行代理商职责。

第9条 佣金

销售商支付给代理商的佣金以　　为支付货币,按代理商取得、销售商接受的所有约定产品订单的净发票销售价格的　　%的比率支付。此佣金仅在销售商收回约定产品所有欠款后支付,支付给代理商的佣金以承兑汇票的形式支付。

第10条 信息与报告

销售商和代理商双方应定期或应对方请示互相提供信息和市场报告。以尽可能多地促销约定产品,代理商需向销售商递交诸如存货、市场情况和代理商其他活动的报告。

第11条 促销

代理商在约定地域内,需做足够的广告以努力促销约定产品。销售商需提供给代理商收费的或免费的适量的广告用印刷物、目录、传单等。

第12条 工业产权

在合同生效期内或终止之前,代理商在销售约定产品时只能使用销售商的产品商标。在合同终止时,代理商对所余存货可以继续使用约定产品商标。代理商应明悉:所有约定产品使用或出现的专利、版权、商标和其他工业产权仍属销售商所有,对此应无任何异议。

第 13 条　有效期

本合同自销售商和代理商订立的当日起生效,并明确有效期为
　　年。在不迟于合同条款期满的三个月之前,销售商和代理商应
对是否续约进行相互协商。如双方对续约达成一致,根据双方同意
修正的合同条款及条件,确定本合同的续约期为　　年。若无续
约,本合同将按上述条款中规定的　　年后自行终止。

第 14 条　终止

在合同有效期内,如有一方没有履行和(或)违背本合同第 6 条
规定的内容和要求,双方应尽快采取合作的态度解决出现的问题,
以达成一致满意。如某方在发出书面通知后的三十天之内未得到
关于解决问题的答复,该方有权取消合同,由此造成的一切损失将
由没有履行和(或)违反合同的另一方负责赔偿。此外,在某一方出
现破产无力偿付、清算、死亡和(或)与第三方改组的情况下,另一方
可以不给对方发出任何通知,即刻终止合同。

第 15 条　保密

对本合同所涵盖的商业事项和交易,销售商和代理商应严格对
外保密。

第 16 条　不可抗力

如任一方由于受下列事项的影响(直接或间接)而未能如期履
行合同的,可以不承担任何责任。这些事项包括:自然灾害、政府的
政策法令限制、战争(宣战或未宣战)、战争威胁、敌对势力、军事调
动、封锁、禁运、革命、暴动、罢工、停业、瘟疫或其他时疫、火灾、水灾
或其他超过双方在本合同中所能控制范围之外的其他事由和情况。

第 17 条　通知

根据本合同要求下发的各项通知,应按约定的或双方在合同中
标明的地址,以航空邮寄或电传的方式发出。若某一方地址变更,
应以书面形式通知另一方。所有通知日期以当日邮戳为准。

第 18 条　转让

在没有得到某一方预先书面同意的情况下,另一方不得将合同
部分或全部转给其他任何人、企业或公司。

第 19 条　交易术语及依据的法律

本合同中的交易术语依据于国际商会《国际贸易术语解释通
则》所解释的最新条款,并受×××国法律规定的包括效力、解释权

和履约在内的所有事项的制约。

第 20 条　仲裁

双方引起的所有争端、争议或分歧，无论是与本合同无关、相关或一致，还是由于违约造成的，最终都将按照商业仲裁协会制定的商业仲裁条例进行裁决。仲裁人制定的裁决书为最终裁决，对合同双方具有约束力。

第 21 条　合同的独占性

合同双方对本合同具有独占性，合同生效期前同销售约定产品相关的各种谈判协议、承诺，将自行被本合同取代。未经指定的权威机构或双方代表签署的文件同意，对本合同不能以任何方式履行、解除、修改或调整。

签署。合同双方由各自的指定权威机构或代表在本合同订立的当天签署，采用英文文体，一式两份。

ABC 有限公司　　　　　　　　　　　XYZ 有限公司
_____（签字）　　　　　　　　　_____（签字）

8.2.5　调动代理商工作积极性

为了让你的代理商心甘情愿地为你的业务目标努力工作，你必须学会使用各种支持和激励措施，让他觉得跟你合作是一件非常愉快的事情，而且这种愉快的合作还会给他带来丰厚的收益。现提出如下建议：

（1）应该和代理商一起坐下来，共同拟定一个市场计划。不管这个计划实行起来是多么困难，只要你和他坐下来共同协商，拟定有关内容，就会让他感到你很器重他的工作计划。一般来讲，这个市场计划应主要包括：推销访问的时间、方法，对同类的竞争性商品采用哪些压倒措施，哪一种推销手段更为有效，什么样的价格策略将被消费者所接受等等。

（2）经常给你的代理商寄一些信件，可以是个人信件，也可以是一些销售手册、时事通信以及推销刊物等。假如这些对他有所帮助，那么他将非常感激你。

（3）为了使代理商心情愉快和高效率地为你服务，你应该：鼓励他去参加一些大型的商展，最好是你跟他一块去并分担部分费用；当他需要你的最新产品目录和销售刊物时，你用高速途径尽快送达；使你的货物、服务符合要求，品质维持较高水准；在每一笔交易成功后马上支付给他应得的佣金。

（4）定期访问，或亲自去，或派你的职员去。跟你的代理商一起拜访客户,这会提高他的威信,并且你也因此有机会直接听取客户对你的产品的评价,而且一旦将来你的代理人退出商界或放弃这种代理权,你可以利用你们的直接接触所建立的关系维持你和客户之间的合作。

(5)邀请代理商到你那儿做客、参观。让他参观你的工厂、生产程序,并与技术工人及推销员交谈,了解你的产品性能、质量、结构等,使他们对你生产的产品产生一种依赖感,以便在营销你的产品时理直气壮地向顾客作详细的介绍。在他到你这儿来参观做客时,部分地安排他的食宿,他会觉得行动更为方便些。

(6)如果你在某个地区拥有许多代理商,那你可以定期(半年或一年)把他们召集起来举行一次会议,让代理商有机会与你一起讨论营销政策及有关的问题。你可以把将要推出的新产品介绍给他们,还可以传授一些新的营销方法,鼓励代理商们就各自的代理工作提出问题发表意见。这样的会议能够在愉快的气氛中达到相互交流的目的。

当然,不管你怎样小心地选择代理商,并给他们以各种支持和激励,其中有些还是会徒劳的。倘若对他们的工作做不定期的考察,你就会发现代理商的工作时常会陷入低潮。对此,你必须进行认真的研究,找出其中的原因。可能你会发现原因不在代理商本身,而在于你自己。例如,可能你把他给你的信件或工作报告搁置起来未予及时回复,致使他感到自己没有被重视;可能他的订单未立刻受到你的注意使他丧失了兴趣;也可能他有太多的要求未被满足;还有可能是财务上或健康上出现了问题;再一种可能就是你付给他的佣金收入比他所期望的要少等等。解决危机的最好办法是拜访他,找出症结所在,并设法解决。

—— 补充阅读材料 ——

北京大方公司(甲方)是一家专业代理食品的商贸公司,1999年该公司开始代理某省精明有限公司(乙方)生产的饮料。由于乙方的业务员精明能干,双方达成如下协议;甲方预付货款300万元人民币给乙方,乙方随时给甲方发货,发货日期由甲方提前一星期书面通知乙方。同时,双方商定乙方派遣业务员为甲方铺货,责任由乙方负责。双方商定的另一项内容为,乙方在北京地区进行促销活动的各种赠品由甲方代垫,事后由乙方补偿,方式另定。

前三个月,乙方为甲方铺货30万元,回收货款10万元。三个月后,乙方公司进行人事改组。原来主要负责人员全部换掉,新的人员很快上岗。第二批人员又为甲方铺货20万元,回收货款8万元。

这批人员为了将销售量提高,搞了大量的活动,所用的赠品全部由甲方代垫,由乙方业务员签字。

两个月后,乙方又调换了部分人员。从此,乙方在北京的销售额日益下降。从1999年到2001年,甲方共销售乙方产品140万元:1999年销售50万元,2000年只销售了60万元的产品,并且大量的货款没法收回,2001年也仅销售了30万元的产品。而且乙方撤掉北京办事处,减少促销经费。为此,甲方要求终止协议,退还剩余货款。甲乙双方进入了激烈的争论阶段。

1. 甲方要求退还所剩的160万元预付货款,至于以后如何合作,将根据具体情况再度协商。目前强烈要求退还预付的300万元货款的全部余额。

2. 甲方要求乙方业务员铺货所造成的呆死账的损失赔偿给甲方,如果乙方能够派人员继续将所剩呆死账回收,甲方将不再追究该问题。

3. 乙方业务员进行促销活动从甲方所借赠品,乙方应全部偿还。甲方以上的三个要求是非常合情合理合法的。但是,就是这样一个简单的事情,乙方却提出如下意见:

1. 乙方欠甲方的预付款160万元,情况完全属实。乙方全部承认,并将出具确认单据。但是,目前乙方没有资金,无法偿还甲方该笔欠款。目前乙方只能先还6万元现款,其余部分以后再协商解决。

2. 甲方所称,乙方业务员为甲方铺货造成的呆死账乙方不承担任何责任。因为,甲方已将全部产品买断,乙方的业务员为甲方铺货,完全是义务帮忙。他们为甲方带来的利润归甲方,他们产生的问题和风险也归甲方承担。所以,甲方所提出的这方面的要求乙方将不予接受。

3. 甲方提出的乙方业务员用于促销所借的赠品一事,乙方的意见是,业务员所写的借条都是个人签名,而没有乙方公司的印章,因此属于该业务员的个人行为,乙方不承担任何责任。

看完乙方的意见书,甲方的总经理气得险些晕倒,于是立刻召集全体经理开会商量解决该问题。于是,大家争相发言,最后提出三点意见给乙方:

1. 我方的款项是预付给贵方的预付款,本来就是我们自己的款项,借给贵公司无偿使用了近两年,非但不付利息,连本钱也不归还恐怕过于没有商业道德了吧!我们郑重声明,如来贵方再不归还我方货款,我们将要向法院起诉贵方。届时,我们不仅要求归还货款本身,而且要求归还全部利息。

2. 贵方业务员为我方铺货,虽属义务,但也是我们合作的前提之一。如果当初贵方没有提出该项条件,也许我们就不会有后来的合作,因此,贵方一定要承担这些损失。

3. 促销品的代垫,完全是为了当时双方的共同利益,是为了共同把市场做好。而且,每一次我方代垫产品都有贵方人员的签字,他们当时是贵公司的业务人员,完全能够代表贵公司。当然,由于贵公司管理不善,贵公司的个别人员也有假公济私的现象,但那是贵公司的事情,跟我们无关。

以上三点,是我公司最关心的问题中的重点,请尽快答复!

对于甲方的这份简明扼要的函件,乙方很快就给出了全面彻底的回答:

1. 贵方的预付款我们全部认同,具体处理方法我们协商解决,请给我们充分的时间,该问题我们将全力解决。

2. 关于我公司业务员为贵公司铺货所造成的呆死账我们深表同情,但具体损失请贵公司自己负担。因为当时这些业务员归贵公司领导和管理,出现的问题是由于贵公司管理不善造成的,敬请理性思考。

3. 关于我公司员工从贵公司所借商品(或称赠品)完全是他们的个人行为,他们在借产品之前并没有得到公司的认可。如果贵方坚持认为他们是代表我公司的行为,请出示我公司加盖公章的借据。如果没有,我们将认为他们的行为是个人行为。如果他们以我公司的名义向贵公司借几百万元现金,然后逃之夭夭,请问,贵公司是否会向我公司索赔呢?向我公司索赔显然是毫无道理的,有一些业务员也打着经销商的名义向我公司借钱,我们一律要求他们所在的公司出具加盖公司印章的借据或加盖公司印章的委托书原件(复印件无效)。所以我们也希望贵公司能够从科学的角度分析问题。

看了这份说明,甲方的经理们像哑巴吃黄连一样,有苦说不出,大家痛苦地回忆当初的情景。

那时候,甲方的总经理与乙方的北京办事处经理合作得非常愉快。双方非常谈得来,有很多共同的语言,也有对该产品未来前景的信心。于是,当初除了简单地草签了一个总体合作提纲外,其它的任何条件都是口头的协议。后来,乙方的北京办事处经理被调回总公司,再后来该经理离职到其它公司另谋高就去了。

新的北京办事处经理对以前双方的合作非常满意,但不久该经理又被调走。以后双方就进入了争吵阶段,并且越来越激烈。

事情到了上面提到的这个阶段。甲方的总经理和经理们最关心的是如何将这个案子结案,大家一筹莫展。

后来,到了2002年,乙方又给甲方退款14万元,其余货款暂无法解决。

1. 在本案例中,甲方有哪些决策错误?
2. 在本案例中,甲方有哪些具体操作错误?

8.3 特许经营管理实务

利用特许经营方式,也是生产商扩大销售、占领市场的一种明智选择。下面从特许经营概述、建立和发展特许经营组织、特许合同的签订、总部对加盟店的管理与沟通四个方面来介绍特许经营管理的内容。

8.3.1 特许经营概述

1. 特许经营的含义

特许经营是指企业,即特许方通过契约的方式,将特许权转让给被特许方,让其销售自己的商品或使用自己的经营方式,并提供各种协助性服务,被特许方加入这一连锁系统后,要使用特许方统一的商标、商号、服务方式等,并要向特许方交纳一定的转让费及营业利润。

2. 特许经营的特征

(1)特许经营的核心是特许权的转让。

转让权的转让是加盟总部,接受方是加盟店。总部转让的特许权一般包括商标、专利、商业秘密、技术秘密、经营诀窍等无形资产,如果总部没有形成这些无形资产,就不会出现特许经营模式。

(2)特许经营加盟双方的关系是通过签订特许合约而形成的。

通过合约,总部要求加盟店不折不扣地按自己的模式去经营,总部对加盟店有监督、指导权利,并有培训加盟者,向加盟者提供合同规定的帮助和服务的义务。特许合约的基本条款是由总部制定的,为维护连锁的统一性,加盟申请者对合同条款几乎没有修改的余地,他必须服从特许合约的约定,根据总部提出的销售或技术上的计划来经营企业。

(3)特许经营的所有权是分散的,但对外要形成同一资本经营的一致形象。

特许经营是特许总部将自己开发的产品、服务、商标和经营模式等许可给加盟店去经营;加盟店需出钱购买,因此,总部与加盟店不是同一资本。一般来说,特许连锁系统里,加盟店对自己的店铺拥有所有权,经营权则高度集中于总部。加盟店是独立法人,资产的所有者店主对自己的经营负责。当店主认为加盟连锁组织比独自经营更有利,就会对市场上现有的加盟连锁组织进行调查、比较,最后决定向哪家连锁组织提出加盟申请。

(4)加盟总部提供特许权许可和经营指导,加盟店为此要支付一定费用。

当店主提出加盟申请后,加盟总部为了慎重起见,往往要对申请加盟的店铺或投资者进行十分严格、周密的调查研究。例如,店铺的地理位置,与公司合作的诚意,店主或投资者的财务状况、销售能力等等,在综合考察上述诸多因素后才予以敲定。一旦总店接受加盟店的申请,就可以允许加盟店使用总部特有的商标、连锁店名和字号,使用总部开发的生产、加工、销售、服务及其他经营方面的技术,总部在合同有效期内应持续提供各种指导和帮助,这种后续服务目的在于帮助加盟者了解、吸收和复制特殊技术,并在开业之后尽快走上轨道,取得收益。

加盟店在取得这些权利时要付出一定代价,即要向总部交纳一定费用。一般情况下,加盟者在签订特许合约时,要一次性交纳一笔加盟金,各特许连锁组织的加盟金视自身情况而定。至于总部提供的指导、服务、统一开展的广告宣传,加盟店则要按合约规定每月向总部交纳特许权使用费和广告费等,这些费用将根据加盟连锁组织开展的先后、加盟店数量的多少、总部知名度的高低、总部服务内容的不同而不同,有的是按毛利、销售额提成,有的则是制定一个定额。

总之,特许经营要取得成功,关键在于加盟总部和加盟者双方的通力合作。一方面总部本身要经营有法;另一方面需要加盟者全力配合,共同努力。

3. 特许经营的类型

(1)特许经营按特许的内容可以分为两大类:

a. 商品商标型特许经营。商品商标型特许经营由来已久,最早是一种供货厂商和代销商的契约关系,是商人为供货厂商代销某种产品的关系。随着时间的发展,代销商就逐渐集中为一个供货厂商服务。这样供销两家就签订契约协议,代销商专门为一处供货厂商销售商品,或者代销商就直接使用供货厂商的字号、商标,成为供货厂商的一个销售部门。这样代销商与供货厂商就形成了母公司和子公司的关系,就产生了最初的特许经营,因此也被称为"第一代特许经营"。现在,商品商标特许经营通常是由一个大制造商,为其名牌化的产品寻找销路,与加盟者签订合约,授权加盟者对特许商品或商标进行商业开发的权利;作为回报,加盟者定期向特许人支付费用。这类特许经营主要包括名牌饮料、汽车销售商、汽油服务站等,比较著名的有可口可乐和百事可乐等饮料生产商、通用及福特汽车制造商、美孚石油公司等。

b. 经营模式特许经营。经营模式特许经营被称为"第二代特许经营",目前人们通常说的特许经营就是这种类型。经营模式特许经营不仅要求加盟店经营总店的产品和服务,而且加盟店的商店标志、店名、商标、经营标准、产品和服务的质量标准、经营方针等等,都按照总店的全套方式进行,亦即加盟店购买的不仅仅是商品的销售权,而是整个模式的经营权。这种经营模式特许经营范围广泛,尤其在零售行业、快餐业、服务业中最为突出,其中消费者较为熟悉的麦当劳、肯德基、比萨饼快餐店和"7—11"便利店都属于这种形式。

(2)特许经营按加入特许契约联盟成员不同可分为如下类型:

a. 制造商—零售商特许系统。这种经营系统由制造商发起并提供特许经营权,零售商则是特许经营人。它在汽车行业最为普遍,如在美国,特许汽车经销商是很常见的。

b. 制造商—批发商特许系统。特许人仍是制造商,但特许经营人则是批发商。饮料行业常采用此种特许经营系统。例如可口可乐公司把浓缩糖浆销售给瓶装厂(批发商)后,由瓶装厂灌装并分销到商店、自动售货机、酒吧和旅馆等零售行业,它所采用的就是这种制造商—批发商特许经营系统

c. 批发商—零售商特许系统。它是由一个批发商发起同时吸收大量零售店加入所形成的经营系统。

d. 服务特许系统。这种特许经营系统由一个创造出独一无二服务概念的公司发起建立,它通过特许经营协议授予特许经营人使用总部的商业名称和专长的特权,总部则收取一定的加盟费作为补偿。服务特许经营形式最近几年在美国发展甚快,主要是由于快餐店、便利店、饭店和汽车旅馆等行业的迅速增长。

—— 补充阅读材料 ——

特许经营模式的创建

麦当劳被称为全球餐饮业的巨无霸,其成功的最重要的要素之一是特许经营。麦当劳于 1955 年首创全球连锁经营模式,即特许体系。它是世界上最早、最好和最充分运用特许经营的公司。公司通

过授权加盟,向符合条件的特许经营者收取首期使用费,并按特许经营者每月销售额收取服务费和许可费。为了保证"复制"麦当劳餐厅质量,麦当劳把标准的作业变成容易复制的程序,并对新加盟者进行严格的培训,要求新的特许经营者必须到"汉堡包大学"上课3周,学习如何管理这项业务。被许可方在购买材料、生产和销售产品时,必须严格遵守程序要求。与相继出现的竞争者不同的是,麦当劳不是把加盟者当作顾客,只收取利益,而是把加盟者视为事业伙伴,十分关心,尽力帮助加盟者。麦当劳的创办人克罗克说:"我认为,我必须尽力帮助加盟者,加盟者的成功,将保障我也成功。"

特许连锁经营——连锁经营采取特许经营的形式是麦当劳走向成功所采取的业态。特许经营是指经营者凭借特许者给予的权利,按照特殊的书面协议去从事一系列经营业务的一个契约式经营方式。特许经营主要给麦当劳带来了两大好处。第一,麦当劳在追求自身迅速发展的同时,受到各种因素的限制。特许经营则可以绕过这些限制,帮助其快速地占领目标市场,达到最大限度的发展,并通过管理控制保证行动的协调一致。第二,麦当劳的特许经营者作为一个有意识的经营人,通常能够积极主动地寻找销售门路,因为特许经营者需要将其财产作为抵押,而不同于被雇佣的经营者和承包商。同时麦当劳在特许经营中特别注意一点——标准化,这可以保证各个分店按同一标准经营,做到同步发展,不让一家分店损害整个体系的形象。

连锁经营是把现代大工业、大生产的组织原理应用于商品流通领域,把复杂的商业活动分解为像工业生产流水线上的每个环节那样相对简单。实现了商业活动的标准化、专业化和一致化,使每个环节、每个岗位尽可能简单。这恰好与快餐业的本质属性:标准、简单、快速相一致。麦当劳正是成功地运用这一点,使其具有了竞争的有利条件,最终立于不败之地。如今麦当劳又实行"分权组织结构",即将全美的经营点重新划分为五个区域,每个区域设一个区域经理,区域经理向总经理汇报工作,并被赋予很大的自主权,以加强其市场应变能力。同时强调各区域的经理们要经常走出去,和各地经营者们广泛接触,建立密切的联系,以便随时随地地了解情况,特别是顾客的反馈信息。

正是实施了这一系列有效的经营管理模式,使麦当劳得到了迅猛的发展,分店遍及全球,最终成为快餐业的"巨无霸"。成熟的营销理念,独特的营销手段,有效的经营管理,正是麦当劳风靡全球的奥秘。

问题:请问麦当劳特许经营模式是什么类型?

8.3.2 特许经营的利弊分析

(1)特许经营的好处

a. 加盟总部不受资金的限制,可以迅速扩张规模。

因为开设的每一家特许加盟分店都是由加盟商自己出资,加盟商对分店拥有所有权,总部只需提供已经成熟的经营方式。当然,加盟店无需总部出资并不等于总部在经营中不需要资金,总部在初期创牌子时往往需要大量投入,先在自己所属的分店摸索成功后才能进行特许权的授予,在其后的经营中所需资金比自己开设的分店要少。

由于特许经营风险较小,各金融机构更乐意贷款给总部和加盟店,因而开分店的资金来源较容易解决,这使得加速发展成为可能。另一方面,总部通过出售自己公司的名望、商标、经营模式等无形资产,不仅开分店无需自己出资,反而还能从加盟者手中获得开办费、使用费,这是一种一本万利、坐收利益的生财之道。特许经营不受资金限制,仅凭一纸契约就可以发展新店,可以迅速扩张规模。

b. 加盟店主积极肯干,有利于加盟总部事业发展。

加盟店的经营好坏与自己的切身利益密切相关。因此,特许经营加盟店店主会勤奋努力工作,他们在将自己的商店经营得有声有色的同时,也使得总部的事业、信誉与声望蒸蒸日上。

国外许多特许经营总部均要求投资者必须亲自参与实践与管理,并在合同中明文规定,一旦发现加盟店经理是投资者聘用的,则立即取消其特许权。一些加盟总部甚至要求加盟店主从最基本的扫地、清洗等工作做起,凡事不论大小,都要亲力亲为,以此希望加盟者能了解加盟特许经营并不像投资股票、房地产一样放着等它自然升值,若想坐享其成只能就此止步。

c. 加盟总部可以降低经营费用,集中精力提高管理水平。

特许经营方式可以使加盟总部得到更多的经营优势。如随着加盟店的不断增多,集中采购商品的数量也越多,可以从供应商那里获得较多的折扣和优惠条件,付款期限也可以延长,从而降低了进货成本,进而可以降低商品售价,增强了企业的竞争能力。又如广告宣传,加盟总部负责广告策划和实施,广告费用则由各加盟店分担,这实际上降低了总部的广告宣传成本。而加盟总部给予加盟商的各项帮助,包括监察费用,都可以从各加盟店的营业额中抽取一定比例获得补偿,这也实际上将一些管理费用分散到各加盟店分担,相应降低了总部的经营成本。

由于加盟总部无需处理各分店在日常经营中可能出现的各种问题,也无需处理每个分店可能出现的人事纠纷问题,因而可以集中精力改善经营管理,开发新产品,挖掘新货源,做好后勤工作。总部可以从各分店获得市场需要的信息,及时对新产品外观、质量、性能等方面作出改进,反过来再推向市场,加快畅销产品的培养;总部可以发现更加物美价廉的进货渠道,进一步降低进货成本;总部可以研究改进商店设计、广告策划、商品陈列、操作规程、技术管理等一系列问题,使各分店保持统一形象,形成特色,更好地吸引消费者。

d. 加盟总部可以获得政府支持,加快国际化发展战略。

随着世界各国连锁业的不断发展,商业集中和垄断趋势逐渐加强,这种集中的结果,被各国政府视作有破坏自由竞争之嫌。如美国小企业管理局的一份报告就指出:就零售业而言,其集中程度的提高,正是由于零售业中的不少行业如饮食业、食品业、百货业等大力发展连锁商店所致,造成这种集中的基础是规模经济的提高,这又使零售业中1~4人的最小企业在竞争中大量倒闭、歇业或被兼并。

在这种情况下,许多政府已意识到保护中小企业的重要性,制定一系列措施,支持鼓励特许加盟连锁组织的发展。如日本对加盟商店所需现代化设备资金的80%发放15年期限的低息、贴息、甚至无息贷款;新加坡政府对加盟店提供25%~50%的委托咨询费和用于商店装修改造的优惠贷款;美国、加拿大也纷纷制定了相应政策,大开方便之门。

特许经营还较容易打开他国国门,实施国际化战略。因为许多国家,尤其是发展中国家,其市场是逐渐向外开放的,往往对零售业、服务业等第三产业更为谨慎,外国资金要进入这些行业非常困难。而特许经营因为是一种无形资产的许可,并不涉及外资的进入,因而可以绕过壁垒,大张旗鼓地将事业发展到世界各地。

2.特许经营的不利之处

(1)加盟店有时闹独立,难以控制。

加盟店踏入特许经营一段时间后,往往会产生两种情绪:一种是营业额较高,利润达到或超过预想,使加盟者完全认为是自己的功劳而产生一种独立感,认为没有总部也能搞好,企图摆脱总部的指导和监督;另一种是加盟者感到利润增长不如原来期望的那么高,因失望而产生不满情绪,不想继续下去。对这两种情绪,总部都要小心处理,尽可能地保持对加盟店有效的控制和帮助。在这种情况下,良好的沟通是解决问题的重要途径。

(2)公司声誉和形象会受个别经营不好的加盟店的影响。

加盟总部与加盟店之间是互相依赖、互相影响的关系,其中任何一方面出了差错,都会带来极其严重的后果。总部的决策错误,会使加盟店的利润和前途受到损害;同样地,加盟店经营失败,也会降低整个连锁体系的声誉。

在特许经营中,虽然总部通过实践,已将开店风险降到最低,但由于是加盟者自己投资,因此经营的大部分风险都在加盟者身上,它要求加盟者必须倾全部精力来经营这一事业。但有些个别加盟店不按总部指导办事,随意更改总部的样板经营程序,或没有倾全力来经营这一事业,导致经营失败,这不仅使自己经济受损,更重要的是损害了总部名声,使得总部和其他加盟店多年来树立起的企业形象遭到破坏。因此,选择合适的加盟店主对加盟总部来说是十分重要的一环。

(3)当发现加盟店店主不能胜任时,无法更换。

加盟总部在挑选加盟者时一般是十分谨慎的,国外的特许组织总部往往愿意找产权明确、资金力量不雄厚、学历不太高、需要通过努力才能维持生意的中小生意人。这些人在利益相关的情况下,可能会倾其全部积蓄和精力,一丝不苟地按总店的程序来做,既维护了总部良好声誉,又给自己带来了可观的效益。但这种理想的店主并不好找,尤其是总部发展较快时,他会发现要招到足够数量的合适的加盟者有些困难。若一旦"滥竽充数",经营一段时间发现店主不能胜任工作时,总部无法再更换,不能像直营店那样可以辞退再重新换人,这将影响事业的顺利发展。

—— **补充阅读材料** ——

建立国外特许经营体系阶段

二战结束后,由于受美军的影响,欧洲、中东及东南亚已习惯喝可口可乐。只要能保证供应,销路不成问题。可口可乐公司认为,如果在国外直接投资建厂,所需资金数额大、效益不高、风险也大,毕竟美国的国内条件与国外不一样。为此,可口可乐将其国内成功的特许经营方式应用于国际,提出将饮料的装瓶权出售给当地人,让其自筹资金建厂经营的思路。当时跨国企业联营还处于萌芽状态,国际性的技术转让与合作仅限于机械方面,像饮料这样的一般消费品,向国外转让技术和出售制造权是没有先例的。

经过一番筹划,可口可乐公司推出了利用当地的人力、财力和物力,发展可口可乐国外市场的策略。主要原则是:(1)由当地人自己筹措资金,购买设备、材料、制瓶机和瓶子等,建立装瓶厂,招聘员工,组织生产、运输、销售等。(2)可口可乐公司提供技术服务,包括销售方针、生产技术、人员培训;统一制作广告宣传,并承担大部分的广告费用及推销费用。(3)可口可乐公司向装瓶厂销售"秘密配方"的浓缩原汁。(4)可口可乐公司划定各装瓶厂的销售区域。(5)设立可口可乐装瓶厂的外国人,须先交一笔保证金,既是对饮料品质的保证,也是对经营信誉的保证。

可口可乐公司利用当时外国人对美国产品的盲目崇拜心理,通过将装瓶权出售给国外独立的装瓶商、由其负责特定地区的装瓶及销售的方法,没花一美元的资本,就使其国外业务得到了迅速发展。不仅从保证金中获得了一大笔资金,还从销售浓缩原汁中得到了大量的收益。

据战后25年的统计,可口可乐公司靠出售仅占饮料重量0.31%的原汁,每年的经营总额就高达979亿美元,纯利接近15亿美元。

1972年,鉴于国外销售的增长对公司的前途与命运攸关,撤销了可口可乐出口公司,将其业务纳入总部,并将公司的经营活动按地区分成三大片:美洲部分、欧洲及非洲地区、远东及太平洋,从组织结构上加强了国外业务的管理力量。

问题:请分析该案例中特许经营的可取之处。

8.3.3 建立和发展特许经营组织

1.生产商实施特许经营的条件

如果一个企业不想追随别人,而想自己开创一套特许经营制度,他必须首先对自身的条件有一个清醒的认识,看看自己是否具备实施特许经营的条件。作为加盟总部,要实施特许经营,必须具备以下几个基本条件:

(1)拥有较高知名度的商标

特许经营是知识产权交易的一种形式,而知识产权中最重要的内容之一就是商标。企业商标、产品品牌是维系加盟总部与加盟商的纽带,作为加盟总部,要扩大加盟体系,必须拥有一个较高知名度的商标,这是不言而喻的。因为绝大多数小投资者加盟特许经营是冲着总部的商标去的,他们自己没有能力创出名牌,又期望一创业就能拥有一个响当当的招牌来吸引消费者,便心甘情愿付出加盟费获取使用他人名牌商标的权利。这就是为什么投资者当决定加盟快餐业时就会想到"麦当劳"、"肯德基"、"加州牛肉面"。

（2）形成自己的经营特色

在当今市场上，各行各业的竞争对手如此之多，大家所经营的商品和服务大都大同小异，如何才能在市场上站稳脚跟，把消费者吸引到自己的加盟店这边来呢？惟一的办法就是建立一套自己的经营特色，形成自己的独特风格，以便与其他企业区别开来。如果总部经营的项目与同类企业类似，没有特色产品、特色服务、特色装修、特色管理，不具有较长期、大范围的市场需求基础，维持一个单店企业尚且岌岌可危，更不用说一个庞大的加盟体系了。

（3）拥有特殊的经营技能

总部建立了自己的经营特色，这可以抓住消费者，却难以抓住加盟者，因为很多经营特色容易被人模仿。如 24 小时营业、品种齐全、价格较低等，当总部培训加盟者掌握了这些经营方法，或加盟者找到总部的进货渠道后，他们便无需依赖总部也可以经营，自然就会想到脱离总部，或者自己建立连锁网络。而总部充其量只是又培养了一个竞争对手。

因此，总部要抓住加盟者，使他们脱离自己就无法生存，则总部必须拥有一套特殊的经营技能。这种经营技能必须要有一定的垄断性，它或者是某种关键技术，即 KNOW-HOW 这样的内涵，或者是他人难以获得的廉价的进货渠道，这样就使得加盟者一定要依靠总部才能获得某些经营上的支援，否则无法独立。例如凯菲冰淇淋蛋糕特许连锁总部，控制加盟者的关键技术是凝固剂，任何加盟店想独自制作冰淇淋蛋糕，都会因为缺乏这一特殊添加剂而无法使蛋糕凝固起来。同样，麦当劳也申请了多项专利技术，没有总部的支持，经营者无法生产出品质一样的汉堡包。

（4）维持总部良好业绩

名牌商标、独特的商品服务和经营技能是吸引加盟者的几个要素，总部本身的业绩如何，资金、人才、组织是否充实，同样也是加盟者考虑的重要因素。加盟双方关系一旦形成，总部便是加盟店的靠山，商品销售、经营管理技术、营销策略、广告宣传等都要仰仗总部的支持和帮助。如果总部本身的资金、人才和组织存在不少问题，经营起伏很大，业绩不佳，则很难使加盟店产生信任感，即使加盟店选择合作伙伴时不够慎重，加盟了这家业绩不良的总部，也会在了解情况后弃之而去。

（5）建立一套高效率的信息物流系统

特许经营的一个基本条件就是要建立一套高效率的信息物流系统。因为总部的仓储中心、配送中心、生产中心、培训中心等部门以及下属各加盟店一起构成了一个庞大的经营网络。要使这个网络的每一个组成部分都步调一致,有效地运转,没有一个以电脑管理为中心的信息物流系统是很难协调的。

8.3.4 制定特许经营开发计划

如果加盟总部经受了第一步的考验,即已经确认自己符合实施特许经营的条件,则他下一步考虑的就是如何具体实施特许经营业务,这就需要总部拿出一套完善的切实可行的特许经营开发方案。

(1)设置总部组织结构

特许连锁总部是统率众多加盟店的大本营,总部机构是否健全,将直接影响特许业务的开展。因此,在向外出售特许权之前,总部应首先对自己内部的机构设置以及每一机构所担负的职能进行一番审视,分析一下是否能满足特许经营的需要。

(2)建立自己的样板店

要说服投资者加盟总部的特许经营网络,最好的办法莫过于建立自己成功的样板店。通过样板经营,一方面可以检验总部的经营管理思想是否可行,并在试验中获取经验,发现该套方法的优点和缺点,并不断改进完善;另一方面若样板店取得成功,可以得到社会的承认及消费者的认同,扩大影响,增强投资者的信心,让他们看得见将来加盟以后可取得的经济效益,消除疑虑。

(3)准备特许经营所需的文件

特许经营作为一种知识产权的转让,当它在许可加盟者时,总部应首先进行一些基本文件的准备。这些基本文件包括:加盟合约、公开文件、操作手册、培训材料。

除了以上基本文件外,总部还应准备的有:经过注册的商品名、商标、专利、计算机软件等有效证明文件;配合推广宣传的小册子、录影带;发展加盟店所必备的表格等。

(4)确定开店战略

当加盟总部打好内功,做足基础工作后,下一步考虑的便是如何对外开展特许业务。在具体实施加盟之前,总部还应该制定一个详细的开店战略。虽然,许多总部在创业初期,往往会迫不及待地授予任何地区的任何人特许权,但如果这个加盟者远在总部管理及供应的力所能及范围之外,加盟店因得不到总部的有力支持和及时的货源而导致经营失败,则总部不仅欲速而不达,而且还会严重损害自己的声誉,影响特许经营事业将来在这个地区的发展。因此,即使是新成立的总部,也不能饥不择食,匆忙开店,而应事先确定在何处开多少加盟店,有选择有计划地开展特许经营业务。

(5)宣传推广,征募加盟

在一个新地区开展特许经营业务时,宣传推广活动是必不可少的一个重要环节。与其他公司不同的是,其他公司的宣传活动主要是吸引消费者的注意,而加盟总部的宣传推广既要吸引消费者,又要吸引投资者。在业务开展的前期,宣传推广的对象主要放在投资者身上,这就要求加盟总部的宣传内容与一般公司的宣传有所不同。

8.3.5 挑选合适的加盟店

对于加盟总部来说,特许事业是否能够成功,选择合适的加盟者是关键因素之一。因为总部与加盟者之间的关系并非雇佣关系,而是唇齿相依的伙伴关系,总部一旦选定了某位加盟者,合同生效期间不能随意解除合伙关系。而如果这位加盟者作风不正、服务欠佳、管理太差,将会对整个特许连锁系统造成极为不良的影响。

合格的加盟者,应该有一定的实际经验和管理水平;事业心强,有一定的干劲和毅力;身体健康;善于与人合作;能亲自参与经营管理。具备以下缺点的人不能选为加盟者:

(1)不愿雇佣他人的人。有些投资者自己已拥有小零售店,且为家庭经营,投资者不愿意雇佣店员,不愿意他人经手金钱。由于只依赖家庭成员看店,引起家庭成员间的沟通失衡,最终会造成经营失败。

(2)自满自足的人。有些投资者不愿付出自己的努力,他们认为:"我现在是一个老板了,老板就可以不干活。"这种"老板综合症"是很危险的。有这类思想的人在行为上必然会表现出来,他们总以为自己可以不劳而获,这种人几乎不可能取得商业上的成功。

(3)惊慌失措无主见的人。这类人又分为两种:一是投资者在开业后面对所承担的责任和繁重的工作惊慌失措;二是投资者无法承受开业初许多企业都可能经历的亏损局面,其实这种局面在企业站稳脚跟后是会过去的。

(4)年龄太大的人(50岁以上的人)。年龄太大,往往不能充分接受新事物,尤其不能适应电脑系统的操作和管理。

(5)无法履行协议的人。如果投资者不遵守协议,在成为加盟店主后,可能会违反合约,产生麻烦,这种人最不适合加盟。

(6)想一本万利的人。由于特许经营是小本经营,要求脚踏实地,投资者不仅要交纳首期加盟费用,以后还要按月交纳权利金。如果投资者期望值过高,妄想一蹴而就,是不适合加盟的。

(7)夫妻感情不和的人。加盟特许经营,投资者必须取得配偶的全力支持,否则很难成功。因此,总部在审核加盟店人选面试时,最好要求配偶也同时前往。

8.3.6　申请加盟程序

当加盟双方选定合作伙伴后,接下来的工作便进入实质性的加盟操作阶段。加盟者从申请加盟到正式开店的时间,因行业不同和店铺基础不同而有差别。一般情况下,加盟者从申请加盟到正式开店需要经过以下步骤:

(1)递交加盟申请

投资者在确定特许经营总部后,可以直接向总部递交一份书面的加盟申请。有些必须到总部领取专用的申请书,详细清楚地填写有关栏目,并按总部规定交纳一定的申请费。

(2)总部调查分析

总部收到加盟申请者提出的申请后,即着手进行对加盟申请者的人格调查和开店地点的调查。首先与申请加盟者面谈,了解申请者的素质、能力、性格、反应等,同时介绍总部经营的宗旨和经营内容;其次是派专人实地去考察,一方面对圈内顾客需求市场状况进行调查研究,另一方面调查加盟店的建筑、面积、租金等,为确定未来的营业指标作准备。

(3)签订合同

总部在调查合格后即向申请者展示合同书,如果申请者看过后无异议,双方即可签订合同。合同是由总部提供的,申请者不能随意增减合同内容,只能表示同意或不同意。如果合同中有不清楚的地方,申请者应立即指出,必要时须咨询法律专家。

(4)交纳费用

合同签完后,加盟者要交纳一定数目的加盟费、附加费、保证金、违约金等。收费标准因特许总部的不同而不同,加盟者在签约之前应对此心中有数。

(5)店铺装修

总部的建筑设计部门详细研究顾客的活动路线、经营对策等,设计商店装修方案。然后介绍建筑工程公司,并负责签订承包建筑合同。商店装修由加盟店承担,有些总部也可能提供部分融资。

(6)教育培训

在店铺装修的同时,加盟店的店主到总部开设的培训中心或样板店接受培训。培训内容包括开业所必需的准备事项、计算机系统的操作管理、商店经营的技巧、人事、财务、销售管理的具体方法。

（7）开店准备

装修及培训工作结束后，即将进入开店前的最后准备工作，内容包括：购置或从总部租借统一规格的货柜、货架、收款机、计算机设备等；商品进货，并按总部的统一要求进行陈列；招募店员，进行简单的培训；总部负责广告宣传及促销活动。

（8）正式开店

8.3.7 特许合同的签订

1.加盟合约内容

特许经营中加盟总部与加盟店的关系，实际上是一种契约关系，而非雇佣关系，要维系这样一种关系，纽带只有一个——加盟合约。

由于每一个特许经营系统的经营内容、经营方针、服务能力等不尽相同，因此，合约的内容会有千差万别。但是，作为特许经营合约，无非都是规定加盟总部与加盟者双方的权利与义务，其基本内容主要包括以下几个方面：

（1）商标、商号等的使用

在绝大多数的特许连锁体系中，加盟总部将拥有以下无形资产：贸易商标或贸易名称，以及相应的商誉；一种商业模式或一种体系，其各个要素均记载于一本手册中，有些内容可能是商业秘密；在某种情况下，可能是一种制作方法、秘方、专门技艺、设计图样和操作的文件；上述某些项目的版权。在签订加盟协约时，应准确清楚地说明总部拥有的无形资产，以及授权加盟店使用这些无形资产的种类和范围。

（2）合约期限

合约期限即是加盟双方关系持续的时间。这一时间有长有短，短则为3～5年，长则10年以上，没有具体的标准。在合约上，还应该注明允许加盟店有延展期的权利，如果合约上没有注明延展期，而总部又不愿签订期限较长的合约，这很可能表明将来加盟店要续约时，不得不付出一笔高额的加盟费。

（3）加盟总部提供服务的种类和范围

合约中要详细说明总部将对加盟店提供哪些服务项目，这些服务包括开业前的初始服务和开业后的后续服务。初始服务主要有选址、店铺装修、培训、开店设备的购置、融资等。后续服务包括：总部对加盟店活动实施有效的监控，以帮助保持标准化和企业利润；总部继续进行操作方法的改进及革新并向加盟店传授；总部进行市场调查研究并向加盟店传送市场信息；总部开展集中统一的促销与广告活动；总部向加盟店提供集中采购的优惠货源；总部专家向加盟店提供的管理咨询服务等。合同中详列这些服务项目，是对加盟店利益的一种法律保护。

（4）加盟店的义务

加盟店取得总部的各种无形资产的使用权，并得到总部的各项服务支持，使自己的经营迅速站稳脚跟，走上正轨，它必须付出一定的代价，并承担相应的责任。为了让加盟者明确自己的责任与义务，也为了约束加盟者履行职责，必须将这些事项也详细列入加盟合约中。虽然在合同上只有总部和加盟者作为立约人，但总部为建立一套完善的业务制度，都加入一些条款以确保其他加盟店及公众利益，因为任何一间加盟店不能维持应有的水准，或多或少都对特许经营体系的声誉有所损害，继而影响其他加盟店的盈利，所以在合约内应列明双方在合作中的义务来维持各方面的利益。一般情况下，操作手册有一些内容涉及加盟者应执行的义务，并作为加盟者开业后的经营活动参考指南，随着特许体系的发展，操作手册还将不断更新和完善。

（5）对加盟店的经营控制

特许经营的最大特点就是在经营业务及方式上高度统一，使各自独立的加盟者在合同的规定下形成一个资本统一经营的外在形象。如果其中一个加盟店没有按总部的统一要求去经营，就会破坏这一整体外在形象，使整个特许系统的声誉受到损害。因此，总部必须对加盟店实施有效的控制，以保证经营的标准和规范能够得到一丝不苟的贯彻。总部采取什么方法控制加盟店的经营，应详细列入合约中，以得到加盟者的理解和接受。

（6）加盟店的转让

加盟者可能会由于种种客观原因而无法继续经营加盟店，这就涉及加盟店转让或出售的问题，加盟店是否能转让、如何转让、转让给何种人等都必须列入合约中，以免将来发生纠纷。也有些合约明确表明，假如加盟者要转让出售自己的企业，总部将有购买的优先权，或者有权选择转让的对象。在这种情况下，一定要注意说明加盟店的转让价应以市场价为准。

（7）仲裁

加盟双方难免会发生一些冲突，解决冲突的方式用仲裁比较合适。仲裁实际是由双方选择的仲裁人进行的私下诉讼，它的优点在于整个程序是在私下进行的。为了节省时间和费用，双方可以事先在合约中设定仲裁的规则，至于仲裁的时间可以根据当时发生冲突的情况而定。在这里，选择什么样的人做仲裁人十分重要，如果仲裁人选择不当，做出的决定不公平或不客观，会使双方或其中一方不满意，最后反而会扩大矛盾，以致双方走向法院。

（8）终止合同及后果

合同一旦确立，就不能随意撕毁或中途终止，但是，也有加盟双方不遵守合约的事件发生。合约中应明确规定,任何一方违反协议到什么程度,另一方有权终止合约;当然,也应写明违反协议的一方是否有机会弥补其过失,以避免合约终止的后果。一般来说,合约终止后,加盟者不能再使用总部所有的贸易商标、名称、各种标志和其他权力,在一定时期内也不得从事相类似的经营业务。

除了以上内容外,合约一般还包括地域的限制、营业时间的规定、营业秘密的遵守等内容。不同的行业、不同的企业,其合约内容都不尽相同。

2.特许合约的基本格式

(1)合同当事者

a.指出合同当事者;

b.合同当事者的关系(不存在代理关系)。

(2)序言

a.合同的观念、宗旨、目的;

b.合同解释的标准;

c.合同的适用范围。

(3)定义

(4)特许经营权的授予

(5)允许商标等的使用

a.允许使用对象的登记或注册;

b.使用方法及管理。

(6)特许经营权的地区和商店的所在地

(7)特许连锁总部的经营指导及技术援助

a.资料的提供;

b.指导;

c.进修及培训。

(8)促进销售

a.总部的促销方法;

b.总部对促销援助;

c.有关加盟店促销义务的事项。

(9)加盟店筹办的物品

a.物品的种类、品质、数量;

b.筹办的方法。

(10)加盟店的支付义务

a.支付的理由;

b. 金额的计算；

c. 支付的时间、方法以及其他条件。

(11)加盟店销售的商品及服务的质量管理

(12)其他有关加盟店营业的重要事项

a. 有关会计事项；

b. 加盟店专心致志营业的义务。

(13)合同的期限、终结及变更

a. 合同的期限及更新；

b. 解除合同的事由及解除合同的方法；

c. 其他合同终结原因及手续；

d. 合同终结时应处理的事项。

(14)其他合同事项

a. 免除责任条款；

b. 合同的转让；

c. 连带担保、财务抵押及有关其他提供担保的事项；

d. 管辖仲裁的一致意见、仲裁条款及有关解决纠纷的事项；

e. 合同的修改；

f. 合同的年月日；

g. 运营规则,其他与合同书有关的补充文件。

3. 合同范例

佑威国内特许经营专门店经营合同

甲方:顺德市佑威服装有限公司

地址:顺德市北　碧江工业开发区

乙方:

1. 专门店经营年期

自　　年　　月　　日至　　年　月　　日止约为期两年。

2. 专门店经营地址及面积

地处当地闹市中心之商业区,面积约80平方米。

3. 入货

专门店货物全部由乙方于甲方每季定期举办的订货会期间订定。甲方每季订货前先以最小的基本数配给乙方,以保证专门店品种齐全的形象,所配给的基本数乙方全部不得更改,不足部分乙方再在订货会期间追订数量。如乙方追订数量超过甲方配货数50％以上,乙方必须在订货后一星期内向甲方交纳订货金额30％订金才能得到入货保证,否则将不保证供货数量。

乙方所下的订单数量在三天内可以修改,一经确定后则不得在中途更改,更不得取消,否则甲方有权向乙方索赔并由乙方承担一切后果。

4.零售价

专门店的零售价全部由甲方拟定。

(1)正价货品乙方可根据当地市场行情照甲方所拟定零售价高出不超过20％的价钱发售。

(2)特价推广货品乙方必须照甲方规定的零售价发售。

(3)季尾减价由乙方根据专门店存货量自行决定减价幅度。

(4)如同一个城市有两间或以上由不同公司经营的专门店其零售价及季末减价幅度全部由甲方统一划定。

5.入货价

正价货品照甲方规定零售价5.5折,推广产品及特价货品照甲方规定零售价6.5折批发卖断给乙方。

6.货款支付

不论由甲方配给专门店的基本数或乙方自订之货品,每次出货前乙方必须以现金或汇票的形式先付款给甲方财务部,甲方在收到款后,两天内安排发货给乙方。

本约一经签订后乙方须交纳10万元给予甲方,用于甲方代乙方筹备专门店装修物料之用,专门店装修完后再按多还少补结算回给乙方。

7.货品运输

甲方负责送货至广州,广州至专门店运费及保险费由乙方负责。

8.入货的发票税

如乙方需甲方开出政府增值税发票,则乙方需支付发票总额10％税项,即发票税额17％中,甲方负责7％,乙方负责10％。

9.乙方责任

(1)专门店营业执照。

(2)专门店租金、水、电等杂费。

(3)专门店员工工资、福利等。

(4)专门店工商税务。

(5)店铺装修及经营设备,必须按照甲方设计用料进行装修及使用甲方指定的经营设备。其费用由乙方负责。

(6)负责专门店在合同期间内的维修费等一切费用,并按国家的一切法规合法经营。

(7)负责甲方派往专门店工作人员的食宿及当地交通费用。

(8)乙方不得在佑威专门店营业面积和货仓出售或存放非顺德佑威公司供应的货品。

(9)必须听取甲方关于辞退专门店内任何一位不称职职员的决定。

(10)委派一名业务经理每季来往顺德两次汇报专门店的经营情况及听取甲方的指示。

(11)乙方每年必须在甲方处入货达到300万元以上(按进货价计),其中春夏季不少于130万元,秋冬季不少于170万元,并保证次年入货有20%以上的递增。

(12)此经营合同期满时,双方如不再续约乙方则必须拆除专门店内所有佑威招牌及字样并把拆下的灯箱寄还甲方。

10.甲方责任

(1)免费配给专门店营业员制服,一年两季。

(2)免费配给专门店日常经营用品。

(3)按设计图纸免费配给专门店内佑威灯箱。

(4)免费配给佑威货品宣传资料或推广赠品作为专门店宣传推广之用,乙方不得将宣传用品或推广赠品作为收受利益或售卖之用途。

(5)免费设计专门店装修图纸。

11.双方责任

佑威专门经营合同一经签订即具有法律效力,双方必须严格遵守,任何一方无权在合约期内终止合约,一方违约另一方有权要求赔偿损失。

合约期内,双方如发生争执,应平等协商解决,协商无效,可在甲方所在地广东顺德市人民法院提出诉讼。

附件:

双方有效工商登记,法人证书副本,双方有效委托信正本。

本合约一式四份,双方各执两份。

甲　　方:顺德市佑威服装有限公司　　乙　　方:

法人代表:　　　　　　　　　　　　　法人代表:

盖　　章:　　　　　　　　　　　　　盖　　章:

签约日期:　　　　　　　　　　　　　签约日期:

8.3.8　总部对加盟店的管理与沟通

1. 总部对加盟店的管理

作为加盟总部,必须明白这一点:总部与每一间加盟店的关系,不是上级与下级的关系,也不是附属关系,而是合伙关系,这种关系是以互惠互利作为基础的。既然双方是同舟共济的伙伴关系,总部要获得成功,仅仅依靠自己的力量是不够的,还必须把每一间加盟店的成败视为已任,尽力给予支持,帮助加盟店解决困难,以达到共同繁荣的目的。

2.总部对加盟店的管理

总部将自己的商标、经营方法、特殊技能等组合成一套经营模式,并将之许可给加盟店之后,总部不能以为万事大吉,只等着坐收渔利,而对加盟店的经营好坏却坐视不理。要知道,如果加盟店办得出色、赢得口碑,人们会认为是加盟总部办得出色,而不会把功劳归到某个加盟店身上;同样,如果加盟店经营失败,人们往往会认为是加盟总部经营失败。所以,加盟店的成败,直接影响加盟总部的声誉,这已大大超出金钱和利润上的互惠范围了。

为了使加盟店经营成功,一个重要条件是让加盟者真正掌握总部的经营方针,按总部的要求去做。这就需要总部对加盟店实施严格的监督、管理和指导,使加盟店的经营保持在正常轨道上。一般来说,加盟总部都设置专门人员负责对加盟店的具体管理工作,发现问题及时给予帮助解决;若专门人员解决不了,再上呈地区负责人;若再解决不了,则上呈加盟总部高层领导人员。

—— 补充阅读材料 ——

青岛啤酒进军美国的故事

青岛啤酒是中国啤酒业的老字号,它利用崂山甘美的泉水,经特殊工艺酿成风味醇厚独特的啤酒,不仅在中国为人称道,拥有大量市场,而且在国外也有着较大的声誉。目前,已出口行销到50个多国家,占中国啤酒出口量的19%;它是中国啤酒在美国市场上销路最好的,并占亚洲啤酒在美国市场的1/4以上。

你知道它当初是如何进军美国,在异国的土壤中扎根开花的吗?

以往,青岛啤酒的出口,主要是通过广交会与许多销售商达成协议经销的,但那些销售商推销并不得力,效果不佳,在美国啤酒市场上,仅能吃到一点"蛋糕末"。1978年,美国皇家酒类进口公司发现在美国的许多中餐馆生意都相当红火,但却普遍出卖日本啤酒,便产生一个设想:为什么不向中式餐馆供应地道的中国啤酒呢?经实地考察,他们对风味醇厚的青岛啤酒产生了兴趣。不久,皇家公司的代表应邀来华商谈进口青岛啤酒一事,经过谈判,双方达成协议:甲方把在美国销售青岛啤酒的独家代理权授予皇家公司,期限为 3 年,在此期间,中方不能将青岛啤酒直接或间接销售给美国的其他买主,美方也不得在美国经营或代理其他国家其他厂商生产的与青岛啤酒同类或有竞争性的酒类,同时,美方还同意经销青岛伏特加,因为中国想与苏联的伏特加竞争。

起初,皇家公司在美国销售的对象重点是拥有卖酒执照的中餐馆。1983 年初,随着青岛啤酒名声的逐渐增加,又着眼于在非中式餐馆和酒吧找寻销路,并在超级市场占有一席之地。

青岛啤酒在美国的一举成名,在于一场精心设计的广告,是以青岛伏特加为突破口的。本来在市场上是苏联的伏特加富有盛名,中国的伏特加则默默无闻。1979 年,苏联入侵阿富汗激起了美国公众的强烈不满与谴责,皇家公司抓住这一良机,大力在宣传广告上鼓励美国公众抵制苏联产品,并顺势推出了青岛伏特加。这场高姿态的进攻,虽然从成本与销量对比中显得不为合算,但青岛的品牌却名噪一时了。继伏特加广告战取得成效之后,皇家公司又借机大力宣传青岛啤酒,在美国三大电视台上连续播出 6 周的广告终于使青岛啤酒在美国公众心中扎下了根。

皇家公司不仅在青岛啤酒开拓美国市场方面出了大力,而且在啤酒的运输制造等方面出谋划策,与厂方亲密合作。青岛啤酒输运美国,经过长途的海运颠簸,到达目的地后发现有些啤酒走气了,皇家公司并没有对此大发牢骚或表示出退货的强硬姿态,而是派专家与青岛啤酒厂的工作人员一起通力合作,将啤酒的成分予以改进,并提供较紧密的瓶盖,以减少在运输中走气,延长在货架上的寿命。此外,皇家公司还主动牵头,帮青岛啤酒厂从欧洲引进了新型的装瓶机。

本着相互信任、通力协作的精神,青岛啤酒厂与皇家公司保持了良好的合作关系,1987 年两家又签订了长期合作的合同。

问题:青岛啤酒进军美国获得成功,其主要经验是什么?

【本章小结】

本章主要介绍了经销商、代理商和特许经营加盟商三种主要销售网络成员。旨在帮助生产商根据内部条件和外部环境确定合理的销售方式,选择合适的网络成员,签订完整无误的合同,并对各网络成员实施科学的管理。

需要特别说明的是,可供生产商选择的销售网络成员远不止以上三种,而且每一种销售方式的具体操作又是千变万化的,限于篇幅,不可能(也没有必要)面面俱到。相信我们在学习和实践过程中能做到举一反三,灵活运用。

【案例分析】

肯德基(KFC)在中国——

"世界著名烹鸡专家"经营案例

特许经营

肯德基以"特许经营"作为一种有效的方式在全世界拓展业务,至今已超过二十年。肯德基1993年就在西安开始了加盟业务,目前肯德基已拥有近二十家加盟餐厅。相比之下,肯德基的竞争对手麦当劳目前在中国内地开设的三百多家分店全部都是直营店,没有一家是特许店。

1. 特许人所应具备条件

肯德基希望加盟商应该是真正的食品服务业经营者,要求有从业背景,以"实践"为管理方向,能很快掌握该行业的基本知识,并证明具有在一定区域内扩大发展的潜力。该加盟商也必须是一名业主,负责所需股份或资金中相当大的一部分。

这也是一项长期的业务伙伴关系。正因为如此,肯德基只有在对加盟商的组织机构、金融状况和项目计划完全满意的情况下,才会开始合作。

2. 特许加盟模式

肯德基目前在中国发展加盟店的方式不是让加盟者交纳加盟费后自行开店,而是让加盟者出资购买一间正在运营中并已赢利的连锁店。

转让已经成熟的餐厅,加盟者不必由零开始,可以较快地融入肯德基的运作系统,进而极大地保障加盟者成功的机会。对肯德基和加盟者来说都是最稳健、最便捷的做法。

考虑到大型城市开展特许经营挑战性大,目前肯德基只在中国内地境内非农业人口大于十五万小于四十万,且年人均消费大于人民币六千元的地区寻求加盟经营的申请人。当然,不是所有这些地区的餐厅都适合加盟经营。然而,如果可能,肯德基可以优先接受加盟商对地点的建议。

3. 特许费

新的加盟商将会被授权经营一家在营运之中的肯德基餐厅,每个餐厅的进入费将在八百万人民币以上(不包括不动产的购买)。进入费是一项转让费用,是购买一家成熟的且有赢利的肯德基餐厅所需的投资。这是根据一家肯德基餐厅的投资额、营业额、赢利状况而定的。从各个角度来看,都是经过审慎评估,合乎各方利益的。

在一个加盟经营期开始时须支付三万五千美元的加盟经营初始费。持续经营的费用包括,占总销售额6％的加盟经营权使用费和占5％的广告分摊费用。这些费率和费用是在现行的基础上制定的,在加盟经营合同签订之后十年内保持不变。

加盟商可以自行安排融资。据调查显示,成功的入选者需要在该项目中投入大部分的股份金额(＞70％)。

4. 合同契约

加盟经营协议的首次期限至少为十年。未来的加盟商必须自愿地从事肯德基加盟经营十年以上。

5. 培训

成功的候选人将被要求参加一个内容广泛的二十周的培训项目,包括以下内容:《餐厅襄理》、《餐厅副理》、《餐厅经理》、《如何管理加盟经营餐厅》、《对总部的专门介绍》、《小型公司管理课程》。在培训过程中,未来的加盟经营商将承担自己的费用。有餐厅和行业经营经验的加盟经营商可以申请免去某些培训。

可以看出,在特许经营的严格规定背后,是肯德基总部和加盟店共同的利益关系。肯德基的成功取决于各加盟商的成功。特许经营授权人必须给予受许人以足够的支持,只有当每个受许人赢利了,整个特许经营系统才能变得更加强大。

2000年11月13日,由中国连锁经营协会近日公布的五家"2000年度中国优秀特许品牌"中,隶属于中国百胜餐饮集团的肯德基作为惟一一个外资国际品牌被特别推荐入选。

6. 企业文化

如果说各种规章制度、服务守则等是规范员工行为的"有形规则",企业文化则是作为一种"无形规则"存在于员工的意识中。

企业文化可以比喻为行为的"基因",它通过仪式和激励手段等方式,提供了企业的核心价值观,告诉员工在企业里什么目标是最重要的,哪些是企业所提倡的和不提倡的,能够引导和塑造员工的态度和行为朝同一个方向努力。因此公司对企业文化的投资,往往能够减少巨额的人力资源管理费用。

作为特许经营企业肯德基来说,其高标准的服务质量是它的生命线,也是它参与竞争的资本。为此,肯德基塑造了具有服务意识导向的强有力的企业文化,员工接受了肯德基的组织文化的同时,其各种繁复的规章制度也就深深内化在他们心中了。

案例思考题:

1. 肯德基希望加盟商应该是真正的食品服务业经营者,你对此有何看法?

2. 让加盟者出资购买一间正在运营中并已赢利的连锁店,这是否具有普遍的指导意义?

3. 肯德基总部和加盟店之间的利益关系是如何处理的?

【思考练习】

一、简答题:

1. 生产商对产品的分销方式有哪几种?如何选择?

①密集型分销。指出售某种产品或品牌的经销商越多越好。

②选择型分销。

③独家分销。

2. 生产商和经销商各有哪些权利和义务?

1)生产商有权限制经销商向最终顾客销售时的最高价与最低价格。

2)生产商应给予经销商产品宣传、促销上的支援。

3)生产商依分销方式的情况,有权控制范围。

4)生产商有义务制止不公平竞争。

5)生产商对其专利、商标、设计等等拥有主权,可以限定其专利、徽记等的使用范围。

6)生产商有权监督合同商定的经销商对产品的售后服务及维修等事项。

(1)经销商在规定浮动范围内,可以自行决定商品售价。

(2)经销商不得越过自己的销售范围,在其他地域销售。

(3)经销商只能将产品卖给最终顾客或经过授权的中间商。

(4)经销商只能在授权范围内使用生产商的专利、标记、商标,不得滥用。

(5)经销商应配合生产商进行促销,如厂商在进行让利销售时,"利"一定要让到消费者头上,经销商不得将利让到自己腰包中。

(6)按合同约定,经销商应作好自己负责的售前、售后服务。

(7)经销商对合作中的一些商务机密应该保密。

3. 代理商有哪些种类?如何选择代理方式?

(1)独家代理。(2)总代理商。(3)一般代理商。(4)特约代理商。

(1)依产品所处的寿命周期而改变代理方式。

(2)依据市场潜力而采用不同代理方式。

(3)依据厂家产品差异大小而采用不同的代理方式。

(4)依现有代理商的能力而定。

4. 如何选择合适的网络成员?

1)一般状况调查。

2)营业状况调查。

3)财务信用调查。

4)信用等级与信用额度的评定。

5)评估

5.如何调动网络成员的工作积极性？

1)了解经销商的经营目标和需要,若有可能,可以作出一些让步来满足经销商的要求。

2)提供顾客需要的优质产品。

3)给予经销商适当的赚头。

4)给予经销商独家经销和有价值的特许地位。

5)共同进行广告宣传。

6)进行人员培训。

7)协助经销商完成好其他各项销售促进工作。

8)协助经销商搞好市场调查和市场分析。

9)给成绩突出的经销商一定的奖励。

10)提供其他服务,密切双方联系,建立友好合作关系。

6.如何签订代理合同与特许经营合同？

1)合同的当事人

2)合同生效日期与正常终止日期

3)合同拟定的产品

4)合同授权地区

5)垄断及独家代理

6)顾客确定

7)委托人的权利和义务

8)代理商的权利与义务

9)佣金

10)合约终止或中止对代理商损失的补偿

(1)商标、商号等的使用

(2)合约期限

(3)加盟总部提供服务的种类和范围

(4)加盟店的义务

(5)对加盟店的经营控制

(6)加盟店的转让

(7)仲裁

(8)终止合同及后果

7.试比较经销、代理与特许经营的异同。

特许经营的特征：

1)特许经营的核心是特许权的转让。

2)特许经营加盟中双方的关系是通过签订特许合约而形成的。

3)特许经营的所有权是分散的，但对外要形成同一资本经营的一致形象。

4)加盟总部提供特许权许可和经营指导，加盟店为此要支付一定费用。

代理的特征：

(1)销售代理商是独立的法人组织，并与委托方有长期稳定的关系。

(2)代理商只拥有销售代理权，不拥有对代理商品的所有权。

(3)销售代理商按委托方的意志，在代理权限内行事。

(4)销售代理商行为的法律效果应由委托方承担。

(5)销售代理商的收入是佣金而不是购销差价。

代理与经销的区别：

(1)代理的双方是委托代理关系，经销的双方是买卖关系；

(2)代理商以委托人的名义从事销售活动，签订销售合同，而经销商以自己的名义从事销售活动；

(3)代理商的收入是佣金收入，而经销商的收入是买卖差价收入。

生产商应根据实际情况，灵活决定使用代理商还是经销商，或者是混合使用。

8.如何建立和发展特许经营组织？

(1)设置总部组织结构。

(2)建立自己的样板店。

(3)准备特许经营所需的文件。

(4)确定开店战略。

(5)宣传推广，征募加盟。

二、多选题

1. 中间商一般可分为：

    A. 经销商   B. 批发商

    C. 零售商   D. 代理商

    E. 小商小贩

2. 销售代理的特点：

    A. 销售代理商是独立的法人组织，并与委托方有长期稳定的关系。

B. 代理商只拥有销售代理权,不拥有对代理商品的所有权。

C. 销售代理商按委托方的意志,在代理权限内行事。

D. 销售代理商行为的法律效果应由委托方承担。

E. 销售代理商的收入是佣金而不是购销差价。

3. 经销商的主要权利和义务有:

A. 经销商在规定浮动范围内,可以自行决定商品售价。

B. 经销商不得越过自己的销售范围,在其他地域销售。

C. 经销商可以任意决定商品零售价。

D. 经销商对合作中的一些商务机密应该保密。

E. 按合同约定,经销商应作好自己负责的售前、售后服务。

4. 为了让你的代理商心甘情愿地为你的业务目标努力工作,你必须学会使用各种支持和激励措施,让他觉得跟你合作是一件非常愉快的事情,而且这种愉快的合作还会给你带来丰厚的收益。下列选项哪些是能达到支持和激励作用的措施:

A. 应该和代理商一起坐下来,共同拟定一个市场计划,不管这个计划实行起来是多么困难,只要你和他坐下来共同协商,拟定有关内容,就会让他感到你很器重他的工作计划。

B. 经常给你的代理商寄一些信件,可以是个人信件,也可以是一些销售手册、时事通信以及推销刊物等。

C. 为了使代理商心情愉快和高效率地为你服务,你应该:鼓励他去参加一些大型的商展,最好是你跟他一块去并分担部分费用;当他需要你的最新产品目录和销售刊物时,你用高速途径尽快送达;使你的货物、服务符合要求,品质维持较高水准;在每一笔交易成功后马上支付给他应得的佣金。

D. 定期访问,或亲自去,或派你的职员去;跟你的代理商一起拜访客户,这会提高他的威信,并且你也因此有机会直接听取客户对你的产品的评价。

E. 邀请代理商到你那儿做客、参观。让他参观你的工厂、生产程序,并与技术工人及推销员交谈,了解你的产品性能、质量、结构等,使他们对你生产的产品产生一种依赖感,以便在营销你的产品时理直气壮地向顾客作详细地介绍。

5. 作为加盟总部,要实施特许经营,必须具备以下几个基本条件:

A. 拥有较高知名度的商标。

B. 形成自己的经营特色。

C. 拥有特殊的经营技能。

D. 维持总部良好业绩。

E. 建立一套高效率的信息物流系统。

三、单选题

1. 下列产品属于选择型分销的是：

    A. 饮料   B. 衣料   C. 办公用具   D. 农用机械

2. 作为代理商，要达到的基本条件是：

    A. 一定要与本企业产品的销路相对口。

    B. 一定要有雄厚的资金背景。

    C. 一定要有稳定的客户群体。

    D. 一定要有良好的信誉。

3. 特许经营的不利之处不包括：

    A. 加盟店有时闹独立性，难以控制。

    B. 公司声誉和形象会受个别经营不好的加盟店的影响。

    C. 当发现加盟店店主不能胜任时，无法更换。

    D. 会分散客户群。

4. 下列属于评价代理商的标准是：

    A. 长相是否使人愉快。

    B. 年龄限制。

    C. 考虑代理商的经营规模和产品的策略。

    D. 性别限制。

5. 与独家代理相比，不是多家代理的优点的是：

    A. 多家代理方式下，代理商之间相互牵制，厂家居于主动地位。

    B. 多家代理的士气更高。

    C. 多家代理方式下，厂家所拥有的销售网络更为宽广。

6. 特许经营的不利之处不包括：

    A. 加盟店有时闹独立性，难以控制。

    B. 公司声誉和形象会受个别经营不好的加盟店的影响。

    C. 当发现加盟店店主不能胜任时，无法更换。

    D. 销售范围狭窄。

7. 生产商实施特许经营的条件，下列选项正确的是

    A. 拥有较高知名度的商标。

    B. 没有自己的经营特色。

    C. 没有特殊的经营技能。

D. 拥有一定的企业规模。

8. 具备以下缺点的人不能选为加盟者：

    A. 年纪偏大或偏小。

    B. 酗酒抽烟者。

    C. 多病者。

    D. 不愿雇佣他人的人。

9. 下列不属于主要销售网络成员的是：

    A. 经销商　　　B. 代理商　　　C. 特许加盟商　D. 零售商

10. 下列不属于销售与代理商的区别的是：

    A. 代理的双方是委托代理关系，经商的双方是买卖关系；

    B. 双方都不是主从关系；

    C. 代理商以委托人的名义从事销售活动，签订销售合同，而经销商
      以自己的名义从事销售活动；

    D. 代理商的收入是佣金收入，而经销商的收入是买卖差价收入。

【参考答案】

多选题：AD　ABCDE　ABDE　ABCDE　ABCDE

单选题：BADCB　DADDB

第9章
销售诊断与分析

■ 市场拓展业绩审查
■ 销售诊断

—— 导入语 ——

在销售过程中,会有许多意想不到的事情发生,使实际销售结果与销售目标发生偏差。因此,销售管理人员必须不断地将执行结果与计划目标相比较,诊断与分析销售状况欠佳的原因,及时调整销售策略与计划,制定出能与外部环境变化相适应的新的销售策略与计划。近年来,销售诊断与分析已成为销售管理中一个主要环节。

—— 关 键 词 ——

销售业绩审查   年度计划控制

9.1 市场拓展业绩审查

对市场拓展业绩的审查有三种不同的形式(见表 9-1)。年度计划控制是指销售人员随时检查完成的业绩与年度计划的差异,必要时可对年度计划作某些修改。营利能力控制是指控制不同的产品、区域、市场及渠道的获利能力。效率控制是指销售队伍、广告、促销和分销的效率分析。

表 9-1   销售业绩审查的 3 种类型

审查类型	主要负责人	审查目的	审查内容
年度计划审查	高层管理者中层管理者	检查结果与计划目标是否一致	销售分析,市场占有率分析,费用率分析,财务分析等
营利能力审查	营销主管人员	检查公司盈亏的根源	产品、地区、顾客、渠道订货量大小等营利情况
效率审查	营销主管人员	各种经费开支的效率效果	销售队伍、广告促销和分销等效率分析

9.1.1   年度计划控制

年度计划控制主要是确认公司能否实现其年度计划中预期的销售额、利润、费用等目标。这种控制主要包含了四个步骤:第一步,必须确立年度计划的目标;第二步,必须随时比较实际业绩与年度计划目标的差距;第三步,分析产生偏差的原因;第四步,必须及时采取纠正偏差的措施,保证年度计划的完成。

年度计划控制过程:计划目标——找出差距——分析原因——纠正措施

—— **即问即答 9-1** ——

讲述年度计划控制过程。

一般来说,管理人员可从销售业绩、市场占有率、费用比率、顾客满意程序等四个指标,分析审查年度计划的进展程序。

1. 销售业绩分析

销售业绩分析是指分析一个地区或部门实际销售额与预期销售额的差异,并进一步分析造成差距的原因。

例如:年度计划中预计第一季度销售某产品 2000 件,价格 1.00 元/件,然而到了第一季度末,只销售出 1500 件,且价格只有 0.80 元/件,试分析造成这种结果的主要是价格因素,还是销售量因素?

解:销售额的差异＝(1500×0.80－(2000×1.00)＝－800(元)

售价降低的差异＝(1.00－0.80)×1500＝300(元)

销售量降低的差异＝(2000－1500)×1.00＝500(元)

价格差异所占比例＝300/800×100%＝37.5%

销量差异所占比例＝500/800×100%＝62.5%

从计算结果分析,因销售数量造成销售额降低的程度高于因价格因素造成的销售额下降幅度,因此,公司应深入调查销售数量未能达成预定目标的原因。

又如:假设某公司有 A、B、C 三个销售区域,其预期年销售量分别为 2000 件、800 件和 1200 件,可到年底实际销售的数量分别为 1500 件、700 件、800 件。问哪个地区存在的问题更大?

解:A 区销量降低率=(2000-1500)/2000=25%

B 区销量降低率=(800-700)/800=12.5%

C 区销量降低率=(1200-800)/1200=33.3%

从计算结果可以看出,问题主要出在 C 区,应深入了解该区的绩效为何那么差。

2.市场占有率分析

一个公司的销售业绩并不能判断该公司相对于竞争者的营业成果,因为公司销售量的增加,可能是整个国家的政策或经济情况好转使得所有厂商都获得好处,也可能是公司的业绩相对于竞争者确实有所改善。因此,管理者有必要再分析公司的市场占有率。

分析市场占有率,可以监控公司的市场地位。如果公司的销售额增加了 10%,表面看起来业绩不错,但如果行业增长率为 20%,那么,这个业绩是不理想的。分析市场份额的变化,可以及时了解竞争动向,分析部分对手的业绩及取得业绩的手段,向优秀的竞争对手学习,制定有竞争性的策略,增强自己的市场地位。

3.费用比率分析

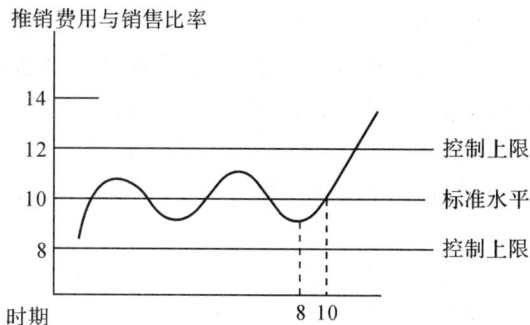

图 9-1 推销费用比率控制图

年度计划控制还须审查实际费用占整个销售额的比重,以确保公司在达到销售额目标时并没有超支费用。在这方面,毛利与销售额的比率十分有用,当此比率下降则表示额外费用增加,于是可进而检查各项费用与销售额的比率,看看哪几项超出控制。一般而言广告费用率与推销费用率常会发生费用超支情况。

这些费用比率一定会有随机的上下波动现象,此为正常情况,不必注意,但当波动超出某一下沉界限时就应该仔细分析调查其中的原因了。如图9-11所示,该图表示推销费用与销售额比率在 $8\%\sim12\%$ 间是正常的,可是在第 10 期时,这一比率超出控制上限,管理人员应引起高度重视,深入调查其中根源。

4.顾客满意分析

许多公司除了上述因素的控制分析外,也定期检查顾客对公司产品与服务的满意程度。如何跟踪调查客户、经销商、以及其他营销系统有关人员的态度?顾客追踪系统主要有顾客投诉与建议系统,顾客座谈会,以及顾客调查三种。例如公司可每月进行电话访问,调查顾客对公司的态度,如果结果对公司产品或服务满意的比率下降,意见增加,就有可能表示不久之后公司的销售额将下降,公司就应及早采取纠正措施,以提高顾客对公司的满意程度。

—— **即问即答 9-2** ——

为什么要进行顾客满意度分析?

9.1.2 营利能力控制

除了年度计划控制之外,公司还须进行定期研究不同产品、销售地区、顾客群、销售渠道,以及订单大小等的实际获利能力。这有助于销售管理人员决定哪些产品或哪些渠道必须进一步拓展,或缩减,甚至淘汰。

营利能力控制的具体步骤如下:

1. 确定属于各功能的费用

将工资、租金等科目的"自然性"费用,转为销售、广告、运输等"功能性"费用。

2. 将功能性费用分摊到各个营销实体

根据公司下属各营销实体的销售访问次数、广告次数、订单数量大小等指标,把各功能性营销活动的支出分摊给各营销实体。

3. 编制每个营销实体的损益表

计算出各营销实体的损益,并把结果列表。

4. 决定最佳的纠正行动

通过分析各营销实体的损益表,比较公司的主要利润来源于哪个营销实体,决定扩大、减弱或放弃某个营销实体的销售渠道,或提出相应的纠正措施。

9.1.3　效率控制

效率控制是针对销售人员、广告、促销和分销等营销活动进行监控,以提高其效率。在进行效率控制时,不仅要看短期效果,还要看长期利益,以保持企业长期有效的发展势头。效率控制主要可从以下几方面入手:

1. 销售队伍效率

评定销售人员的效率,必须从计数方法入手,以下这些数字指标均能衡量销售人员的销售效率:每个销售人员每天平均访问户数、每户成交数额、现金回收率、应收账款回收率、每户平均访问费用、平均每次访问销售额、毛利目标达成率、销售目标达成率、每个时期的新发展顾客数、每个时期失去的客户数。

表 9-2 是销售人员销售效率检查表,推销员的姓名叫张强,这是 1999 年 7 月份计算出来的数字。

表 9-2　销售效率检查表

姓名:张强　　　　　　　　　　　　　　　　　　　2003 年 7 月(单位:元)

项目	总计	备注
销售额	40000	目标 35000
毛利额	15000	目标 14000
访问户数	80	
成交户数	40	
新增户数	10	
失去户数	5	
访问费用	3000	
现金回收	35000	
应收账款	5000	
应收款回收	5000	

从表 9-2 可以计算出以下几个指标:

每天平均访问户数＝80/25＝3.2(户)

每户成交金额＝40000/40＝1000(元)

现金回收率＝35000/40000＝0.875

应收款回收率＝5000/5000＝1

每户平均访问费用＝3000/80＝37.5(元)

平均每次访问销售额＝40000/80＝500(元)

毛利目标达成率＝15000/14000＝1.07

销售目标达成率＝40000/35000＝1.14

新增客户数＝10(户)

失去客户数＝5(户)

然后把这些计算出来的指标登记到表9-3中去。

表 9-3　销售业绩分析表

项目\效果	极差	不合格	合格	良好	优秀
销售目标					
达成率(%)	≤0.75	0.75—1.0	1.0—1.25	1.25—1.50	＞1.50
每户平均成交金额(元)	≤600	600—900	900—1200	1200—1500	＞1500
现金回收率(%)	≤25	25—50	50—75	75—100	＞100
应收账款回收率(%)	≤85	85—90	90—95	95—100	＞100
每户平均访问费用(元)	≥30	30—25	25—20	20—15	＜15
平均每次访问销售额(元)	≤400	400—600	600—800	800—1000	＞1000
毛利目标达成率(%)	≤0.75	0.75—1.0	1.0—1.25	1.25—1.50	＞1.50
新增客户数(户)	≤4	4—6	6—8	8—10	＞10
丢失客户数(户)	≥8	8—6	6—4	4—2	＜2

从销售效率分析表中可以看出,张强的销售业绩中,新增客户数、以往账款回收率都非常好,现金回收率也不错。

而与上述情形相比,平均每天的访问户数很少,平均每次访问的成交额也很低,而且每户平均的访问费用特别高,说明张强的销售活动相当浪费。这样的结果导致了毛利目标达成率与销售目标达成率皆成绩平平。

销售人员之间都可用这张图进行相互比较。同时也可把此图贴在黑板或公告栏上,让销售人员互相分析研究,互相学习,以便更好地提高销售效果。

2.广告效率

对广告有效性所做的研究,目前非常少。对广告效果的测试,大都是在产品尚未在市场上市之前,由广告商来做预试,而很少将钱用在对广告效果的事后测验。因此,我们身边往往有一些广告让人见了不但对该产品没有好感,反而产生厌恶感,而我们的企业却浑然不知。

广告效果应不断地予以评估,目前研究人员已发展出几种方法,用来衡量广告的沟通效果与销售效果。

(1)沟通效果研究

沟通效果研究,就是要探讨言行是否达到预期的沟通效果。对广告沟通效果的测试,可以在广告正式摆出之前实施,也可以在广告刊播之后才实施。广告事前预试的主要方法有三种:

a. 直接评价法:即由目标顾客或言行专家所构成的小组审查各种广告方案,并填写早已拟定的评价性问卷。有时只问一个单独问题,如"你认为这些广告中哪一个最能影响你购买产品?",或者像表 9-4 那样同时用几种评价标准来评价某个广告。人们在评估广告的吸引程度、可读性、认知性、亲和力和行为力量时,皆对每一种情形进行评估打分,并以分数之高低评价广告之优劣,最后把不良的广告删除掉。

表 9-4　广告评分表

	项目	最高分	得分
吸引力	此广告吸引读者注意力的程度(图片、标题、排版等)	15	
	此广告对可能购买者的吸引程度	5	
可读性	此广告能使读者进一步详细阅读的可能性	20	
认知力	此广告的中心思想或其利益明晰程度	20	
亲和力	在顾客的许多诉求中,选择此项诉求的可能性	10	
	此项诉求激起顾客欲望动机的有效程度	10	
行为力量	此广告所能激起的意识行动程度	10	
	此广告所能激起顾客意识行动程度	10	
总评			

一般来说得分 0—20 分的是极差广告,得分 20—40 是下等广告,得分 40—60 是中等广告,得分 60—80 是优等广告,得分在 80—100 是极有效广告。

b. 组合测试法:让消费者看(或听)一组广告,看的时间不予限制,看过几次后,令其放下广告,再请他们开始回忆其前面所看的各个广告及其内容。考官可以予以提示,也可不予提示。此测试结果可用来衡量广告的传播能力之大小。

c. 实验测试法:一些研究人员利用各种仪器衡量受测者的生理和心理反

应。如以电流计、瞳孔放大测量器等来测验心跳、血压、瞳孔放大及出汗情形等。这些测试主要用来衡量广告的吸引力。

言行的事后测试有两种常用的方法,其目的在于当广告已出现于媒体后,测验此言行之真正的沟通效果。第一是回忆测试:研究人员请曾经接触某种特定媒体的受众,令其回想过去某次刊播的广告及产品,要求其尽量回想其所能记忆的广告内容。在回忆过程中,可给予一些提示,也可不必提示。其回忆成绩可以衡量广告受人注意及被人记忆的程度。第二是认知测验:要求某一媒体如杂志的一群读者,指出他们在此杂志上所看过的广告,认知分数的高低,可用于评估此广告在不同细分市场内的效果,并将之与竞争者做一番比较。

(2)销售效果的研究

广告沟通效果的研究无疑会帮助广告者把广告的内容和表现方式做得更加吸引人,但却很少能够提供出对销售的效果影响如何。如果已经知道广告策略已使顾客的认知度提高了20%,品牌了解度也增加了10%,即便如此,销售结果又将如何呢?

广告的销售效果研究比沟通效果的研究更加复杂,因为除了广告之外,销售额还受许多其他因素的影响,如产品的特性、价格、包装等。衡量广告销售效果方法通常有以下两种:

第一是历史法:是将公司过去的广告支出与同期的销售额做出比较。一般以最小回归法,求得其间关系。研究时要注意几个问题:一是要注意年度广告和销售序列各个情况的自动相关性。二是各个变数间的高度相依性。三是由于广告的预算通常是由销售的百分比制得,故产生销售和广告之间反应之关系问题。四是年数过少,数据不足以满足各变数所需之资料。

第二是实验设计法:由公司找出一些会有相同的广告与销售额支出百分比的市场,在研究期间,将这些市场分为三部分,一部分按原来百分比例,一部分较原有比例高出50%,一部分市场则较原有比例低出50%,在研究结束后,由公司检验由于广告支出增减而引起的平均销售额的增减状况。例如,杜邦公司就是最早使用此实验法者之一。其涂料部门先将56个销售区域依市场占有率的高低分成高、中、低三群,有三分之一的销售区域其广告费用为下沉水平,另外三分之一的销售区域则为下沉水平的2.5倍,剩下的三分之一销售区域为下沉水平的4倍。在实验结束之后,估计较高的广告费用到底能创造出多少额外的销售。该公司发现,较高的广告费用所增加的销售比率递减,而且在市场占有率较高的地区,销售更不显著。

—— **即问即答 9-2** ——

衡量广告效果的方法有哪几种？

3. 分销效率

企业要定期对中间商的工作绩效进行评价，以便全面掌握分销渠道状况和采取相应的措施。评估分销效率的标准主要有以下几个方面：企业按照销售配额完成情况、平均存货水平、向顾客交货时间、损坏和遗失货物的处理、对公司促销与训练活动的合作程度、为顾客提供的服务等等。

公司应当确认经营效果良好的中间商，并予以奖励；对经营效果差的中间商则予以协助，或予以替换。

公司要周期性地重新评估中间商，并且剔除能力较差的。例如，当 IBM公司首次推出 03/2 个人电脑时，它将经销商重新加以评估，挑出最好的来经销此种新产品。每一家 IBM 的经销商均须遵从该公司的商业计划——也就是派遣一位销售和服务雇员到 IBM 公司参加训练课程，并完成新的销售配额。结果，在 IBM 公司 2200 家经销商中仅有三分之二够资格销售 03/2 新机型。

4. 促销效率

对促销效果进行评估，最常用的方法是事前测试和事后测试。事前测试是指在促销活动进行之前，根据社会大众对促销的反应、可能的关注程度以及当前对产品的了解有多少等情况来评估促销可能产生的效果。事后测试是在促销活动结束后，根据社会大众对此次促销的认可、理解、置信度以及品牌认知度等反馈信息来为此次促销效果做出评估。

例如，假定有一家公司在促销活动之前，拥有 8％的市场占有率，促销活动推进期间增至 10％，但促销活动一结束就降为 6％，稍后又升至 9％。从促销活动前后市场占有率变化分析，这一活动显然已使原有的顾客购买了更多的产品，同时也吸引了不少新的顾客。促销活动结束后，消费者须消化其存货，销售额也会下降。而市场占有率最终回升到 9％，表示该公司已争取到某些新的客户。有时候市场占有率只回复到促销活动之前的水平，就表示该活动只是改变了需求的时间，并未能增进产品的总需求。

如果有人因为受到促销的影响而购买产品或服务，那么可以对他们进一步进行调查，例如明确他们对产品或服务的满意度及使用频率。

为了尽可能准确地评估促销活动，必须进一步明确促销活动的目的，必须明确此次促销活动是否达到了目的，是否超额完成目标，是否与目标还有差距,差距有多大等等。

如果促销活动没有达到目标,那么就对这次活动的每个环节每个步骤都进行仔细分析,确定究竟在哪儿出了毛病,需要进一步加以研究和修正;如果促销已达到或超过了既定目标,那么搞清是整个过程中的哪个或哪些环节进行得最为成功,哪些环节还存在不足,这也是十分有意义的,特别是将来还要进行类似活动的时候,这些成功或失败的经验将十分宝贵。就算是在一次相当成功的促销活动中,也一定还有某些环境值得推敲和做出改进。

9.2 销售诊断

当一个企业的销售业绩停滞不前、甚至下滑不止时,或者希望自己的业绩更上一层楼且自身苦无良方时,企业就要借助外界营销专家进行专业的销售诊断。因为销售实际上涉及企业经营管理的各个方面,因而营销专家们对企业造成业绩不佳的原因也会涉及方方面面。因此,可以说销售诊断也是一个复杂的系统工程。销售组合诊断可分为产品诊断、价格诊断、促销诊断、渠道诊断四个方面。

表9-5 咨询公司诊断项目及工作程序

	项　目
1	签订契约——依双方洽商约定
2	实施问卷调查——以问卷方式调查各部门对经营、组织、人事等方面的意见
3	工作情绪调查——调查全体员工的工作实情、责任心等,分析全体员工士气
4	公司实情调查——调查了解公司实际经营状况、管理状况
5	人事状况调查——人事安排与管理状况,领导者的管理能力,用人是否恰当
6	诊断前提出资料分析
7	个别对谈——与干部及有关人员举行个别对谈,明确认识企业现状
8	市场调查与分析——通过市场调查,分析企业所处的市场状况
9	企业客户调查——对企业的顾客、协作厂商进行调查,了解其对企业的评价
10	竞争对象调查——调查竞争对手的状况,掌握竞争对手的动向
11	经营状况的定量分析
12	制定现状本质判定表——企业成长过程、经营环境、现状问题、将来对策等分析

续表

	项 目
13	建立体制创新计划
14	具体对策计划
15	解释和说明

表 9-6 诊断改善计划

部门	诊断要点
经营	建立中期计划,建立实施中期计划所需的经营战略,改善经营组织,目标管理等经营管理制度的现状分析与改善设计
市场、环境	分析行业环境,分析市场规模与市场特征,竞争对手动向与战略分析,分析产品动向与分析,定位进入国际市场或国内市场的战略方案
销售	分析市场以及据点,路线政策与改善对策,顾客政策,产品、商品政策(品牌、商标等策略),价格、利益政策,促销及提高推销员推销能力的对策
生产及材料	成本观念与降低成本,分析产品开发、技术管理的现状,以提出新产品开发、产品改善、标准化等改善方案,选择协作工厂,决定采购单价,并加以辅导。分析激励制度等生产管理的现状,提出改善方案,资材、采购部门的业务手续,实施管理基准以降低成本,改善品质管理,4QC之活性化
财务会计	按月决算制度,成本计算制度的现状及改善状况,经营分析(定量分析、定性分析两方面)
制度	分析调查报告制度与会议制度,分析各项管理制度,标准化工作分析
人力资源	员工情绪调查,依调查公司实质之分析,制定能产生企业活力之人事制度,有关报酬工资体系、教育培训体系之提案

9.2.1 产品诊断

1.产品诊断主要可从以下几方面入手:

(1)产品品质不良。产品品质是企业生存的首要条件,也是消费者购买产品的首选因素。就目前来说,我们企业的产品品质不良,往往是一个通病。

(2)产品造型、包装或品牌有缺点。产品造型、包装不能引起消费者的购买兴趣。比如有的家用电器往往给人太笨重、太粗糙的感觉。产品包装方面,现在许多产品是过于精细,层层包装,令消费者有被欺骗的感觉。

(3)产品已经上市太久,消费者对老面孔已感到厌倦。现代社会,人们的生活节奏很快,对产品的求新心理很普遍。如产品一味地以老面孔出现,消费者会逐渐失去兴趣。

(4)产品已逐渐成为夕阳产品。科技知识日新月异的社会,新产品不断涌现,某种产品不经意间就会被淘汰。如家用电器中的彩电,更新换代相当快,相对于新生代而言,老式的彩电已经很难销售出去。

(5)消费者的消费需求趋势改变。消费者的消费需求是不断向前发展的,当低层次的需求得到满足后,就会向更高层次的需求发展,产品要适应消费者需求的变化。

(6)本公司某一产品种类太少,没有给顾客充分选择的机会。

(7)竞争对手推出新产品,其品质、造型等方面胜过本公司的产品。

(8)新产品的功能不符合顾客的实际功能与心理需要。如某些多功能产品,并不符合实际需要,其功能往往是"多余"的。某彩电生产厂家生产出功能单一的彩电推向农村市场反而取得成功就说明了这一点。

—— 即问即答 9-4 ——

如何进行产品诊断?

9.2.2 价格诊断

价格方面的诊断,主要可从以下几方面入手:

(1)定价是否过高,使消费者根本无法接受。产品定价应该让普通老百姓都买得起。一些高级酒家宾馆生意不好的原因,往往就是价位太高,老百姓吃不起,住不惯。

(2)定价是否太低,反而使消费者感到本产品的技术、品质或品牌信誉不好,产生太贱而不值得购买的想法。

(3)定价过分强调成本,而不考虑消费者的需求、市场状况。

(4)定价太死板,没有配合市场的变化而作价格上的调整。

(5)价格没有随产品项目及细分市场的不同而有所差异。

(6)营销组合中,往往单独考虑价格,而没有考虑营销组合的其他因素。

(7)当发生通货膨胀、经济萧条及利率调整等经济情况时,产品价格能否随时调整,以符合消费者对该产品的价格与价值的感受。

(8)当发生上述经济情况时,产品价格是否符合经销商的利润要求。

(9)产品价格是否符合政府的有关法律法规。如是否符合价格管理法的有关规定。

(10)折扣定价与打折的方法是否真的打动消费者。如今许多消费者对商家打折的做法不会轻易相信,因为许多商家用虚假的打折来欺骗消费者。

(11)分期付款、量多优惠等付款条件没有运用,或没有用好。

9.2.3 促销诊断

促销诊断可从以下几方面入手:

1.广告促销的成本投入过高,或者舍不得花费做广告的成本。

2.广告能刺激销售,但仅能与受众进行单向沟通,而受众并不一定要加以注意或有所反应。

3.业务人员是否随时顾及顾客的利益,与客户能否建立长期而稳定的关系。

4.销售人员的规模如何,其访问成本是否过高,是否遵守公司的制度。

5.促销活动效果极为短暂,在建立长期品牌偏好方面收效不大,在销售旺季应多开展各种促销活动。

6.销售人员能否利用公共关系来促销其产品,能否利用公共关系配合其他组合要素产生更大的促销效果。

7.是否注意到各促销要素在不同的产品生命周期会产生各不相同的效果。

8.促销组合的策略是否合理、恰当。

9.2.4 渠道诊断

1.公司是否注重销售渠道。销售渠道是最主要的决策之一,销售渠道决策深深地影响其他的营销决策。公司如何选择素质较好的经销商,会影响到它的价格决策;经销商需花多少力量去推销及训练,会影响到公司的人员推销决策。公司是否发展某种新产品,都必须视新产品与渠道成员能力的配合程度而定。

2.渠道成员之间能否和谐和密切地合作。因为每个渠道成员在整个渠道中皆扮演一个特定的角色,当每个渠道成员皆依其能力而被指派以最适当的任务时,整个渠道最具有效率,所以渠道成员之间应通力合作。然而各个渠道成员往往缺少这种总体性的眼光,往往只关心自己的短期利益,而常常各行其是,甚至造成渠道的冲突。

3.销售渠道系统是否满足当地的市场状况和经营状况,能否满足消费者的服务需求。比如消费者能否就近买到公司的产品,能否很快地买到公司多样性的产品等等,公司必须在消费者的服务需求,符合需求的成本和可行性,还有消费者对价格的偏好三者间达到平衡,来设计销售渠道。

4.是否考虑到产品特性对渠道设计的影响。体积庞大的产品,如建筑材料等,在安排渠道时,应使生产者至消费者的搬运距离和自理的次数减至最低。

5.中间商特性对渠道的影响。不同的中间商在处理促销与顾客接触、信用贷款等方面各具有不同的能力。

6.竞争者特性对渠道的影响。有的公司可能希望使用与竞争者类似的渠道和竞争者的产品竞争,也有的公司极力避免使用与竞争者的类似的渠道。

7.有没有最偏好的销售渠道。有较偏好的销售渠道,会为公司带来成功。

8.销售渠道成员之间的条件与责任必须明确,他们必须达成关于价格政策、销售条件、地区分销权及每一成员应履行的特定服务的协议。

9.能否不断地激励渠道成员,使其竭尽所能。如给中间商较高利润、额外赠品等,以提高向心力、凝聚力。

【本章小结】

销售诊断与分析是对整个销售活动的评估和控制过程,是销售管理的一个重要环节。

对销售活动的控制有三种形式。年度计划控制在于审查目前销售活动的努力与成果,以求达成年度的销售与利润目标,其中主要的工具为销售分析、市场上占有率分析、费用率分析、财务分析、顾客满意分析等。

营利能力的控制在于审查不同产品、区域、销售渠道等的获利能力,其主要工具为营销成本分析。

效率控制在于审查销售人员、广告、促销和分销等销售活动的效率,每种活动都包含了许多的分析审查办法。

销售诊断主要是对销售活动中存在的问题和缺点进行"会诊",以期找出病因,最后对症下药。

销售诊断主要从产品、价格、促销、渠道等营销组合的几个要素入手,逐项分析检查,以找出问题根源。

【案例分析】

浙江仙都啤酒发展公司

1989年仙都啤酒刚面市时,面对千变万化的大市场,"仙啤人"茫然不知应如何下手。

仙都啤酒属大众化啤酒,价低利薄,加上当时知名度低,销售力量弱,营销手段原始简单,根本无法销售往外县。非但如此,就是缙云本地市场,也已被梅城、金华、丽水啤酒三分天下,另外还有不少外地啤酒来见缝插针。

从最原始的营销方式起,"仙啤人"从县城到乡镇,从农村到农户,设点铺货,上门推销,当年硬是推销出了900多吨。

1993年"仙啤人"认识到光靠腿勤、嘴甜还不够,广告宣传更重要。于是专程赶到北京,花了七万多元制作费,请高人制作广告,从此"仙都啤酒,来自青山绿水的问候"在浙南地区悠扬响起。这一年销售量达到了14800吨。

12年来,公司在公关活动和资助教育上,累计投入快速拉动。"仙啤人"开始从农村包围城市。

1995年"仙啤人"渗透丽水市场,市场占有率从零增长到42%;1997年大举抢占金华市场,当年在金华市场的占有率高达98%,南征北战的结果,公司力量俱增。1998年仙都啤酒公司年产销量达到5万吨,成了浙中南享有盛名的知名企业,全省同行排名从100多名提高到第8名。

为提升产品品牌,使公司更上规模、上档次,1999年"仙啤人"开发设计出高档新品"金仙都",投放市场后受到了高档酒家饭店的欢迎。仙都啤酒开始走出山门,闯入繁华的都市。

然而纵观我国的啤酒市场,1998年我国啤酒生产销售形势令人紧张,比1997年仅增长4.7%,库存增加,效益下降,市场渐趋饱和。浙江省钱江啤酒增长幅度为-2.04%,被挤出全国前十名。拥有12亿人口的中国市场,啤酒消费量自改革以来逐步增长,1979年人均消费2升,1998年达15升,但与世界平均水平25.30升/年比,人均状况仍有较大差别,这同时也孕育着巨大的商机和利润期望,显示出中国有较大的啤酒潜在市场,因此对啤酒行业来说希望与危机同在。

问题:

1. 仙都啤酒发展公司成功拓展市场的原因何在?

2. 结合"仙啤"的经验教训,分析当前我国啤酒行业应怎样创新产品、市场、价格等营销要素才能走出困境?

【思考练习】

一、简答题:

1.年度计划控制分哪几个步骤?

第一步,必须确立年度计划的目标;

第二步,必须随时比较实际业绩与年度计划目标的差距;

每三步,分析产生偏差的原因;

第四步，必须及时采取纠正偏差的措施，保证年度计划的完成。

2.审查年度计划进展程度有哪几个工具？

1）销售业绩分析

2）市场占有率分析

3）费用比率分析

4）顾客满意分析

3.营利能力控制有哪几个步骤？

1）确定属于各功能的费用；

2）将功能性费用分摊到各个营销实体；

3）编制每个营销实体的损益表；

4）决定最佳的纠正行动。

4.评定销售队伍的效率有哪些指标？

每个销售人员每天平均访问户数、每户成交数额、现金回收率、应收账款回收率、每户平均访问费用、平均每次访问销售额、毛利目标达成率、销售目标达成率、每个时期的新发展顾客数、每个时期失去的客户数。

5.对广告沟通效果的测试有哪几种方法？

直接评价法

组合测试法

实验测试法

6.有哪两种方法可以衡量广告销售效果？

第一是历史法：是将公司过去的广告支出与同期的销售额做出比较。

第二是实验设计法：由公司找出一些会有相同的广告与销售额支出百分比的市场，在研究期间，将这些市场分为三部分，一部分按原来百分比例，一部分较原有比例高出50％，一部分市场则较原有比例低出50％，在研究结束后，由公司检验由于广告支出增减而引起的平均销售额的增减状况。

7.评估分销效率的标准有哪些？

企业按照销售配额完成情况、平均存货水平、向顾客交货时间、损坏和遗失货物的处理、对公司促销与训练活动的合作程度、为顾客提供的服务等等。

8.评价促销效果的方法有哪些？

最常用的方法是事前测试和事后测试。事前测试是指在促销活动进行之前，根据社会大众对促销的反应、可能的关注程度以及当前对产品的了解有多少等情况来评估促销可能产生的效果。事后测试是在促销活动结束后，根据社会大众对此次促销的认可、理解、置信度以及品牌认知度等反馈信息来为此次促销效果做出评估。

9. 销售诊断的过程主要有哪几个?

产品诊断、价格诊断、促销诊断、渠道诊断

10. 咨询公司诊断项目及工作程序如何?

签订契约——依双方洽商约定

实施问卷调查——以问卷方式调查各部门对经营、组织、人事等方面的意见

工作情绪调查——调查全体员工的工作实情、责任心等,分析全体员工之士气

公司实情调查——调查了解公司实际经营状况、管理状况

人事状况调查——人事安排与管理状况,领导者的管理能力,用人是否恰当

诊断前提出资料分析

个别对谈——与干部及有关人员举行个别对谈,明确认识企业现状

市场调查与分析——通过市场调查,分析企业所处的市场状况

企业客户调查——对企业的顾客、协作厂商进行调查,了解其对企业的评价

竞争对象调查——调查竞争对手的状况,掌握竞争对手之动向

经营状况的定量分析

制定现状本质判定表——企业成长过程,经营环境,现状问题,将来对策等分析

11. 诊断改善计划从哪几方面入手?

经营市场、环境销售、生产及材料、财务会计、制度、人力资源

12. 产品诊断主要诊断哪些方面?

(1)产品品质不良。

(2)产品造型、包装或品牌有缺点。产品造型、包装不能引起消费者的购买兴趣。

(3)产品已经上市太久,消费者对老面孔已感到厌倦。现代社会,人们的生活节奏很快,对产品的求新心理很普遍。

(4)产品已逐渐成为夕阳产品。

(5)消费者的消费需求趋势改变。

(6)本公司某一产品种类太少,没有给顾客充分选择的机会。

(7)竞争对手推出新产品,其品质、造型等方面胜过本公司的产品。

(8)新产品的功能不符合顾客的实际功能与心理需要。

13. 价格诊断可从哪些方面入手?

定价是否过高，使消费者根本无法接受。

定价是否太低，反而使消费者感到本产品的技术、品质或品牌信誉不好，产生太贱而不值得购买的想法。

定价过分强调成本，而不考虑消费者的需求、市场状况。

定价太死板，没有配合市场的变化而作价格上的调整。

价格没有随产品项目及细分市场的不同而有所差异。

营销组合中，往往单独考虑价格，而没有考虑营销组合的其他因素。当发生通货膨胀、经济萧条及利率调整等经济情况时，产品价格是否能随时调整，以符合消费者对该产品的价格与价值的感受。

当发生上述经济情况时，产品价格是否符合经销商的利润要求。

产品价格是否符合政府的有关法律法规。如是否符合价格管理法的有关规定。

扣定价与打折的方法是否真的打动消费者。如今许多消费者对商家打折的做法不会轻易相信，因为许多商家用虚假的打折来欺骗消费者。

分期付款、量多优惠等付款条件没有运用，或没有用好。

14. 促销诊断从哪几方面着手？

1)广告促销的成本投入过高，或者舍不得花费做广告的成本。

2)广告能刺激销售，但仅能与受众进行单向沟通，而受众并不一定要加以注意或有所反应。

3)业务人员是否随时顾及顾客的利益，与客户能否建立长期而稳定的关系。

4)销售人员的规模如何，其访问成本是否过高，是否遵守公司的制度。

5)促销活动效果极为短暂，在建立长期品牌偏好方面收效不大，在销售旺季应多开展各种促销活动。

6)销售人员能否利用公共关系来促销其产品，能否利用公共关系配合其他组合要素产生更大的促销效果。

7)是否注意到各促销要素在不同的产品生命周期会产生各不相同的效果。

8)促销组合的策略是否合理、恰当。

15. 渠道诊断有哪些内容？

1)公司是否注重销售渠道。

2)渠道成员之间能否和谐和密切地合作。

3)销售渠道系统是否满足当地的市场状况和经营状况，能否满足消费者的服务需求。

4) 是否考虑到产品特性对渠道设计的影响。

5) 中间商特性对渠道的影响。

6) 竞争者特性对渠道的影响。

7) 有没有最偏好的销售渠道。

8) 销售渠道成员之间的条件与责任必须明确, 他们必须达成关于价格政策、销售条件、地区分销权及每一成员应履行的特定服务的协议。

9) 能否不断地激励渠道成员, 使其竭尽所能。如给中间商较高利润、额外赠品等, 以提高向心力、凝聚力。

二、多选题

1. 销售业绩审查的 3 种类型为: ABC

    A. 年度计划审查　　　　　　B. 营利能力审查

    C. 效率审查　　　　　　　　D. 人员配置审查

    E. 营业成绩审查

2. 年度计划控制过程: ABCD

    A. 计划目标　　　　　　　　B. 找出差距

    C. 分析原因　　　　　　　　D. 纠正措施

    E. 改进制度

3. 营利能力控制的具体步骤如下: ABCD

    A. 确定属于各功能的费用

    B. 将功能性费用分摊到各个营销实体

    C. 编制每个营销实体的损益表

    D. 决定最佳的纠正行动

    E. 实行最优化方案

4. 广告评分标准有哪些内容: ABCDE

    A. 吸引力　　　B. 可度性　　　C. 认知力

    D. 亲和力　　　E. 行为能力

5. 评估分销效率的标准主要有以下几个方面: BCDE

    A. 促销手段的可实施性

    B. 企业按照销售配额完成情况

    C. 平均存货水平

    D. 向顾客交货时间

    E. 损坏和遗失货物的处理

三、单选题:

1. 营利能力的控制的主要工具为: A

A. 营销成本分析　　　　　　B. 营销计划形成

C. 营销效果调查　　　　　　D. 营销人员素质

2. 下列不属于对市场拓展业绩的审查的形式是:D

A. 年度计划控制　　　　　　B. 营利能力控制

C. 效率控制　　　　　　　　D. 售后服务控制

3. 效率控制不针对以下哪项活动进行控制:C

A. 销售人员　　　B. 广告　　　C. 网络预售　　　D. 分销

4. 对广告效率的测试,大多在:A

A. 产品尚未在市场上市之前　　B. 产品上市后

C. 产品销售完毕　　　　　　　D. 产品预售完毕

5. 广告事前预试的主要方法不包括:D

A. 直接评价法　　　　　　　B. 组合测试法

C. 实验测试法　　　　　　　D. 历史评价法

6. 对促销效果进行评估,最常用的方法是:A

A. 事前测试和事后测试　　　B. 顾客满意程度测试

C. 售后服务评价　　　　　　D. 事前预算评估

7. 销售组合诊断不包括:B

A. 产品诊断　　　　　　　　B. 服务诊断

C. 价格诊断　　　　　　　　D. 促销诊断

8. 产品诊断主要可从以下几方面入手:A

A. 产品品质不良　　　　　　B. 产品销售人群

C. 产品滞销程度　　　　　　D. 产品保质期延长

9. (　　)决策深深地影响其他的营销决策。A

A. 渠道决策　　　B. 价格决策　　　C. 促销决策　　　D. 产品决策

图书在版编目(CIP)数据

销售管理 / 孙玮林主编. —杭州：浙江大学出版社，
2004.8（2016.4重印）
高职高专规划教材. 市场营销专业系列教材
ISBN 978-7-308-03857-7

Ⅰ.销… Ⅱ.孙… Ⅲ.销售管理－高等学校:技术学校－
教材 Ⅳ.F713.3

中国版本图书馆 CIP 数据核字（2007）第 008836 号

销售管理

孙玮林　主编

丛书策划	李海燕
责任编辑	李海燕
封面设计	张作梅
出版发行	浙江大学出版社
	（杭州市天目山路 148 号　邮政编码 310007）
	（网址：http://www.zjupress.com）
排　　版	杭州中大图文设计有限公司
印　　刷	杭州丰源印刷有限公司
开　　本	787mm×960mm　1/16
印　　张	21.25
字　　数	370 千
版 印 次	2008 年 4 月第 2 版　2016 年 4 月第 14 次印刷
书　　号	ISBN 978-7-308-03857-7
定　　价	29.00 元